아마존셀러

무작정 따라하기

아마존셀러 무작정 따라하기

The Cakewalk Series – Amazon Seller

초판 발행 · 2022년 6월 30일

지은이 · 김대군
발행인 · 이종원
발행처 · (주)도서출판 길벗
출판사 등록일 · 1990년 12월 24일
주소 · 서울시 마포구 월드컵로 10길 56(서교동)
대표 전화 · 02)332-0931 | **팩스** · 02)323-0586
홈페이지 · www.gilbut.co.kr | **이메일** · gilbut@gilbut.co.kr

담당 · 박윤경(yoon@gilbut.co.kr) | **디자인** · 신세진 | **마케팅** · 정경원, 김진영, 장세진, 김도현, 이승기
제작 · 손일순 | **영업관리** · 김명자, 심선숙 | **독자지원** · 윤정아

책임편집 및 교정교열 · 안종군 | **전산편집** · 예다움
CTP 출력 및 인쇄 · 천일문화사 | **제본** · 경문제책

ISBN 979-11-407-0048-6 13320
(길벗도서번호 070423)

정가 27,500원

아마존셀러 무작정 따라하기

김대균 지음

길벗

일하지 않아도 돈을 벌 수 있는 시스템을 만들자

직장인들은 대부분 저마다의 위치에서 열심히 살아가고 있다. 매일 똑같은 삶 속에서 '언젠가는 나아지겠지', '이번 프로젝트만 잘 해내면 좋아지겠지', '이번에 진급하면 생활이 나아지겠지', '내년에는 연봉이 더 오르겠지', '열심히 살다 보면 좋은 날이 오겠지'라는 보이지 않는 희망 속에서 살고 있는 것이다.
하지만 대부분의 사람은 직장 생활만으로는 경제적인 자유와 자유로운 시간을 얻을 수 없다는 사실을 잘 알고 있다. 당신은 현재 원하는 삶을 살기 위해 무엇을 준비하고 계획하고 있는가?

필자 역시 한 명의 직장인으로서 열심히 살아가고 있던 어느 날, 언론 매체를 통해 30~40대 직장인이 열심히 일하다 과로로 쓰러지거나, 기러기 가족이 돼 홀로 외로운 삶을 살다 안타까운 일을 겪거나, 정년이 되기 전에 희망 퇴직, 정리 해고 대상자가 돼 인생을 쓸쓸하게 마감하는 사례들을 접하면서 '이렇게 사는 것이 내가 꿈꿔 왔던 삶인지', '열심히 살기만 하면 내 삶이 바뀔 수 있는지', '지금처럼 오직 앞만 보고 살다 보면 좋은 날이 올 것인지'에 대한 의문을 품게 됐다.

그러다가 '일반적인 직장인의 삶이 아닌 언제든지 내가 원하는 사람, 사랑하는 가족과 많은 시간을 보낼 수 있고 내가 일을 하지 않아도 알아서 돈이 들어오게 하려면 어떻게 해야 할까?', '시간에 구애받지 않으면서 돈 걱정을 하지 않아도 되는 삶을 살기 위해 내가 할 수 있는 것은 무엇일까?'라는 생각을 하게 됐다.

이처럼 사람들은 대부분 경제적인 자유를 꿈꾼다. 경제적 자유를 이룬 사람들은 하나같이 직장에서의 '을'이 아닌 내 자신이 '갑'인 되는 삶을 살고 있다. 이른바 '프리 리치(Free Rich)'라고 불리는 이들이 보통의 직장인들과 다른 점은 무엇일까? 나는 이 질문에 대한 해답을 온라인 마켓, 그중에서도 전 세계에 나의 물건을 판매할 수 있는 '아마존(Amazon)'이라는 플랫폼에서 찾았다.

이 책은 전 세계 온라인 마켓 중 가장 영향력이 크고, 가장 큰 시장이라고 할 수 있는 아마존(amazon.com)이라는 온라인 플랫폼에서 필자가 겪은 수많은 경험과 노하우를 바탕으로 독자들이 아마존의 시작부터 판매를 통한 수익까지의 전반적인 사항을 초보자도 쉽게 따라할 수 있도록 구성했다. 온라인마켓에서 아무 상품이나 가져와 판매하는 것이 아닌 나만의 브랜드를 통한 판매를 통해 글로벌 기업으로 성장할 수 있도록 하는 데 중점을 뒀다.

아무쪼록 이 책이 아마존이라는 전 세계 온라인 플랫폼에서 자신의 브랜드를 입힌 제품 판매를 통해 글로벌 기업으로 성장하는 데 도움이 되길 바라며 많은 사람이 부의 축적을 통해 돈 걱정 없는 삶을 살아가기를 바란다.

김대군

차례

둘째마당

아마존에서 어떤 물건을 팔아야 할까?

셋째마당

상품 등록부터 배송까지

넷째마당

알리바바에서 나만의 상품 찾기

다섯째마당

성공한 아마존셀러가 되려면 수익률과 효율을 잡아라

여섯째마당

판매하는 물건에 광고 붙이기

아마존이라는 온라인 플랫폼은 이미 전 세계에 온라인 판매망이 구축돼 있기 때문에 판매할 상품만 있다면 한국에서뿐 아니라 전 세계의 고객에게 판매할 수 있고 상품을 배송하기 위해 내가 직접 상품을 포장하거나 배송하지 않아도 알아서 배송해 주는 시스템과 반품이나 환불 등을 내가 직접 하지 않아도 되는 시스템을 갖추고 있습니다. 따라서 상품을 쌓아놓을 창고나 고객의 클레임을 처리할 직원이 필요 없고, 사업자가 아닌 일반 사람도 판매할 수 있기 때문에 직장인은 물론 가정주부, 학생도 충분히 시작할 수 있습니다. 준비마당에서는 아마존셀러가 되는 방법을 알아보기 전에 많은 사람이 아마존에 열광하는 이유에 대해 자세히 알아보겠습니다.

준비 마당

사람들은 왜 아마존에 열광할까?

아마존셀러 무작정 따라하기

001 아마존셀러가 오래 살아남는 이유

회사 없이 전 세계에 나의 상품을 판매한다

정보통신기술(Information and Communications Technology, ICT)의 발달은 각 분야에 혁신적인 변화를 가져왔습니다. 이는 무역 분야에서도 예외는 아니었습니다. 이렇듯 정보통신기술은 전 세계를 아우르는 글로벌 전자 상거래 플랫폼인 '아마존'의 등장을 초래했고, 해외 판매의 장벽도 훨씬 낮아졌습니다. 현지 법인을 세우거나 유통 채널을 개설할 필요 없이 온라인을 통해 한국에서도 미국, 유럽, 일본 등 해외 소비자들에게 나의 상품을 판

| 2018년 아마존마켓플레이스 |

출처: 아마존코리아 글로벌셀링 공식 블로그

매할 수 있는 시장이 열린 것입니다. 그렇다면 수많은 글로벌 전자 상거래 플랫폼 중에서 아마존을 선택해야 하는 이유는 무엇일까요?

아마존은 이미 전 세계 13개국에 진출해 있고 185개국 3억 명 이상의 구매 수요를 갖추고 있습니다. 미국의 경우, 아마존이 전체 온라인 시장의 49.1%를 차지하고 있고 유럽 5개국(영국, 프랑스, 독일, 스페인, 이탈리아)과 일본에서도 방문자 수 1위를 차지하고 있습니다. 또한 전 세계 140여 개국에 아마존만의 통합 물류 시스템을 적용한 FBA(Fulfilment by Amazon) 시스템을 통해 나의 상품을 전 세계에 판매할 수 있습니다.

왜 아마존 창업인가?

|2017~2021년 아마존 B2C 전자 상거래 서드파티 셀러의 비율|

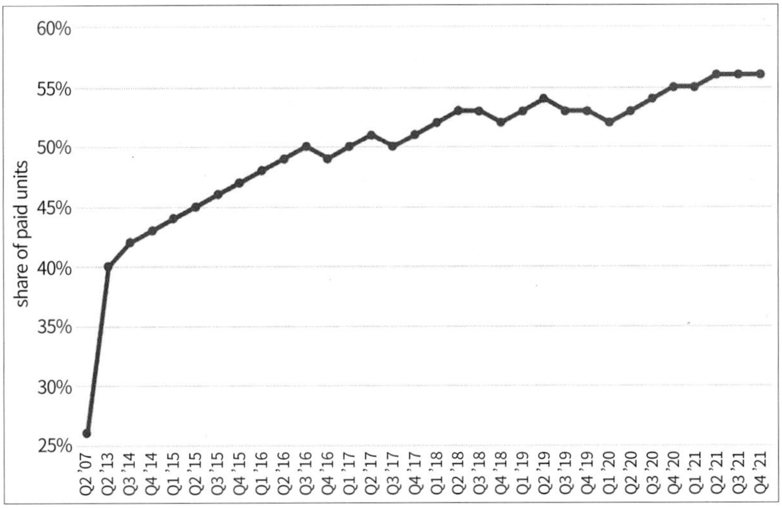

출처: https://www.statista.com/

왜 아마존에서 판매해야 할까요? 그리고 왜 아마존이 우선이 돼야 할까요? 이미 많은 사람은 아마존이 미국 전자 상거래 시장의 약 50% 정도를 점유한 엄청난 기업이라는 것을 알고 있고 온라인 쇼핑의 대명사이자 빠른 배송 시스템을 갖춘 기업이라는 것을 잘 알고 있습니다. 하지만 실제로 아마존에서 판매를 하고 있는 판매자가 거대 기업이나 중소기업 또는 대형 브랜드만 있는 것이 아니라 아주 작은 규모의 판매자, 즉 1인 아마존셀러로 구성돼 있다는 것을 잘 모르고 있습니다.

아마존에는 아마존에서 직접 판매하는 자체 상품도 있고 대기업이나 중소기업에서 판매하는 상품도 많습니다. 하지만 이 밖에도 제삼자의 위치에 있는 1인 아마존셀러가 판매하는 상품도 큰 비중을 차지하고 있습니다. 이런 아마존셀러를 '서드파티 셀러(3rd Party Seller)'라고 부릅니다. 실제로 아마존에는 1인 기업으로서 수억 대의 매출을 올리고 있는 서드파티 셀러가 많습니다. 이는 아마존 1인 비즈니스를 운영하는 것이 생각만큼 어렵지 않다는 것과 아마존에는 비즈니스를 성장시킬 수 있는 어마어마한 잠재력과 기회가 있다는 것을 의미합니다.

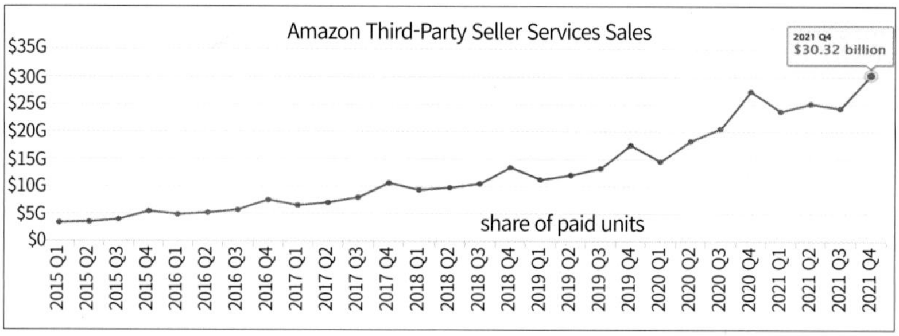

출처: https://www.marketplacepulse.com/

아마존에서 창업해야 하는 이유는 크게 2가지로 나눠 볼 수 있습니다.

첫째, 전 세계 전자 상거래 시장 중에서 아마존이라는 시장에는 30억 명 이상의 고객이 있기 때문입니다. 이는 곧 우리의 상품이 이들에게 노출돼 판매될 수 있다는 것을 의미합니다.

둘째, 아마존 FBA 시스템 때문입니다. FBA 시스템은 우리가 판매할 상품을 아마존 창고에 보내면 아마존이 우리의 상품을 보관해 주고, 주문한 고객에게 배송해 주며, 반품, 환불 및 고객 응대와 같은 고객 관리를 해 주고, 심지어 판매 대금을 정산해 주기도 합니다. 우리는 상품을 보관할 창고도 필요 없고, 상품을 보내기 위해 우체국에 가거나 택배를 부를 필요도 없으며, 고객을 일일이 응대할 필요도 없습니다. 그저 판매할 상품을 아마존 창고에 보내 놓기만 하면 됩니다.

|2021년 전 세계 전자 상거래 시장 점유율|

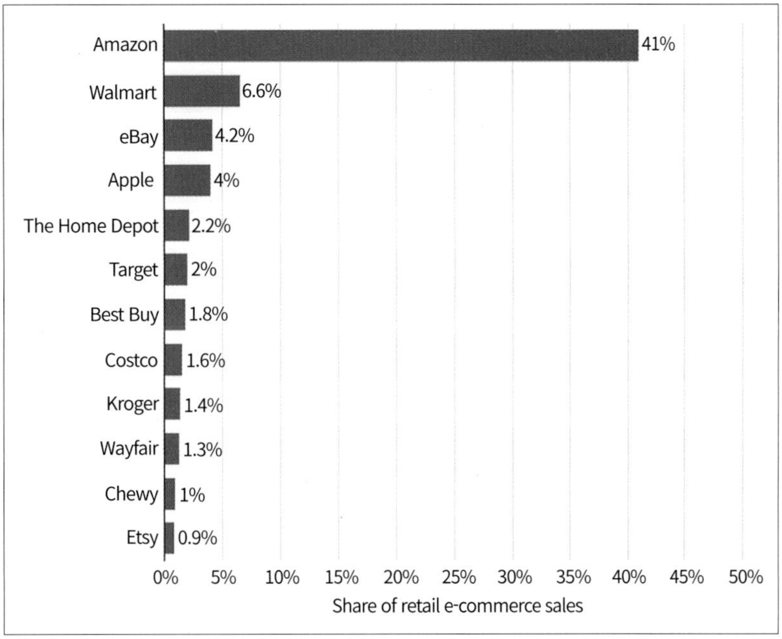

출처: Statis.com

2021년 기준 전 세계 전자 상거래 시장에서의 아마존 점유율은 41%에 이르고 다른 해외 시장과의 격차도 크다는 것을 알 수 있습니다. 이는 곧 우리가 전 세계를 상대로 온라인 판매를 하게 될 경우, 아마존을 빼놓고는 좋은 성과를 이룰 수 없다는 것을 의미하기도 합니다.

2015년 기준 글로벌 이커머스 마켓 셰어(Global Ecommerce Market Share)에서 아마존의 비율은 약 14%에 불과했습니다. 하지만 2020년 기준 미국 내 소매 전자 상거래 시장에서의 아마존 점유율은 38.7%에 육박했습니다. 이와 같은 변화에서도 확인할 수 있듯이 세계 시장, 그중에서도 미국에서의 영향력이 엄청나다는 것을 알 수 있습니다. 다음은 아마존의 성장률을 나타내는 그래프입니다.

| 2014~2020년 아마존의 연간 순이익 그래프 |

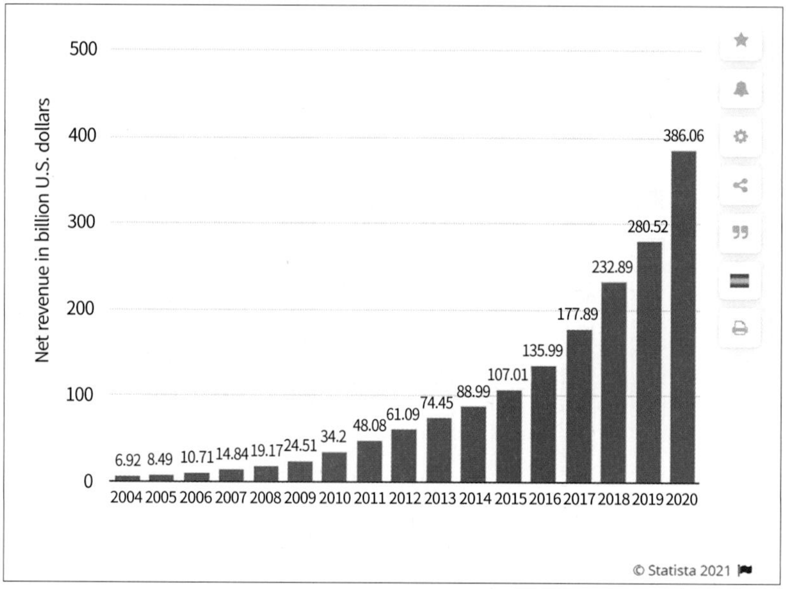

출처: Statista.com

2020년 기준 아마존 순이익	약 3,806억 달러
2019년 기준 전년 대비 순이익 성장률	약 37.6%
2020년 기준 아마존 평균 월간 조회수	약 17억 8,000만

위 그래프는 통계 전문 사이트인 스태티스타(Statista)에서 2014년부터 2020년까지 Amazon.com의 전자 상거래 및 서비스 판매 순수익을 10억 달러 단위로 표시한 것입니다. 2020년 기준 아마존 수익은 약 3,860억 달러로, 전년도 2019년의 수익 약 2,805억 달러 대비 약 37.6% 성장

했다는 것을 알 수 있습니다. 이는 근래 5년간 가장 높은 수준의 성장이라고 합니다. 이렇게 덩치가 큰 거대 기업이 연간 매출 성장률이 30%가 넘는다는 것 자체가 믿을 수 없는 일이고 아마존이 무서운 공룡 기업이라는 말을 실감하게 합니다.

| 아마존의 성장 |

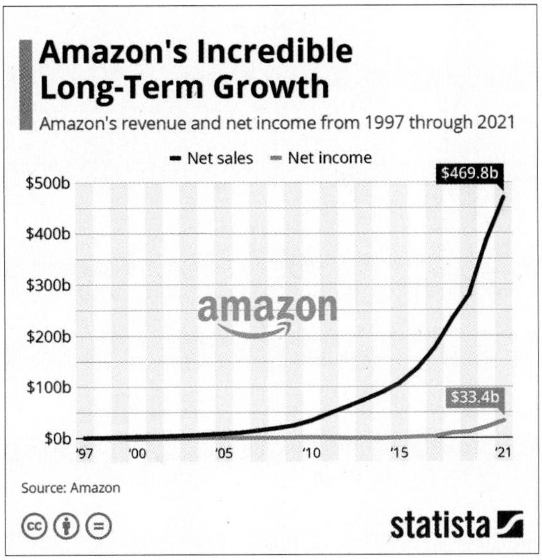

출처: Statista.com

2021년 기준 아마존 매출	약 4,698억 달러
2021년 기준 아마존 순이익	약 334억 달러
2020년 기준 아마존 평균 월간 조회수	약 17억 8,000만 달러

여기서 중요한 것은 아마존이 창업 후 24년간 순이익이 제로에 가깝다가 최근 몇 년 사이 1조 원을 넘어 현재 10조 원 이상의 순이익을 남겼다는 것입니다. 또한 매년 가파르게 성장하고 있는 와중에도 전년 대비 성장률이 37% 이상 성장했고 지금도 여전히 성장하고 있습니다. 이것이 바로 아마존이 온라인 유통마켓에서 기회의 터전인 이유입니다.

아마존셀러 무작정 따라하기

002 아마존셀러가 돼야 하는 이유

아마존은 전 세계 온라인 마켓의 강자였던 이베이(eBay)를 추월해 전 세계의 구매력 있는 수요 계층을 점령했다고 해도 과언이 아닐 정도로 공룡 기업이 됐습니다. 아마존은 매년 전년도의 기록을 갈아치울 정도로 인상적인 성장률을 보여 주고 있습니다. 또한 유료 멤버십인 '아마존 프라임(Amazon Prime)'의 회원이 1억 명 이상이고 일반 가입자 수 역시 매년 증가하고 있습니다.

잠깐만요

아마존 프라임 회원

아마존 프라임 회원 제도는 아마존닷컴을 이용하는 고객이 유료 회원 가입 후 아마존에서 제공하는 서비스 혜택을 누릴 수 있는 제도입니다. 아마존 프라임 회원 최초 가입 시 30일간의 무료 사용 기간을 주고 무료 사용 기간이 지나면 119달러가 결제됩니다. 물론 무료 사용 기간 동안 실컷 사용한 후 기간이 끝나기 전에 해지해도 상관없습니다. 즉, 무료 사용 기간 동안 서비스에 만족하면 이후부터는 유료 결제를 통해 서비스를 이용하라는 것이죠. 이런 시스템은 미국에서 유료 회원을 모집하기 위한 하나의 수단이기도 합니다.
가입할 때는 무조건 카드 정보를 입력하게 돼 있는데, 이는 카드가 유효한지를 확인하기 위한 것입니다. 카드 정보를 입력한 후 프라임 서비스에 가입하면 1달러가 결제됩니다. 이는 카드 결제가 제대로 되는지를 확인하는 절차로, 비용이 실제로 청구되지는 않습니다.

2일 내 무료 배송

'2일 내 무료 배송'은 아마존 프라임 회원이 되는 가장 큰 이유이자 아마존의 FBA 시스템을 이용해야 하는 가장 큰 이유이기도 합니다. 아마존 프라임 회원은 'Prime'이라고 표기된 상품에 한해 2일 내 무료 배송 혜택을 누릴 수 있습니다. 다만, 5~10달러 이하의 저렴한 물건들은 아마존이 직접 판매하거나 FBA 조건을 충족하는 물건들을 일정 금액 이상 구매해야 무료 배송이 가능합니다.
하와이, 알래스카와 같이 특수한 주를 제외하면 미국 전역을 대상으로 2일 내 무료 배송되며 특정 주는 1일 내 무료 배송, 심지어 당일 배송이 되는 곳도 있습니다. 우리나라의 경우 요즘은 2일 내 배송이 되는 것이 큰 의미가 없지만, 우리나라의 약 100배 사이즈인 미국에서 2일 내 배송이 되는 것은 그야말로 혁신입니다. 아마존이 이런 시스템을 도입하기 전까지 배송이 평균 7일 정도 걸리고, 어떤 경우에는 2주에서 한 달까지 걸리기도 했기 때문에 아마존의 2일 내 배송은 그야말로 혁신이었던 것입니다.

무료 반품

아마존에서 'Prime'이라고 적힌 상품들은 30일 내 무료 반품이 가능합니다. 고객이 상품을 받고 난 후 마음에 들지 않으면 반품 신청 후 동봉된 'Free Return'이라는 라벨을 부착해 문 앞에 놓아 두면 아마존이 알아서 수거해 가는 시스템이기 때문에 프라임 회원은 상품을 부담 없이 구매할 수 있습니다.

프라임 인스턴트 비디오

아마존 프라임 회원을 대상으로 무료로 제공하는 영화나 드라마를 무료로 볼 수 있습니다. 아마존에서 프라임 회원에게 제공하는 영화나 다큐멘터리 등을 스트리밍을 통해 시청하거나 다운로드해 저장한 후 PC, 스마트폰, 태블릿PC를 이용해 시청할 수 있습니다.

프라임 포토

아마존 클라우드 서비스의 일종으로, 모든 사진을 제한 없이 저장할 수 있습니다. 동영상은 5GB까지 업로드되고 추가 비용을 지불하면 더 많은 용량을 업로드할 수 있습니다.

프라임 뮤직

아마존 프라임 회원에게 무료로 제공하는 음악들과 앨범들을 다운로드하거나 감상할 수 있고 무제한으로 들을 수도 있습니다. 아마존 앱을 설치했다면 굳이 구입할 필요가 없습니다.

킨들 도서관

프라임 회원 전용 전자책(E-Book)을 무료로 이용할 수 있습니다. 아마존 킨들이 없더라도 PC, 스마트폰, 태블릿PC 등을 이용해 얼마든지 영문 소설, 영어 전자책 등을 볼 수 있습니다.

아마존 클라우드 드라이브

아마존 프라임 회원은 구글 드라이브나 아이클라우드와 같이 아마존에서 제공하는 클라우드 드라이브를 무료로 사용할 수 있습니다.

기타 혜택

프라임 회원에게는 아마존 핫딜에서 다른 일반 회원보다 30분 일찍 구입할 수 있는 혜택이 있습니다. 특히, 아마존 알렉사 인공지능 스피커를 갖고 있는 경우에는 이를 통해 주문할 수 있고 알렉사를 통한 할인 행사에 참여할 수도 있습니다.

아마존 프라임 회원의 연회비는 2018년 5월 11일 기준 기존 99달러에서 119달러로 인상됐습니다. 최근에 생긴 월 회원 제도의 월 회비는 12.99달러입니다. 월 회비이지만 해지하지 않는 이상 자동으로 갱신되기 때문에 계속 사용하지 않을 때는 반드시 해지해야 합니다.

아마존 FBA

2018년 기준 아마존 FBA 물류 창고는 전 세계 약 190여 개로, 아마존에서 상품을 판매하는 아마존셀러가 FBA 물류 시스템을 선택하면 아

출처: 구글

마존이 FBA 창고에 아마존셀러가 보낸 상품을 보관하고 주문이 들어오면 재고를 확인한 후 직접 포장해 배송하거나 반품, 환불 등과 같은 고객 서비스를 진행합니다. 아마존에서는 이때 발생하는 판매 수수료(Referral Fee)와 FBA 수수료, 창고 보관료 등을 계산해 판매 대금에서 제하고 아마존셀러에게 14일마다 아마존셀러가 등록한 계좌로 지급합니다.

온라인 유통에서 가장 힘든 점은 고객이 상품을 주문하면 판매자가 직접 재고를 보유하거나 구매한 후에 포장하고, 택배를 이용해 상품을 보내고, 고객의 문의사항에 일일이 답해야 한다는 것입니다. 또한 반품이나 환불이 발생하면 일일이 대응해야 하는 등 판매 외적인 부분에 많은 신경을 써야 합니다. 아마존 FBA 시스템을 이용하면 직장에 다니면서 하루에 1~2시간만 투자해도 온라인 비즈니스를 할 수 있습니다.

출처: 구글

아마존셀러의 장점

아마존셀러가 되면 어떤 장점이 있을까요? 다음 내용은 아마존셀러가 된다 하더라도 자신이 직접 전반적인 물류를 처리하는 FBM(Fulfilment by Merchant) 방식을 이용하는 경우에는 해당하지 않습니다.

아마존셀러를 처음 시작하는 분들은 대부분 직장을 다니면서 투잡의 형태로 시작합니다. 그러다 보니 시간적인 여유도 없고 자본도 부족할 수밖에 없는데, 이런 조건에서도 가능한 것이 바로 '아마존 비즈니스'입니다. 보통 200~300만 원 정도로 시작할 수 있고 심지어 100만 원 이하로도 시작할 수 있습니다. FBA 시스템을 이용하면 별도의 물류 창고나 재고를 갖고 있을 필요가 없고 고객 서비스에 대해 신경 쓰지 않아도 됩니다. 따라서 직장인이나 주부도 가능하고 1인 창업, 부업으로도 가능합니다. 미국 아마존의 경우, 사업자등록을 하지 않고도 아마존셀러로 등록해 판매할 수 있습니다. 물론 사업자등록을 하면 각종 세금 혜택을 누릴 수 있습니다.

리스팅에 신경 쓰지 않아도 되는 구조

아마존에서 활동하고 있는 우리나라의 아마존셀러는 기존에 등록돼 있는 상품을 국내 온라인 마켓이나 도매 마켓을 통해 구입한 후 아마존에 소매로 재판매하는 '소매 차익 거래'를 하고 있습니다. 이를 'Online Arbitrage 방식' 또는 'Sell Yours 방식'이라고 합니다.
이 방식을 이용하면 상품 리스팅에 신경 쓰지 않아도 되긴 하지만, 쉽게 이용할 수 있기 때문에 경쟁자는 많아지고 수익은 줄어드는 단점이 있습니다. 따라서 이 책에서는 수익이 날 수 있는 방식인 나의 상품, 나만의 브랜드 상품을 아마존에서 판매하는 'PL(Private Label) 방식'을 기준으로 설명하겠습니다.

아마존셀러는 단순히 상품만을 파는 것이 아닙니다. 여러분이 구축해야 하는 것은 나만의 브랜드입니다. 여러분의 브랜드가 성장하고 확장돼 점점 더 많은 수익을 창출하면 기업이 되고 나중에는 상상할 수 없을 만큼의 자산을 축적할 수 있습니다. 아마존 1인 창업 비즈니스의 구조는 다음과 같습니다.

|아마존 1인 창업 비즈니스의 구조|

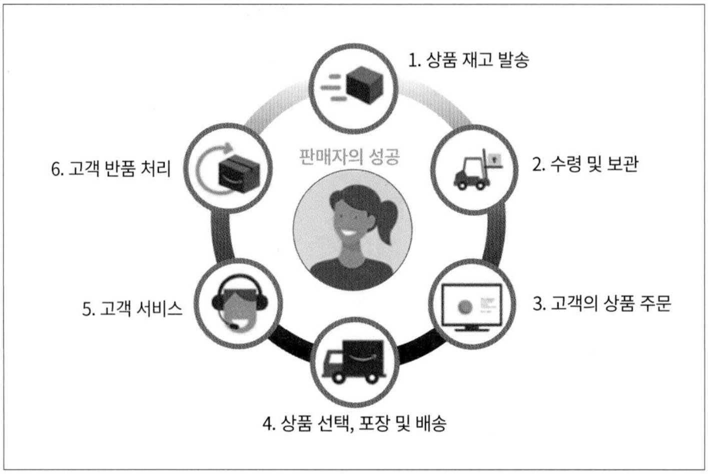

출처: 아마존코리아

아마존셀러는 아마존에서 판매할 상품을 선정하거나 브랜드를 구축하는 사람, 공급 업체는 아마존에서 판매할 상품을 제조하거나 공급하는 업체, 고객은 상품을 주문하는 사람을 의미합니다. 아마존은 FBA 시스템을 통해 이러한 프로세스를 통합 관리하거나 광고 마케팅, 대금 송금을 담당하는 것이죠.

거대한 아마존 시장

아마존은 현재 13개 국가에서 마켓플레이스를 운영하고 있고 189개 국가에서 3억 명 이상의 구매 고객을 보유하고 있습니다. 각 상품은 전 세계 140개 이상의 주문 처리 센터에서 185개 이상의 국가로 배송합니다.

아마존의 가장 큰 특징으로는 많은 방문자 수와 회원, 친숙한 용어, 온라인 구매 신뢰도, 상품 판매, 쉬운 마케팅 테스트, 빠른 자금 회전율을 들 수 있습니다.

미국은 현재 전 세계 마켓플레이스에서 가장 큰 시장으로, 가장 많은 방문자와 회원을 보유하고 있습니다. 또한 우리가 흔히 사용하는 영어는 미국식이기 때문에 상품을 검색하고 등록하는 등의 과정에서도 다른 언어에 비해 쉽게 다가갈 수 있습니다. 또한 미국인들은 온라인으로 상품을 구매하는 것에 대한 신뢰도가 매우 높습니다.

상품 판매나 마케팅 등이 가장 먼저 나타나는 곳은 미국이라고 할 만큼 우리 역시 이런 것들을 테스트하는 데 있어서 최적의 장소가 바로 '미국'입니다. 이것이 바로 미국 시장을 선점한 후에 다른 해외 글로벌 시장으로 눈을 돌려야 하는 이유입니다.

PLUS

누구나 도전할 수 있는 아마존 성공 사례 1

아마존 창업가가 된 학습 장애를 가진 소년

최근 학습 장애를 가진 13살의 미국 소년이 구기 종목별로 디자인한 컵이 아마존에서 큰 성공을 거둔 일이 화제가 된 적이 있습니다. 이 컵을 사용하는 연령층은 아이들이지만, 구매하는 고객층은 부모인 경우가 많습니다. 부모의 입장에서는 아이들이 식사가 끝날 때까지 식탁에 앉아 있기를 바라는데, 이 컵에 골대를 이용해 재미와 흥미를 느끼게 함으로써 부모와 아이 모두에게 많은 인기를 끌었습니다. 이 컵을 벤치마킹한 상품들도 아마존에서 높은 가격으로 판매되고 있습니다.

이 독특한 컵을 개발한 주인공은 13살의 '맥스 애시'라는 중학생입니다. 맥스는 평범한 머그컵에 골대를 달아 '골대 달린 머그컵(The Mug with a Hoop)'이라는 상품을 개발한 후 야구, 축구, 농구, 럭비, 하키 등의 스포츠 버전 머그컵을 만들어 아마존에 판매하기 시작했습니다.

사용 방법은 아주 간단합니다. 머그컵에 우유를 넣고 그곳에 달려 있는 골대를 통해 우유 속에 시리얼을 '슛' 하는 것처럼 집어넣기만 하면 됩니다. 어른들의 입장에서는 단순히 골대 하나를 단 것뿐이지만, 아이들의 입장에서는 하나의 놀이가 돼 즐거운 시간을 보낼 수 있다는 것이 매력이라고 할 수 있습니다.

맥스의 가족들은 그가 만든 머그컵을 다른 친구들이 갖고 놀고 싶어 하는 것을 보고 그 머그컵이 뭔가 재미있고 특별하다고 생각했고 특허를 취득해 아마존에서 판매하게 됐습니다. 이 독특한 머그컵으로 맥스네 가족은 아마존에서 이미 약 5억 원(50만 달러) 이상을 벌어들였다고 합니다.

이와 같이 일상생활에서 사용하는 상품도 사고의 전환을 통해 소비자들에게 어필할 수 있는 나만의 상품으로 개선하거나 사소하지만 필요한 부분을 추가하고 불편한 부분을 편한 방법으로 개선하면 차별화된 나만의 상품으로 아마존에서 높은 매출과 수익을 거둘 수 있습니다.

평범한 머그컵에 골대를 달아 만든 '골대 달린 머그컵 The Mug With A Hoop'

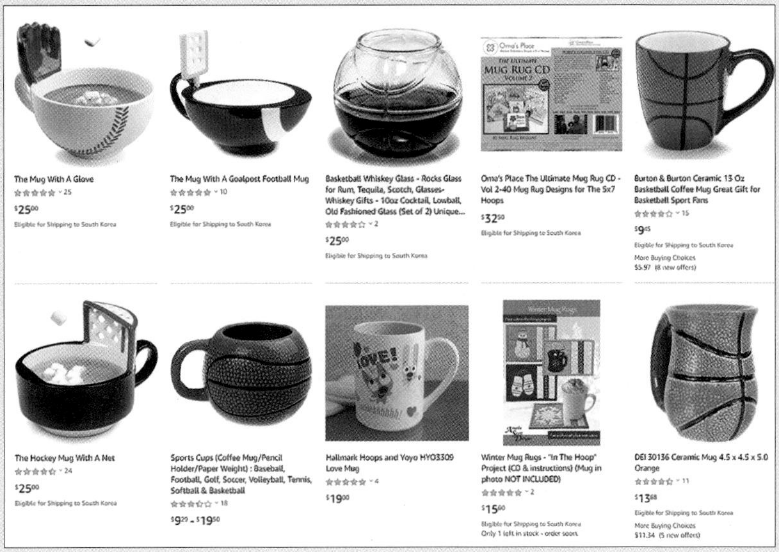

출처: 아마존 코리아 블로그

아마존에서 상품을 판매하는 아마존셀러가 되는 데는 회사를 운영하고 있어야 하거나, 창고가 있어야 하거나, 복잡한 서류를 제출해야 하거나, 심사를 받아야 할 필요가 없습니다. 아마존셀러가 되려면 단지 신상 정보, 계좌 정보 그리고 판매 대금을 수취할 간단한 정보 등만 있으면 됩니다. 첫째마당에서는 아마존셀러가 되는 방법에 대해 알아보겠습니다.

첫째 마당

아마존셀러에 도전해 보자

아마존셀러 무작정 따라하기

001

아마존셀러가 되기 위한 사전 준비

아마존 비즈니스를 하려면 아마존 판매자, 즉 아마존셀러로 등록해야 합니다. 아마존셀러로 등록하려면 아마존셀러에 회원 가입을 해야 하는데, 이때 필요한 것은 해외 결제가 가능한 신용카드, 해외 은행 가상 계좌, 이메일 주소, 영문 이름, 영문 주소, 여권 사본입니다.

신용카드

해외 결제가 가능한 법인 또는 본인 명의의 신용카드가 필요합니다. 보통 해외 결제가 가능한 신용카드에는 'Visa'나 'Mastercard'라는 표시가 돼 있습니다. 신용카드를 등록할 때는 유효 기간, 명세서 수령 주소 등이 필요하므로 미리 준비해야 합니다. 신용카드는 아마존셀러로 활동하면서 아마존 프로페셔널(Amazon Professional) 계정에 가입할 때 발생하는 월 이용료, 광고비, 기타 비용 등을 지불할 때 사용됩니다.

해외 은행 가상 계좌

해외 은행 가상 계좌가 필요한 이유는 아마존이라는 플랫폼이 국내가 아닌 해외에 존재하기 때문입니다. 해외 은행 가상 계좌 생성 서비스를 제공하는 사업자의 대표적인 예로는 '페이오니어(Payoneer)', '월드퍼스트(Worldfirst)'를 들 수 있습니다. 이 중 한 곳을 선택해 가입한 후 계좌를 등록하면 아마존뿐 아니라 다양한 마켓플레이스로부터 판매 대금을 수령해 국내 계좌로 이체하거나 인출할 수 있습니다.

이메일 주소

이메일 주소는 아마존셀러 아이디로 사용됩니다. 개인 또는 법인 이메일 주소를 사용하면 됩니다. 기존에 사용하고 있는 이메일을 그대로 사용해도 무방하지만, 공지사항, 등록, 판매, 변경 사항 등과 같은 아마존의 이메일을 관리하기 어려울 수 있습니다. 따라서 기존 이메일 외에 다른 이메일 주소를 추천합니다. 가급적이면 지메일(Gmail) 등 해외에서 제공하는 이메일 서비스를 이용하는 것이 좋습니다.

영문 이름 및 주소

아마존은 해외 서비스이므로 모든 정보를 영문으로 입력해야 합니다. 영문 이름과 주소는 신용카드와 여권에 적힌 정보와 동일해야 하는데, 이를 위해서는 신용카드의 정보와 여권의 영문 정보가 동일해야 합니다. 만약 신용카드의 정보가 여권의 정보와 다르다면 여권의 정보를 기준으로 변경해야 합니다. 영문 주소는 포털 사이트를 이용해 쉽게 변경할 수 있습니다.

여권 사본

대표자 또는 본인 명의의 여권 사본이 필요합니다. 반드시 만료되지 않은 여권 사본이어야 하며 개인 정보와 본인 서명란이 함께 스캔된 컬러 사본이어야 합니다. 여권 사본은 아마존셀러 계정에 가입할 때나 사본을 업데이트할 때 필요합니다.

휴대폰 번호(본인, 지인)

아마존은 계정 도용, 사기 등과 같은 피해를 방지하기 위해 규정을 계속 강화하고 있습니다. 아마존셀러 계정을 생성할 때도 이런 피해를 막기 위한 2단계 인증(Two-Step Verification)을 거치게 되는데, 이때 본인 명의의 휴대폰 번호와 백업용 휴대폰 번호가 필요합니다.

사업자등록증

사람들은 대부분 아마존셀러가 되려면 사업자등록증이 필요하다고 생각하지만, 반드시 필요한 것은 아닙니다. 아마존에서는 사업자등록증이 없어도 아마존셀러로서 활동할 수 있습니다. 물론 법인이라면 사업자등록을 통해 아마존셀러로 활동할 수 있습니다. 하지만 보통 부업의 개념으로 시작하는 아마존셀러는 사업자등록 없이 아마존셀러로 활동하면서 매출이 상승했을 때 사업자로 변경하는 것을 추천합니다. 사업자로 등록할 때는 부과세를 환급받기 위해 '일반 과세자'로 등록해야 합니다.

아마존셀러 무작정 따라하기

002 페이오니어에서 해외 은행 가상 계좌와 계정 만들기

아마존에서 판매한 대금을 정산받고 인출하려면 반드시 미국 은행 계좌가 필요합니다. 이때는 반드시 미국 은행 계좌나 영국 등 아마존에서 인정하는 국가의 은행 계좌여야만 합니다. 미국 내 가상 계좌를 만들려면 페이오니어, 월드퍼스트 등과 같은 전자 결제 서비스 업체에 가입해야 합니다.

특히, 페이오니어는 가입 절차가 간편하고 여러 국가의 아마존뿐 아니라 다양한 마켓플레이스에서 대금을 받아 한국으로 송금할 수 있고 필요에 따라 원화 및 외화로도 이체할 수 있다는 장점 때문에 한국의 아마존셀러가 선호합니다. 페이오니어를 통해 미국 은행 계좌를 만드는 방법은 다음과 같습니다.

payoneer.com에 직접 접속해 회원 가입을 하면 50달러의 리워드 프로모션을 받을 수 없지만, https://goo.gl/VUETyk에 접속한 후 [가입하고 $50받기]를 클릭해 회원 가입을 하면 나중에 1,000달러의 결제금을 수령하게 될 때 50달러의 리워드를 지급받을 수 있습니다.

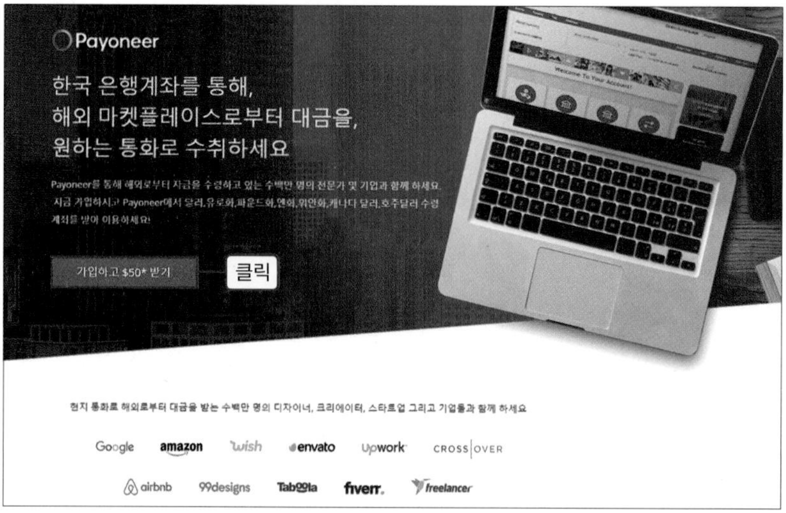

페이오니어 회원 가입하기(개인)

1단계: 시작하기

❶ 개인 판매자의 경우 '개인', 사업자 판매자인 경우 '회사'를 선택합니다. 여기서는 '개인'을 선택합니다.
❷ 여권과 동일한 영문 이름을 입력합니다(예 Gil Dong).
❸ 여권과 동일한 영문 성을 입력합니다(예 Hong).
❹ 이메일 주소를 입력합니다. 국내외 어떤 이메일도 상관없습니다. 가급적 지메일(Gmail)과 같은 해외 서비스를 사용하는 것이 좋습니다.
❺ 이메일 주소를 다시 한번 입력합니다.
❻ 오른쪽에 있는 달력 아이콘을 이용해 생년월일을 입력합니다.

2단계: 연락처 정보

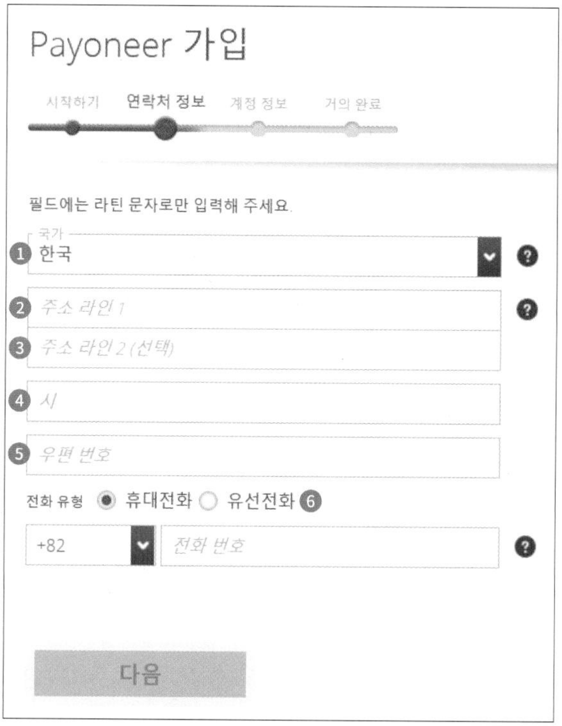

❶ '한국'을 선택합니다.
❷ 영문 주소를 입력합니다. 최대 30자까지 가능합니다(예 102-203, Wangsimni-ro 86).
❸ 주소 입력 창이 부족할 경우, 추가로 입력합니다(예 Seongdong-gu, Seoul, Republic of Korea)
❹ 도시의 이름을 입력합니다(예 Seoul).
❺ 5자리의 우편번호를 입력합니다(예 04778)
❻ 휴대전화 또는 유선 전화를 선택한 후 맨 앞에 들어가는 '0'을 빼고 하이픈(-) 없이 번호만 순서대로 입력합니다(예 1012345678).

주소 영문 변환 방법

포털 사이트에서 '주소 영문 변환'이라고 검색하면 한글 주소를 영문 주소로 변환해 보여 줍니다. 영문 주소 검색 창에 지번이나 도로 이름을 입력한 후 [검색]을 클릭하고 변환된 영문 주소 앞에 동, 호수 등을 입력하면 됩니다.

영문 주소 검색 창에 한글 주소를 입력한 후 [검색]을 클릭하면 영문 주소를 확인할 수 있습니다. 이때는 가급적 드래그해 붙여 넣는 것이 좋습니다.

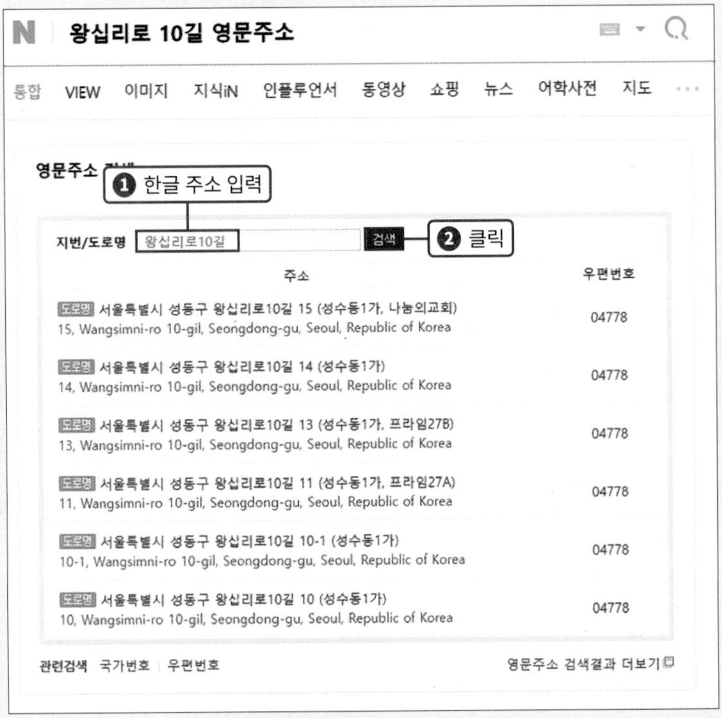

3단계: 계정 정보

❶ 앞에서 입력한 이메일 주소가 자동으로 나타납니다.
❷ 페이오니어의 조건에 맞게 최소 7자리 이상으로 설정합니다.
❸ 비밀번호를 다시 입력합니다.
❹ 비밀번호 오류 등의 이유로 본인 확인이 필요할 때 묻는 사항입니다. 선택 사항에 맞게 선택합니다.
❺ 보안 질문에 맞는 대답을 입력합니다.
❻ 한국이 선택돼 나타납니다.
❼ 주민등록증, 운전면허증, 여권 중에서 선택해 입력합니다(여권 권장).
❽ 오른쪽에 있는 달력 아이콘을 이용해 발행 일자를 선택합니다.
❾ 오른쪽에 있는 달력 아이콘을 이용해 만료 일자를 선택합니다.

4단계: 거의 완료

❶ 개인인 경우 '개인 계좌', 회사인 경우 '기업 계좌'를 선택합니다.
❷ 은행 개설 국가가 '한국'으로 자동 설정됩니다.
❸ 통화가 'KRW'로 자동 설정됩니다.
❹ 페이오니어에 등록할 국내 은행의 이름을 선택합니다(예 Kookmin Bank)
❺ 계좌 이름이 있으면 해당 이름, 없으면 본인의 이름을 입력합니다.
❻ 계좌 이름을 영문으로 입력합니다(개인인 경우 본인의 영문 이름 입력).
❼ 이전 단계에서 등록한 여권 번호를 입력합니다.
❽ 위에서 선택한 은행의 계좌 번호를 입력합니다.
❾ '조건과 개인 정보와 쿠키 정책에 동의합니다.'에 체크 표시를 합니다(미체크 시 진행 불가).
❿ '가격 및 수수료에 동의합니다.'에 체크 표시를 합니다(미체크 시 진행 불가).

5단계: 가입 메일 확인하기

영업일 기준 2~3일 이내로 페이오니어에서 승인 완료 메일을 받을 수 있습니다.

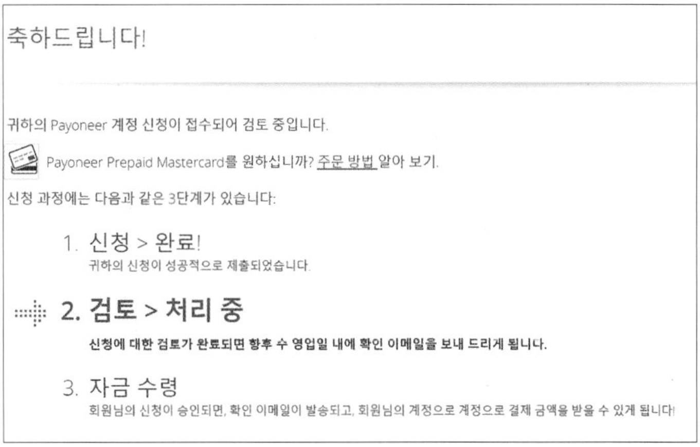

축하드립니다!

귀하의 Payoneer 계정 신청이 접수되어 검토 중입니다.

Payoneer Prepaid Mastercard를 원하십니까? 주문 방법 알아 보기.

신청 과정에는 다음과 같은 3단계가 있습니다:

1. 신청 > 완료!
   귀하의 신청이 성공적으로 제출되었습니다
2. **검토 > 처리 중**
   신청에 대한 검토가 완료되면 향후 수 영업일 내에 확인 이메일을 보내 드리게 됩니다.
3. 자금 수령
   회원님의 신청이 승인되면, 확인 이메일이 발송되고, 회원님의 계정으로 계정으로 결제 금액을 받을 수 있게 됩니다!

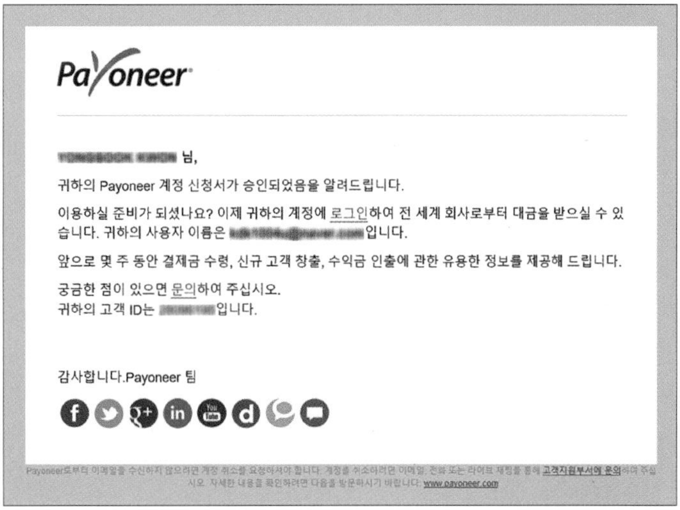

Payoneer

[redacted] 님,

귀하의 Payoneer 계정 신청서가 승인되었음을 알려드립니다.

이용하실 준비가 되셨나요? 이제 귀하의 계정에 로그인하여 전 세계 회사로부터 대금을 받으실 수 있습니다. 귀하의 사용자 이름은 [redacted]입니다.

앞으로 몇 주 동안 결제금 수령, 신규 고객 창출, 수익금 인출에 관한 유용한 정보를 제공해 드립니다.

궁금한 점이 있으면 문의하여 주십시오.
귀하의 고객 ID는 [redacted]입니다.

감사합니다.Payoneer 팀

Payoneer로부터 이메일을 수신하지 않으려면 계정 취소를 요청하셔야 합니다. 계정을 취소하려면 이메일, 전화 또는 라이브 채팅을 통해 고객지원부서에 문의하여 주십시오. 자세한 내용을 확인하려면 다음을 방문하시기 바랍니다: www.payoneer.com

6단계: 페이오니어에 로그인하기

승인 완료 메일을 받으면 페이오니어에 접속해 로그인합니다. 처음 로그인할 때는 보안에 관련된 2개의 질문에 추가로 답해야 합니다. 계정 정보를 입력할 때 물었던 보안 질문과 비슷합니다. 나중에 로그인 문제가 발생했을 때 필요할 수 있으므로 화면을 캡처해 놓기 바랍니다. 보안 질문에 답변하고 나면 메인 화면을 볼 수 있습니다.

페이오니어에서 가상 계좌 명세서 발급받기

가입 승인 안내 메일을 받은 후 다음과 같은 화면이 나타나면 아마존에 추가로 제출할 Bank Statement를 발급받는 과정을 준비해야 합니다. 이 과정은 페이오니어 홈페이지 화면에서 [스토어매니저]를 클릭한 후 다음 절차대로 진행하면 됩니다. 페이오니어에 로그인한 후 다음과 같은 화면이 나타나면 [활동]-[스토어 매니저] 또는 오른쪽에 있는 [스토어 연결]을 클릭합니다.

스토어 매니저 연결하기

1. [스토어 매니저] 화면에서 [연결]을 클릭합니다.

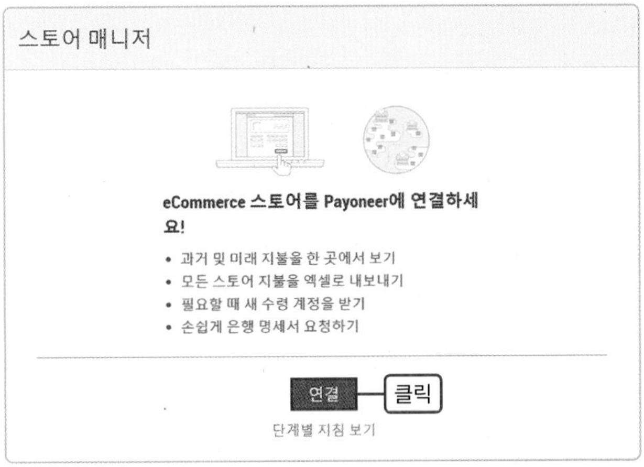

2. [수령 계좌 선택]을 클릭합니다.

❶ 여기서는 미국을 기준으로 설명하기 때문에 'USD'를 선택합니다. USD 수령 계좌를 자동으로 선택할 수 있고 페이오니어 가입 시 사용할 수 있는 계정들이 나타납니다. 최초로 가입할 때는 선택 가능한 계정이 1개만 나타납니다.

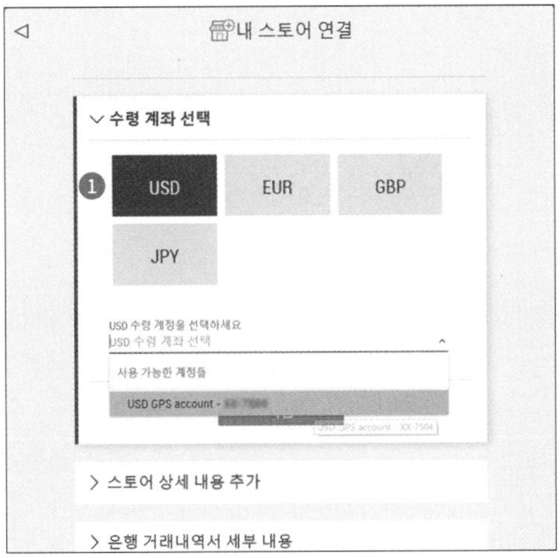

❷ USD 수령 계좌를 선택합니다. 선택을 드롭다운해 사용할 수 있는 계정을 선택합니다. USD 수령 계좌 상세 내용을 확인한 후 이상이 없으면 [다음]을 클릭합니다.

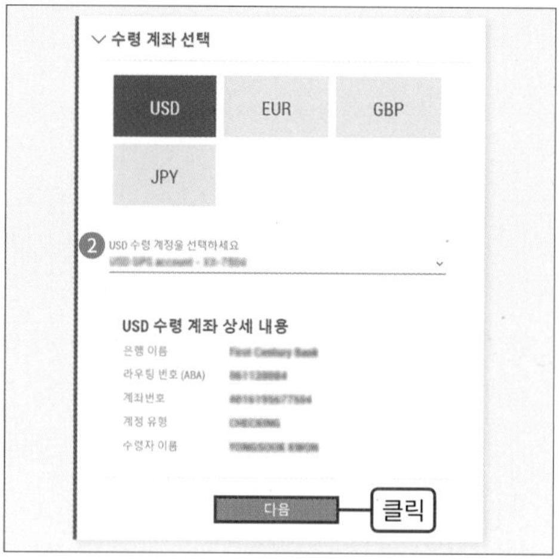

3. 스토어 상세 내용을 추가합니다.

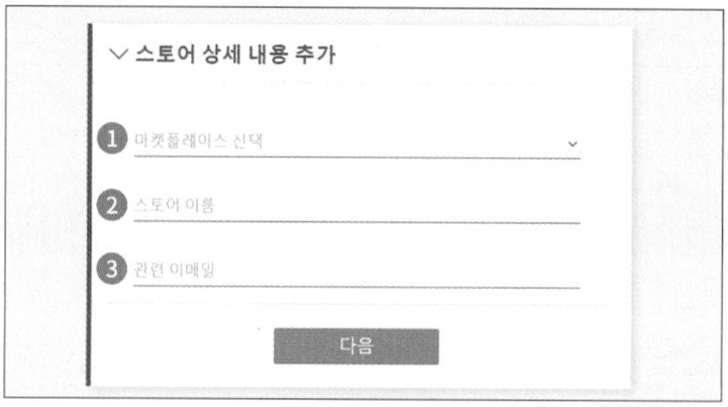

❶ Bank Statement를 제출할 아마존마켓을 선택합니다(예 Amazon.com 선택).
❷ 아마존에 등록된 아마존셀러의 이름과 동일하게 입력합니다.
❸ 아마존에 등록한 아마존셀러의 이메일 주소와 동일하게 입력합니다.

4. 은행 거래 내역서의 세부 내용을 입력합니다. 아마존셀러 센트럴에 등록된 아마존셀러 계정의 정보를 처음 가입할 때와 동일하게 입력합니다.

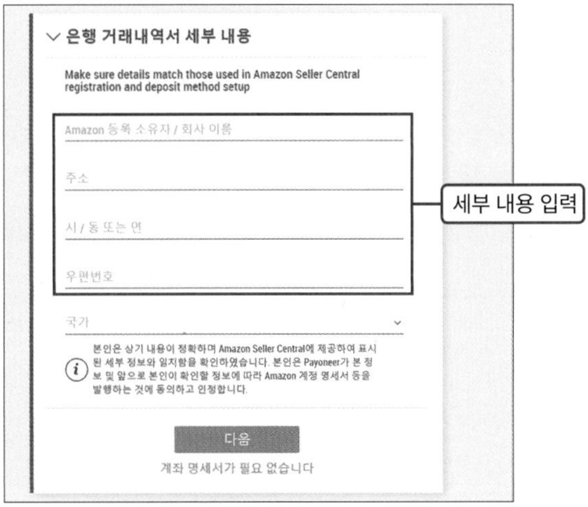

5. ECOMMERCE 사이트와 연결합니다.

ECOMMERCE 사이트로의 연결은 아마존에서 아직 진행되지 않았으므로 '이 세부 내용은 아직 없습니다'를 선택한 후 [제출]을 클릭합니다.

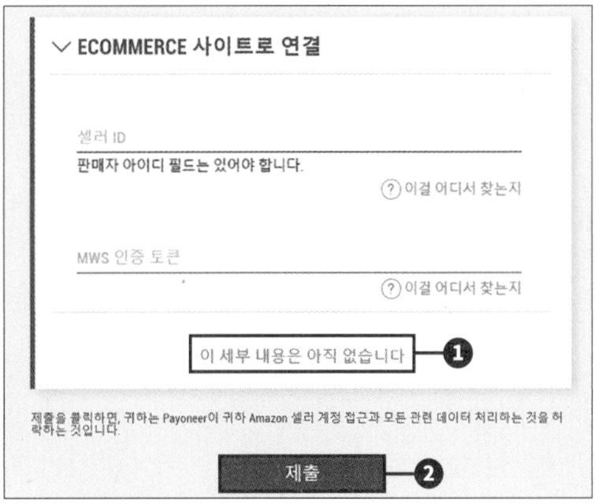

스토어 매니저 화면 살펴보기

스토어 매니저 항목을 통해 연결된 화면이 나타납니다.

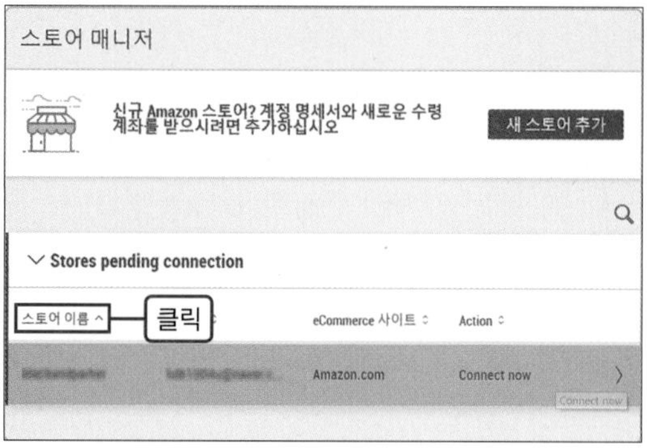

스토어 이름을 클릭하면 다음과 같은 화면이 나타납니다.

아래쪽에 있는 [명세서 다운로드]를 클릭하면 다음과 같은 가상 계좌 명세서가 PDF 파일로 다운로드됩니다. 이 과정이 어려운 사람은 페이오니어에 전화를 하거나 이메일로 연락해 가상 계좌 명세서를 발급받고자 하는 의사를 전달하면 가상 계좌 명세서를 발급받기 위한 'Confirmation Letter'를 보내 줍니다.

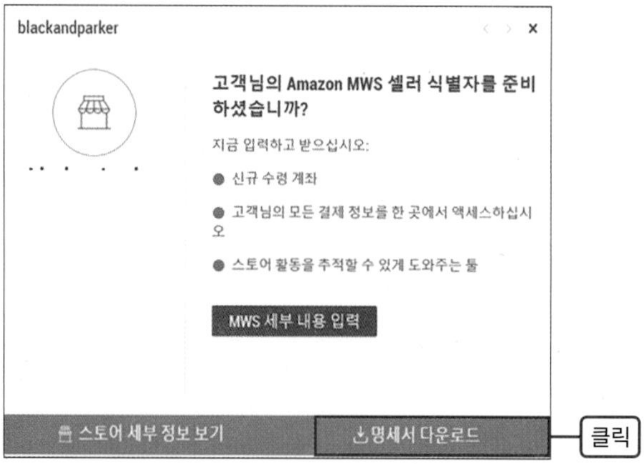

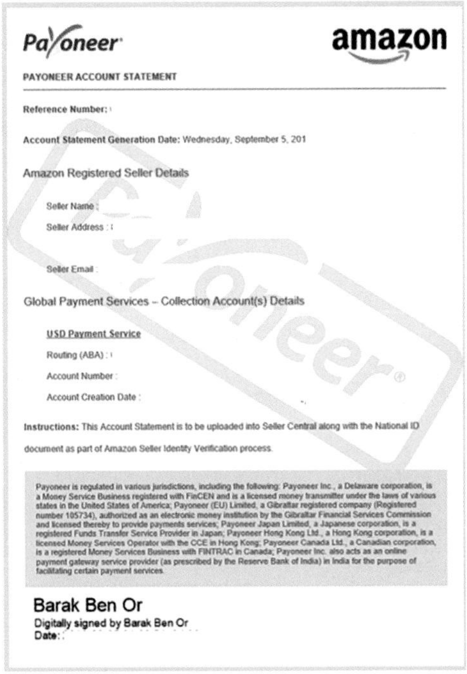
Payoneer amazon

PAYONEER ACCOUNT STATEMENT

Reference Number:

Account Statement Generation Date: Wednesday, September 5, 201

Amazon Registered Seller Details

Seller Name :
Seller Address :

Seller Email :

Global Payment Services – Collection Account(s) Details

USD Payment Service

Routing (ABA) :
Account Number :
Account Creation Date :

Instructions: This Account Statement is to be uploaded into Seller Central along with the National ID document as part of Amazon Seller Identity Verification process.

Payoneer is regulated in various jurisdictions, including the following: Payoneer Inc., a Delaware corporation, is a Money Service Business registered with FinCEN and is a licensed money transmitter under the laws of various states in the United States of America; Payoneer (EU) Limited, a Gibraltar registered company (Registered number 105734), authorized as an electronic money institution by the Gibraltar Financial Services Commission and licensed thereby to provide payments services; Payoneer Japan Limited, a Japanese corporation, is a registered Funds Transfer Service Provider in Japan; Payoneer Hong Kong Ltd., a Hong Kong corporation, is a licensed Money Services Operator with the CCE in Hong Kong; Payoneer Canada Ltd., a Canadian corporation, is a registered Money Services Business with FINTRAC in Canada; Payoneer Inc. also acts as an online payment gateway service provider (as prescribed by the Reserve Bank of India) in India for the purpose of facilitating certain payment services.

Barak Ben Or
Digitally signed by Barak Ben Or
Date:

PAYONEER 고객 지원

- 한국어 전화 문의:
  070-4784-4047 (월~금, 오전 10시부터 오후 7시, 단 금요일은 오후 6시까지 운영)
- 한국어 이메일 문의:
  Payoneer – 나의 계정 로그인 후 메일 문의 (https://payoneer-ko.custhelp.com)
- 카카오톡 실시간 문의:
  Payoneer를 플러스 친구로 추가, FAQ 답변 수령 가능 / 1:1 대화 가능
  (오전 10시~ 오후 6시)
- hanmail.net(한메일) 사용 불가, daum.net 가능
  메일주소에 @hanmail.net 대신 @daum.net 사용하여 가입 (도메인 문제)

페이오니어에서 직접 Confirmation Letter를 발급받을 수 있는 방법은 다음과 같습니다.

페이오니어 Confirmation Letter 작성하기

페이오니어는 다음과 같은 Confirmation Letter 양식을 제공합니다. 이 양식에 필요한 내용을 입력한 후 이메일로 발송하면 됩니다.

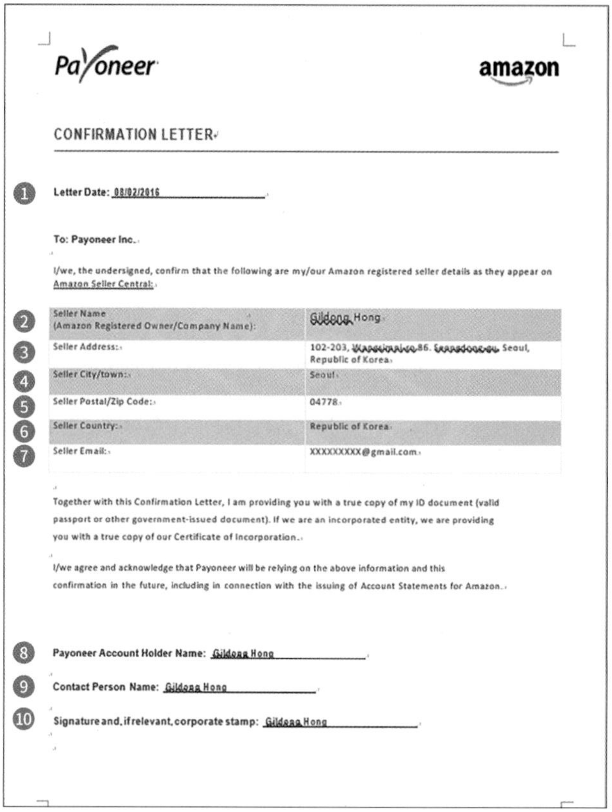

Payoneer

amazon

CONFIRMATION LETTER

❶ Letter Date: 08/02/2016

To: Payoneer Inc.

I/we, the undersigned, confirm that the following are my/our Amazon registered seller details as they appear on Amazon Seller Central:

❷	Seller Name (Amazon Registered Owner/Company Name):	Gildong Hong
❸	Seller Address:	102-203, [illegible] 86. [illegible], Seoul, Republic of Korea
❹	Seller City/town:	Seoul
❺	Seller Postal/Zip Code:	04778
❻	Seller Country:	Republic of Korea
❼	Seller Email:	XXXXXXXXX@gmail.com

Together with this Confirmation Letter, I am providing you with a true copy of my ID document (valid passport or other government-issued document). If we are an incorporated entity, we are providing you with a true copy of our Certificate of Incorporation.

I/we agree and acknowledge that Payoneer will be relying on the above information and this confirmation in the future, including in connection with the issuing of Account Statements for Amazon.

❽ Payoneer Account Holder Name: Gildong Hong

❾ Contact Person Name: Gildong Hong

❿ Signature and, if relevant, corporate stamp: Gildong Hong

❶ **Letter Date**: 작성일을 입력합니다(예 2016년 8월 2일인 경우 – 08/02/2016).

❷ **Seller Name**: 개인 이름 또는 회사 이름을 영문으로 입력합니다.

❸ **Seller Address**: 주소를 영문으로 입력합니다.

❹ **Seller City/town**: 도시를 영문으로 입력합니다.

❺ **Seller Postal/Zip Code**: 우편번호를 입력합니다.

❻ **Seller Country**: 국가를 입력합니다.

❼ **Seller Email**: 이메일 주소를 입력합니다.

❽ **Payoneer Account Holder Name**: 페이오니어 계좌 보유자의 이름을 입력합니다(개인은 본인 이름, 사업자는 회사 이름).

❾ **Contact Person Name**: 연락받을 사람의 이름을 입력합니다(개인은 본인 이름, 사업자는 회사 이름).

❿ **Signature and, if relevant, corporate stamp**: 서명을 입력하거나 도장을 날인합니다(개인은 본인 이름, 사업자는 관리자 이름 또는 회사 도장).

Confirmation Letter를 모두 작성한 후에는 페이오니어에서 글로벌 수신 계좌의 계좌 번호를 확인해야 합니다. 계좌 번호 확인하려면 페이오니어에 로그인한 후 [받기]-[Global Payment Service]를 선택하거나 화면의 가운데에 있는 [Global Payment Service]를 선택합니다.

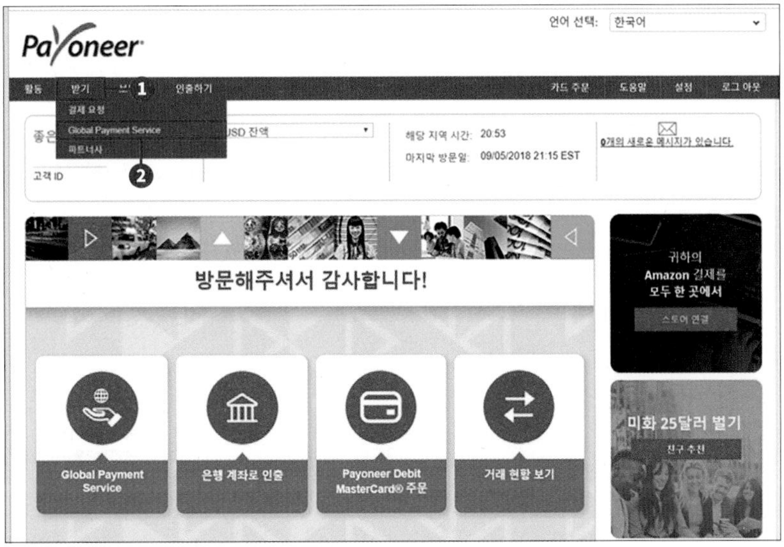

왼쪽에 있는 메뉴 중 [USD]를 선택합니다. 최초 로그인 시에는 대개 'EUR'로 나타납니다.

❶ **라우팅(ABA)**: 은행 계좌를 만든 지역의 은행 고유 번호 같은 것으로, 아마존셀러 계정에 가입할 때 필요한 항목입니다.

❷ **계좌 번호**: 아마존셀러 계정에 가입할 때 필요한 계좌 번호입니다. '라우팅(ABA)'과 '계좌 번호'는 판매 대금을 받기 위한 매우 중요한 정보이므로 유출되지 않도록 주의해야 합니다.

페이오니어 글로벌 수신 계좌의 마지막 4자리와 Confirmation Letter를 페이오니어에 다시 이메일로 보내면 페이오니어에서 다시 Bank Statement를 이메일로 보내 줍니다. 이 서류는 아마존 계정에 가입할 때 필요한 서류이므로 잘 보관해야 합니다. 이 서류는 아마존에 등록할 때 제출하면 됩니다.

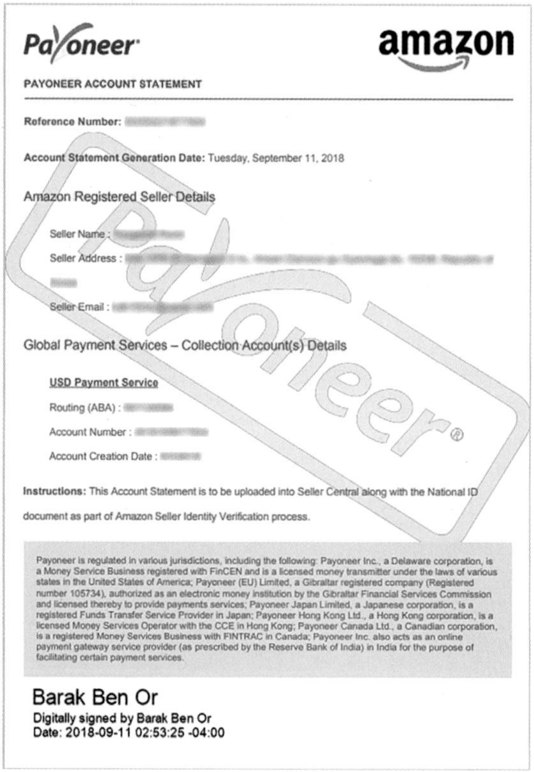

Payoneer | amazon

PAYONEER ACCOUNT STATEMENT

Reference Number: [illegible]

Account Statement Generation Date: Tuesday, September 11, 2018

Amazon Registered Seller Details

Seller Name : [illegible]

Seller Address : [illegible]

Seller Email : [illegible]

Global Payment Services – Collection Account(s) Details

USD Payment Service

Routing (ABA) : [illegible]

Account Number : [illegible]

Account Creation Date : [illegible]

Instructions: This Account Statement is to be uploaded into Seller Central along with the National ID document as part of Amazon Seller Identity Verification process.

Payoneer is regulated in various jurisdictions, including the following: Payoneer Inc., a Delaware corporation, is a Money Service Business registered with FinCEN and is a licensed money transmitter under the laws of various states in the United States of America; Payoneer (EU) Limited, a Gibraltar registered company (Registered number 105734), authorized as an electronic money institution by the Gibraltar Financial Services Commission and licensed thereby to provide payments services; Payoneer Japan Limited, a Japanese corporation, is a registered Funds Transfer Service Provider in Japan; Payoneer Hong Kong Ltd., a Hong Kong corporation, is a licensed Money Services Operator with the CCE in Hong Kong; Payoneer Canada Ltd., a Canadian corporation, is a registered Money Services Business with FINTRAC in Canada; Payoneer Inc. also acts as an online payment gateway service provider (as prescribed by the Reserve Bank of India) in India for the purpose of facilitating certain payment services.

Barak Ben Or
Digitally signed by Barak Ben Or
Date: 2018-09-11 02:53:25 -04:00

잠깐만요

이메일 주소는 다시 한번 확인하자

간혹 이메일 주소를 입력할 때 소문자로 입력해도 대문자로 변환될 수 있기 때문에 한 번 더 소문자, 대문자를 확인하기 바랍니다. 대문자로 자동 변환되면 다시 수정해야 할 뿐 아니라 서류를 페이오니어에 다시 제출해야 합니다. 이로 인해 아마존 가입이 지체될 수 있으므로 다시 한번 확인하기 바랍니다.

아마존셀러 무작정 따라하기

003

월드퍼스트에서 해외 은행 가상 계좌와 계정 만들기

월드퍼스트는 페이오니어와 함께 세계에서 많이 사용하는 해외 은행 가상 계좌로, 다른 업체들에 비해 수수료가 저렴하다는 장점이 있습니다. 현재는 과거와 달리, 계정 가입 시 영문 버전과 한글 버전 모두 가능해 계정 가입이 좀 더 수월해졌습니다. 가입을 한글 버전으로 진행하면 영문 버전보다 다소 시간이 걸릴 수 있지만, 한국인 담당자가 별도로 연락해 주기 때문에 한글 버전으로 가입하는 것이 더 도움이 되기도 합니다. 여기에서는 월드퍼스트 가입, 계정 개설 등을 영문 버전과 한글 버전으로 나눠 설명하겠습니다.

월드퍼스트 계정 개설(영문)

1. 구글 또는 크롬 웹 브라우저에서 '월드퍼스트'라고 검색하면 다음과 같은 화면이 나타납니다.

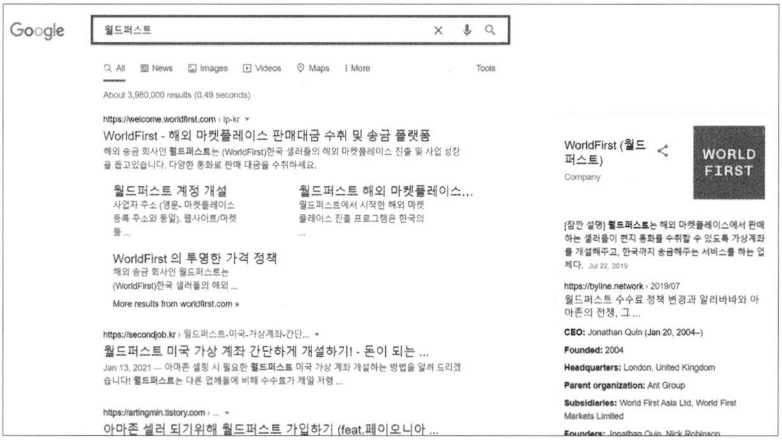

2. 영문 또는 국문 중 가입할 수 있는 채널을 선택할 수 있습니다. 단, 영문과 국문 모두 '영어'로 작성해야 한다는 점에 유의해야 합니다.

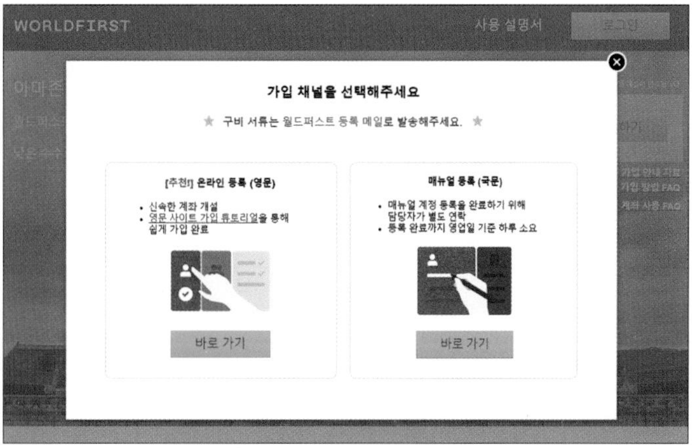

왼쪽의 '[추천] 온라인 등록(영문)'을 선택하면 다음과 같은 화면이 나타납니다.

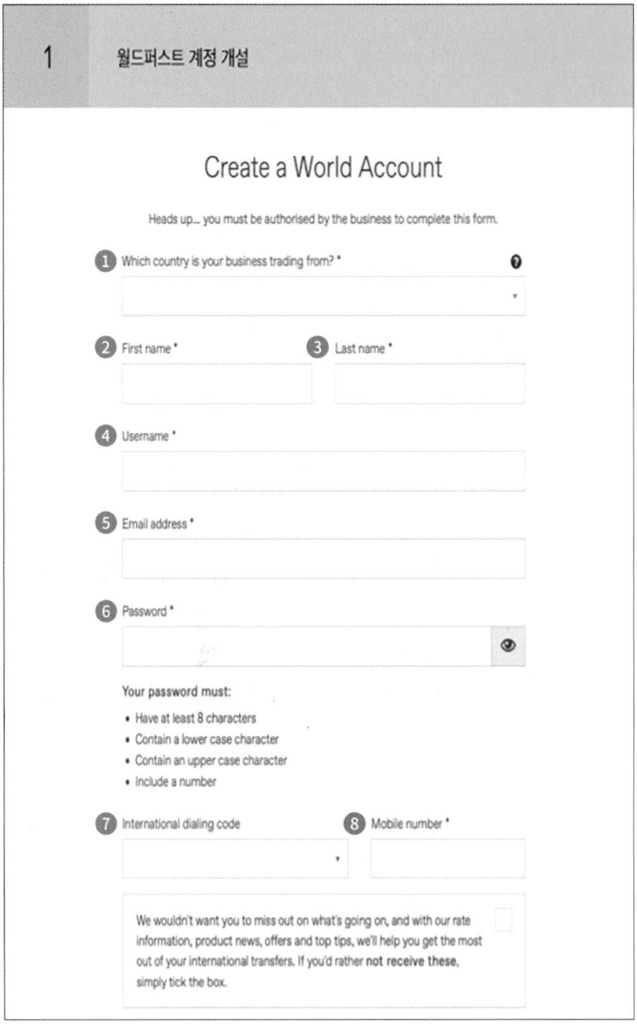

❶ **Which country is your business trading from?**: 국가를 선택합니다. 우리나라는 'Korea, Republic of'를 선택합니다.
❷ **First name**: 여권과 동일한 영문 이름을 입력합니다.
❸ **Last name**: 여권과 동일한 영문 성을 입력합니다.
❹ **Username**: 월드퍼스트에서 사용할 영문 아이디를 입력합니다.
❺ **Email address**: 월드퍼스트와 연락할 이메일 주소를 입력합니다.
❻ **Password**: 암호는 영문으로 대문자, 소문자, 숫자, 특수 문자를 포함해야 합니다.
❼ **International dialing code**: 우리나라의 국가 번호인 '+82'를 선택합니다.
❽ **Mobile number**: 휴대폰 번호를 입력합니다. 대한민국을 선택한 후 맨 앞의 '0'을 제외하고 입력합니다.

이름과 전화번호를 확인한 후 생년월일을 입력합니다.

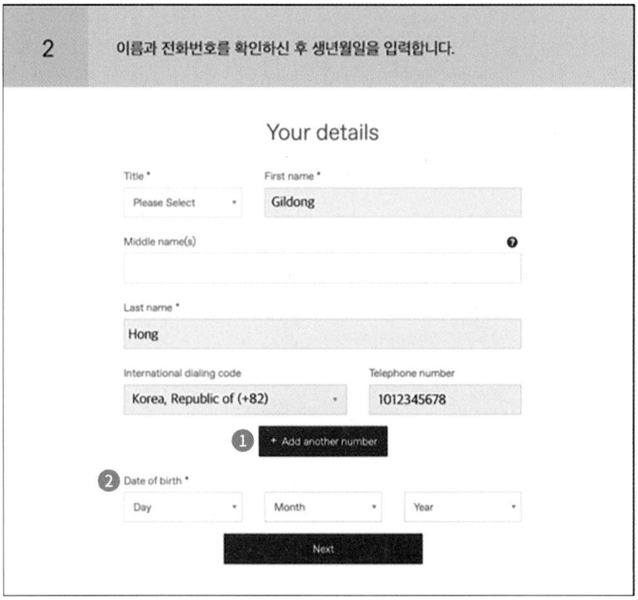

❶ [Your details] 항목이 자동으로 설정됩니다. 추가할 연락처가 있을 경우, [+ Add another number]를 클릭해 추가합니다.
❷ 생년월일을 일, 월, 연도 순으로 입력합니다.

주소 정보의 경우에는 인터넷 검색 창에서 '영문 주소 변경'을 통해 직접 주소를 입력해 나온 결과를 입력해야 합니다. '*' 표시가 있는 곳을 중심으로 작성하면 됩니다.

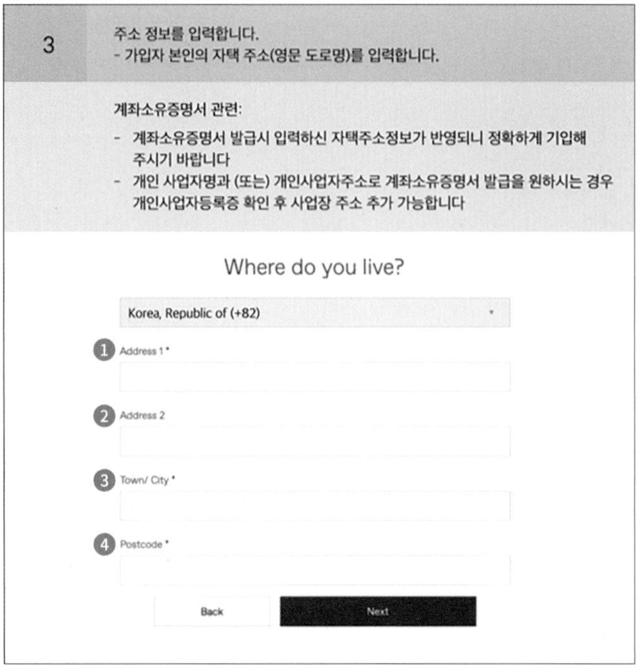

❶ 주소를 영문으로 입력합니다.
❷ 주소가 긴 경우, 추가로 입력할 수 있고, 길지 않으면 입력하지 않아도 됩니다.
❸ 도시 이름을 영문으로 입력합니다.
❹ 우편번호 5자리를 입력합니다.

4번 항목은 개인 사업자(개인) 또는 법인 등을 구분해 작성하는 것입니다. 여기서는 개인을 기준으로 설명하겠습니다.

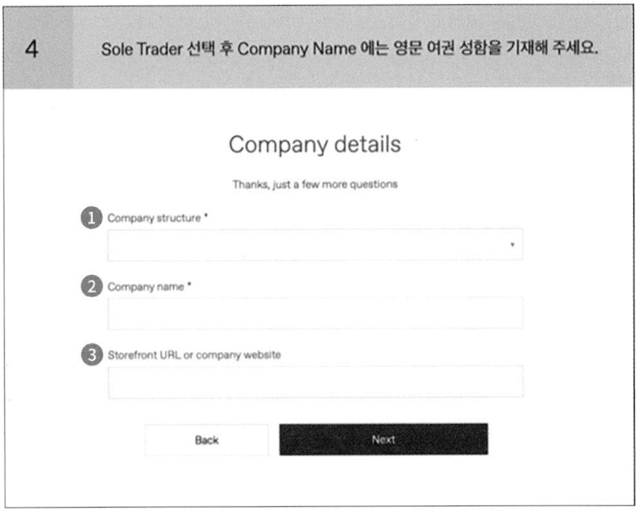

❶ 개인 사업자 또는 개인이면 'Sole trader'를 선택합니다.
❷ 회사 이름 또는 이름을 여권과 동일하게 입력합니다.
❸ 인터넷 웹 주소 또는 회사 웹 주소가 있으면 입력하고, 없으면 비워 둬도 됩니다.

5번 항목은 지금까지 작성한 항목을 확인하는 것입니다. 추가 서류는 직접 월드퍼스트 이메일을 통해 제출해야 하므로 [Provide Later]를 클릭합니다.

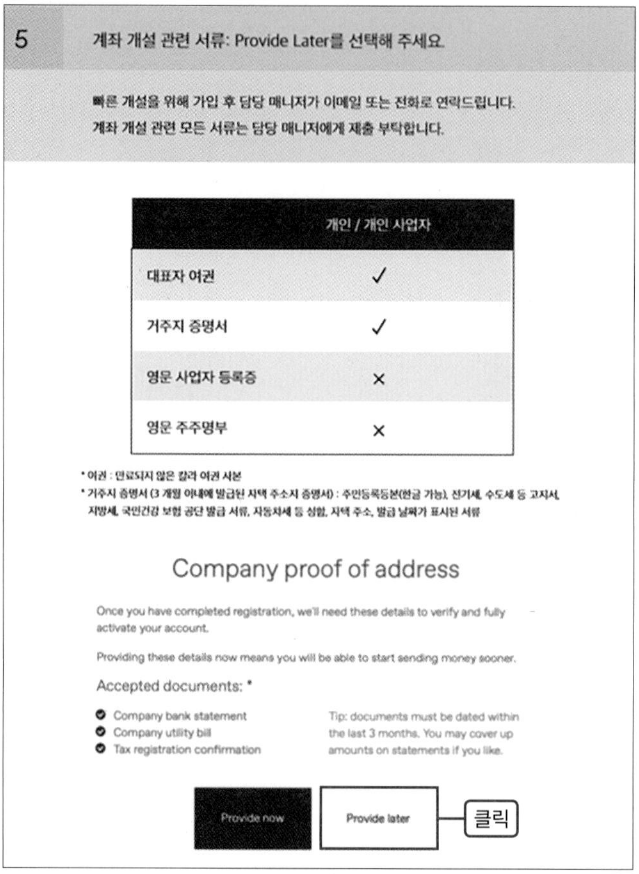

6번 항목은 부가적인 사항을 입력하는 단계로, 판매 상품이나 자금 수취 정보, 아마존 관련 예상 정보 등을 입력합니다.

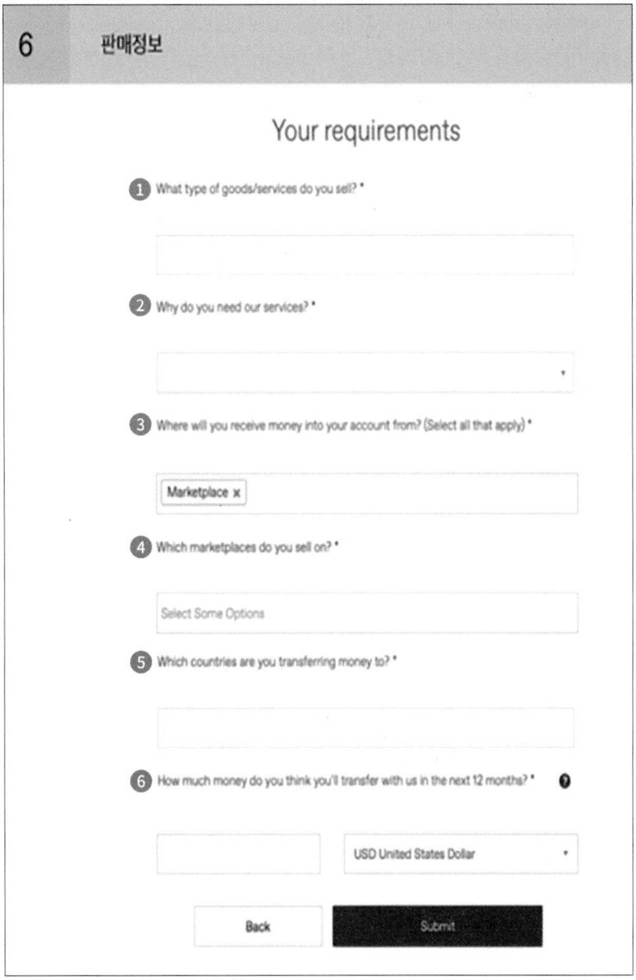

❶ **What type of goods/services do you sell?**: 판매하고자 하는 상품에 대해 입력하는 항목입니다. 내용이 정확하지 않아도 됩니다.

❷ **Why do you need our service?**: 월드퍼스트의 서비스 종류를 선택하는 항목입니다. 여기서는 [Repatriating overseas earnings(해외로부터 자금 수취)] 항목을 선택합니다.

❸ **Where will you receive money into your account from?**: 어디서 자금을 수취할 것인지를 선택하는 항목입니다. 여기서는 'Amazon' 또는 'Amazon.com'을 입력합니다.

❹ **Which marketplaces do you sell on?**: 판매하고자 하는 마켓플레이스를 선택하는 항목입니다. 여기서는 'Amazon' 또는 'Amazon.com'을 입력합니다. 아마존 외에 다른 마켓플레이스를 이용하는 경우에도 입력할 수 있습니다.

❺ **Which countries are you transferring money to?**: 송금할 국가를 선택하는 항목입니다. 여기서는 'Korea, Republic of'를 선택합니다.

❻ **How much money do you think you'll transfer with us in the next 12 months?:** 1년 예상 매출액을 USD(미국 달러 금액)로 입력하는 항목입니다. 반드시 일치할 필요는 없습니다.

모든 항목을 입력하면 다음과 같은 화면이 나타납니다. 영업일 기준 1~2일 이내로 추가로 필요한 서류에 관련된 메일이 옵니다. 이때 필요한 서류는 대개 개인의 경우 '여권 사본', 회사의 경우 '사업자등록증'이므로 컬러 스캔본을 미리 준비하기 바랍니다. 여권의 서명란에는 반드시 서명이 입력돼 있어야 합니다.

월드퍼스트 계정 개설(국문)

국문 매뉴얼 등록(국문)을 선택한 경우에도 영문과 거의 동일하며 담당자가 별도로 연락을 취하게 돼 있습니다. 또한 계정을 국문으로 개설했다고 하더라도 반드시 모든 정보는 '영문'으로 작성해야 합니다. 영문과의 차이점은 단지 계정 개설을 위한 질문 내용이 국문이라는 것입니다.

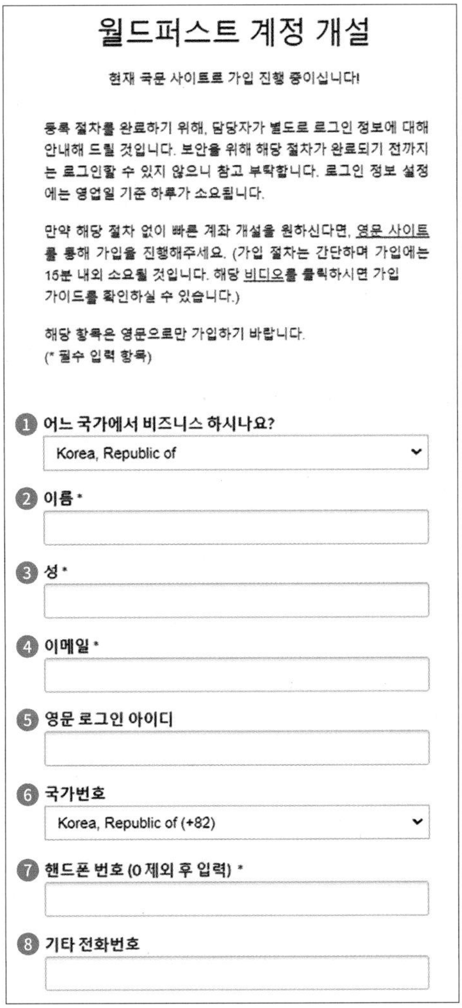
월드퍼스트 계정 개설
현재 국문 사이트로 가입 진행 중이십니다!
등록 절차를 완료하기 위해, 담당자가 별도로 로그인 정보에 대해 안내해 드릴 것입니다. 보안을 위해 해당 절차가 완료되기 전까지는 로그인할 수 있지 않으니 참고 부탁합니다. 로그인 정보 설정에는 영업일 기준 하루가 소요됩니다.
만약 해당 절차 없이 빠른 계좌 개설을 원하신다면, 영문 사이트를 통해 가입을 진행해주세요. (가입 절차는 간단하며 가입에는 15분 내외 소요될 것입니다. 해당 비디오를 클릭하시면 가입 가이드를 확인하실 수 있습니다.)
해당 항목은 영문으로만 가입하기 바랍니다.
(* 필수 입력 항목)
1 어느 국가에서 비즈니스 하시나요?
Korea, Republic of
2 이름 *
3 성 *
4 이메일 *
5 영문 로그인 아이디
6 국가번호
Korea, Republic of (+82)
7 핸드폰 번호 (0 제외 후 입력) *
8 기타 전화번호

❶ **어느 국가에서 비즈니스하시나요?**: 'Korea, Republic of'를 선택합니다.
❷ **이름**: 여권과 동일한 영문 이름을 입력합니다.
❸ **성**: 여권과 동일한 영문 성을 입력합니다.
❹ **이메일**: 월드퍼스트와 연락할 이메일 주소를 입력합니다.
❺ **영문 로그인 아이디**: 월드퍼스트에서 사용할 아이디를 입력합니다. 아이디는 영문 대문자, 소문자, 숫자, 특수 문자를 모두 포함해야 합니다.
❻ **국가 번호**: 대한민국 국가 번호인 'Korea, Republic of(+82)'를 선택합니다.
❼ **핸드폰 번호**: 맨 앞의 '0'을 제외하고 입력합니다.
❽ **기타 전화번호**: 추가로 입력할 전화번호가 있는 경우에 입력합니다. 이때에도 맨 앞의 '0'을 제외하고 입력합니다.

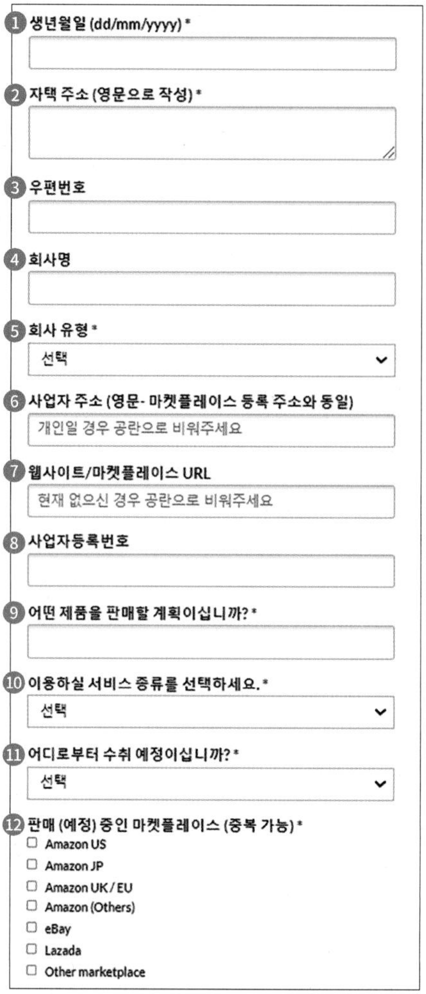

1 생년월일 (dd/mm/yyyy) *

2 자택 주소 (영문으로 작성) *

3 우편번호

4 회사명

5 회사 유형 *

선택

6 사업자 주소 (영문- 마켓플레이스 등록 주소와 동일)

개인일 경우 공란으로 비워주세요

7 웹사이트/마켓플레이스 URL

현재 없으신 경우 공란으로 비워주세요

8 사업자등록번호

9 어떤 제품을 판매할 계획이십니까? *

10 이용하실 서비스 종류를 선택하세요. *

선택

11 어디로부터 수취 예정이십니까? *

선택

12 판매 (예정) 중인 마켓플레이스 (중복 가능) *

- ☐ Amazon US
- ☐ Amazon JP
- ☐ Amazon UK / EU
- ☐ Amazon (Others)
- ☐ eBay
- ☐ Lazada
- ☐ Other marketplace

❶ **생년월일**: 생년월일을 날짜, 월, 연도 순으로 입력합니다.

❷ **자택 주소**: 주소를 영문으로 작성합니다. 집 또는 회사의 주소는 인터넷 검색 창에서 '영문 주소 변환'을 이용해 나온 내용을 입력하기 바랍니다.

❸ **우편번호**: 5자리 우편번호를 입력합니다.

❹ **회사명**: 회사를 운영할 때는 회사 이름을 영문으로 입력해야 합니다. 회사를 운영하지 않을 때는 무시해도 됩니다.

❺ **회사 유형**: 회사 유형은 'Sole trader'를 선택합니다.

❻ **사업자 주소**: 회사를 운영할 때는 사업자 주소를 영문으로 작성해야 합니다.

❼ **웹 사이트/마켓플레이스 URL**: 웹 사이트나 아마존 마켓플레이스가 있을 때 작성합니다.

❽ **사업자등록번호**: 회사의 경우, 사업자등록번호를 입력합니다.

❾ **어떤 상품을 판매할 계획이십니까?**: 판매하고자 하는 상품의 유형을 입력합니다.

❿ **이용하실 서비스 종류를 선택하세요**: '해외로부터 자금 수취'를 선택합니다.

⓫ **어디로부터 수취 예정이십니까?**: 자금을 받을 나라를 선택합니다. 아마존 미국을 선택하고자 할 때는 '미국'을 선택하기 바랍니다.

⓬ **판매(예정) 중인 마켓플레이스**: 판매 중이거나 판매할 마켓을 선택합니다.

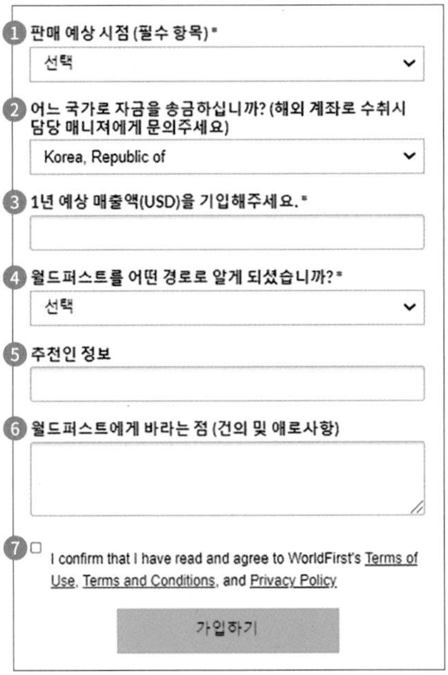

❶ **판매 예상 시점**: 판매 예상 시기를 선택합니다.
❷ **어느 국가로 자금(USD)을 송금하십니까?**: 'Korea, Republic of'를 선택합니다.
❸ **1년 예상 매출액을 기입해 주세요**: US 달러를 기준으로 희망하는 1년 예상 매출액을 작성합니다.
❹ **월드퍼스트를 어떤 경로로 알게 되셨습니까?**: 해당하는 항목을 자유롭게 선택합니다.
❺ **추천인 정보**: 추천인이 있을 때 작성합니다.
❻ **월드퍼스트에게 바라는 점(건의 및 애로사항)**: 바라는 점이 있을 때 자유롭게 입력합니다.
❼ 월드퍼스트 규정과 이용 약관 등에 동의한다는 내용으로, 반드시 체크 표시를 해야 가입이 완료됩니다.

모든 항목이 완료되면 다음과 같은 화면이 나타납니다. 추가로 제출해야 하는 서류가 필요할 때는 [제출 서류 보기]를 클릭합니다.

다음과 같은 안내 사항이 나타납니다. 내용을 잘 읽은 후 요청하는 사항에 알맞은 서류를 제출하기 바랍니다. 궁금한 사항을 안내 메일로 문의하면 언제든지 도움을 받을 수 있습니다.

WORLDFIRST

월드퍼스트 가입 서류

월드퍼스트 가입을 위해 제출이 필요한 서류는 아래와 같습니다. 필요한 서류와 정보가 신속하고 정확하게 제공될수록 빠르게 계좌가 개설될 수 있습니다!

모든 제출 서류는 korea@worldfirst.com 으로 보내주시길 바랍니다.

1) 만료되지 않은 대표자 여권 (가려진 부분이나 빛 반사된 부분이 없이 컬러 스캔 혹은 사진 촬영, 첨부 견본 참고)

2) 영문 사업자 등록증 (개인사업자도 제출 필요)

3) 영문 주주 명부 : 성함, 성별, 생년월일, 소유 지분 기재 (**만약 25% 이상의 지분 소유 법인이 있을 시, 해당 법인의 주주명부(*25% 이상 지분 소유자만 표기하면 됨)도 함께 부탁 드립니다. (25% 이상의 개인은 첨부의 주주명부에 이름만 기재, 자료 첨부 필요 없음)**

4) 위임장 제출 시 위임 받는 분의 여권 컬러 사본도 함께 제출 – 실제 월드퍼스트 계정에 로그인 해서 이체 요청을 하실 실무자 분의 정보

궁금한 점이 있으면 언제든 korea@worldfirst.com으로 메일을 주시거나

전화 (080 822 1435), 카카오톡(검색: “월드퍼스트”)으로 연락 주시면 안내 드리겠습니다.

감사합니다.

아마존셀러
무작정 따라하기

004 아마존셀러 계정 만들기

아마존셀러 가입 전 알아 둘 사항

아마존의 규정이 점점 강화되고 있다

일부 국가에서 아마존 계정에 무분별하게 가입하거나 여러 개의 계정을 동시에 가입하는 문제로 인해 아마존 규정이 점점 강화되고 있습니다. 아마존은 1인 1계정이 원칙입니다. 이전에 계정을 생성했다면 아마존 정책 위반으로 정지된 경우를 제외하고 절대로 새 계정을 생성하면 안 됩니다. 계정을 복구하려면 아마존셀러 센트럴 고객센터에 연락하면 됩니다.

아마존 계정 승인 완료 후 적어도 1개월이 지나기 전에는 변경하지 마세요(변경하고자 할 때는 아마존셀러 센트럴 고객센터에 문의). 아마존셀러 센트럴 계정 생성이 실패할 경우에도 절대로 동일한 새 계정을 만들면 안 됩니다. 이것이 계정 정지의 가장 흔한 이유이며, 해결하기 어렵습니다.

파트너 등록

계정을 생성한 후에는 'Seller Permissions'(아마존셀러 허가) 섹션에서 파트너의 이메일과 패스워드로 사용자를 추가하세요. 이후 아마존에서 확인 절차를 거쳐 정식 파트너로 등록되면 허가된 범위 내에서 정보를 아마존셀러와 동일하게 확인 및 편집할 수 있습니다.

파트너는 반드시 본인의 계정 이메일과 패스워드를 이용해 접속해야 하고 파트너 본인의 개인 컴퓨터를 이용해야 합니다. 아마존 회원 가입을 위해 준비해야 할 사항과 서류가 준비되면 아마존셀러 계정에 가입할 수 있습니다.

아마존셀러 계정 회원 가입하기

아마존셀러 계정은 크게 '일반(Individual) 계정'과 '프로(Professional) 계정'으로 구분됩니다.

아마존셀러 계정의 유형

일반 계정과 프로 계정은 다음 표에서 알 수 있는 바와 같이 약간의 차이가 있으므로 본인의 상황에 맞게 선택해야 합니다. 물론 프로 계정의 경우, 아마존으로부터 받을 수 있는 혜택이 더 많습니다. 좀 더 전문적으로 아마존에서 판매하려면 프로 계정으로 가입하길 권합니다. 여기서는 프로 계정을 기준으로 설명하겠습니다.

계정의 종류	일반	프로
월 판매 수량	월 40개 미만 판매 예정인 경우	월 40개 이상 판매 예정인 경우
월 이용료	해당 없음	월 39.99달러
판매 상품	일반 아마존셀러로 판매할 수 있는 상품만 가능	일반 아마존셀러 상품 외 추가 상품 판매만 가능
판매 수수료	상품당 0.99달러 + 판매 수수료 및 기타 수수료	판매 수수료 및 기타 수수료

먼저 아마존(https://www.amazon.com) 웹 사이트에 접속합니다. 메인 화면의 오른쪽 위에 있는 [Account & List]에 마우스 커서를 올려 놓은 후 [Sign in]을 클릭하거나 맨 아래쪽에 있는 [Make Money With Us] 항목

의 [sell on Amazon]을 클릭합니다.

아마존 홈페이지의 아래쪽에 있는 [Sell on Amazon]을 클릭합니다.

아마존코리아 홈페이지(https://services.amazon.co.kr/)에서 [아마존 글로벌셀링 시작하기]를 클릭해 시작할 수도 있습니다.

아마존 코리아 홈페이지에서도 '아마존 예비/초보 아마존셀러를 위한 글로벌셀링 5가지 기본 가이드'에 대해 안내하고 있으므로 아마존셀러를 시작하는 분들은 꼭 한번 확인해 보기 바랍니다.

다음 그림에서 'Sell on Amazon' 또는 [아마존 글로벌셀링 시작하기]를 클릭하면 다음과 같은 화면이 나타납니다.

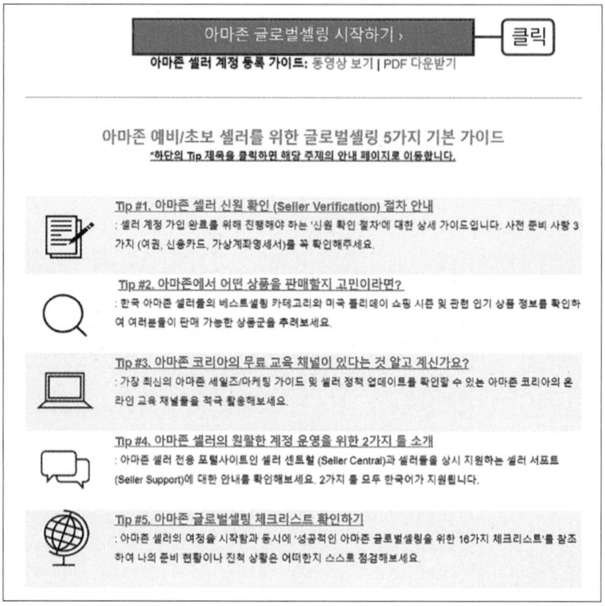

아마존 계정이 있는 경우, [Email or mobile phone number], [Password] 항목을 입력한 후 [Next]를 클릭하면 로그인되고, 계정이 없는 경우, [Create your Amazon account]를 클릭하면 계정 회원으로 가입할 수 있습니다.

▲ 계정이 있는 경우

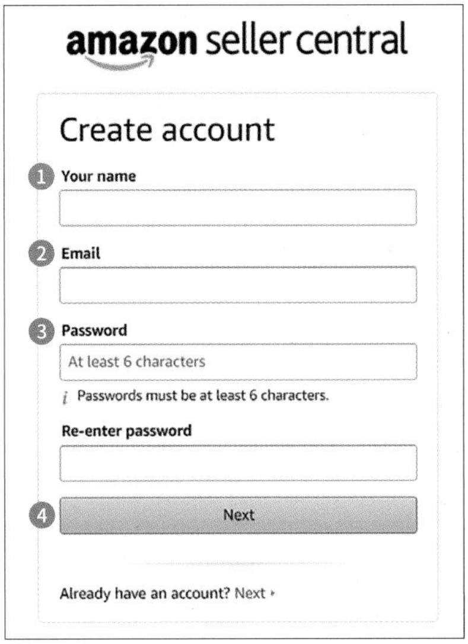

▲ 계정이 없는 경우

❶ **Your name**: 여권에 사용하고 있는 이름과 동일하게 이름, 성 순으로 입력합니다(예 Gildong, Hong)

❷ **Email**: 계정 아이디로 사용할 이메일 주소를 입력합니다. 기존에 많이 사용하고 있는 네이버나 다음, 네이트 등의 메일 주소도 상관없지만, 아마존에서 오는 소식만 따로 관리하고 싶다면 지메일 또는 다른 해외 이메일 주소를 추천합니다.

❸ **Password / Re-enter password**: 계정에 로그인할 때 사용할 비밀번호를 최소 6자 이상 입력합니다.

❹ [Next]를 클릭하면 다음과 같이 'Set up your Amazon selling account' 화면으로 넘어갑니다.

❶ **Legal name**: 회사를 운영하는 경우에는 회사 이름과 담당자를 입력하고, 개인인 경우에는 이름(이름, 성 순으로)을 입력합니다.

❷ **Seller agreement**: 규정에 동의해야만 다음 단계로 이동할 수 있습니다.

Email 인증 코드를 넣는 화면이 나타나면 계정 아이디로 사용할 이메일에서 OTP 코드 넘버를 확인해 입력한 후 [Create your Amazon account]를 클릭합니다.

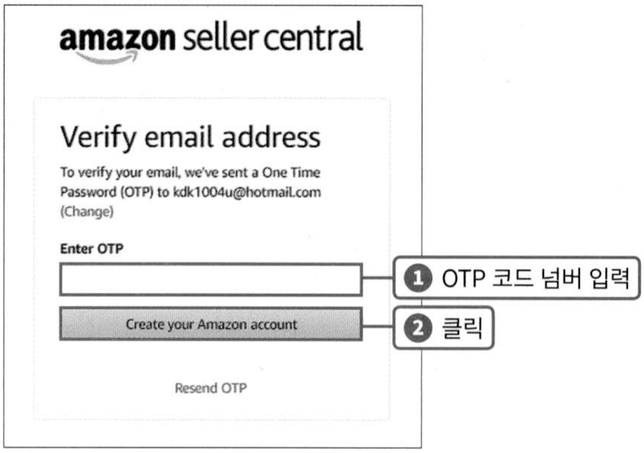

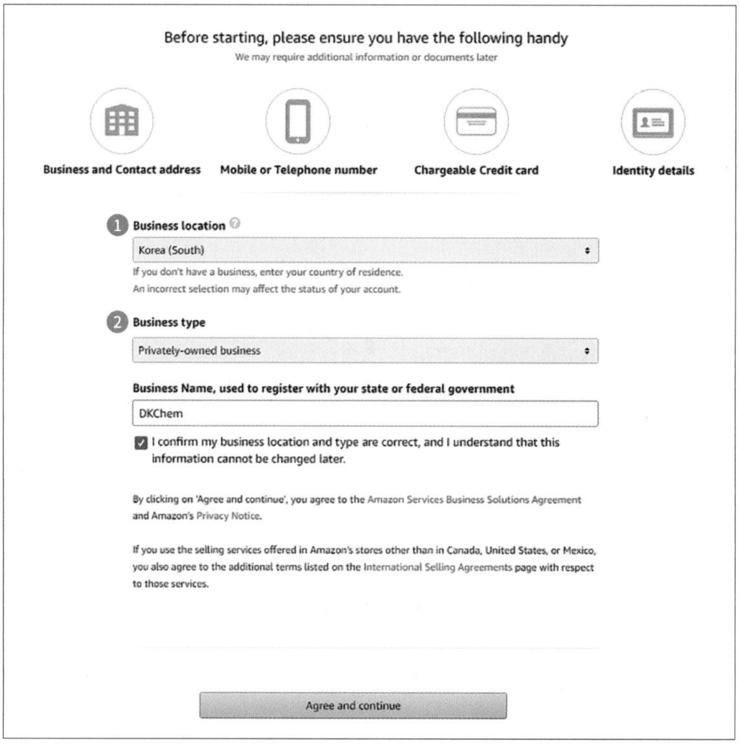

❶ **Business location**: 'Korea(South)'를 선택합니다.

❷ **Business type**: 사업 유형을 선택하는 화면을 확인할 수 있습니다. 일반 개인인 경우 'Individual', 개인 사업자인 경우 'Privately-owned businesss'를 선택합니다.

여기서는 개인 사업자를 기준으로 설명하겠습니다.

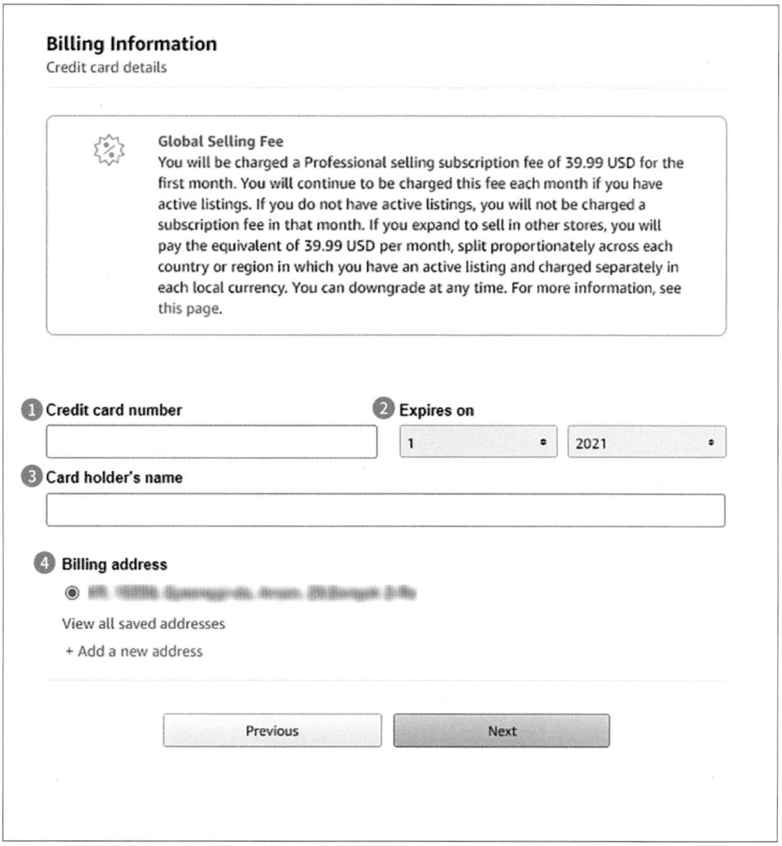

❶ **Credit card number**: 카드 넘버를 입력합니다.
❷ **Expires on**: 카드의 유효 기간을 동일하게 선택합니다.
❸ **Card holder's name**: 가입자 본인의 영문 이름을 입력합니다. 이때 카드에 입력된 이름과 여권의 이름이 같은지 확인하고, 다른 경우 여권의 이름과 동일한 카드로 재발급받아야 합니다.
❹ **Billing address**: 등록된 주소를 확인합니다.

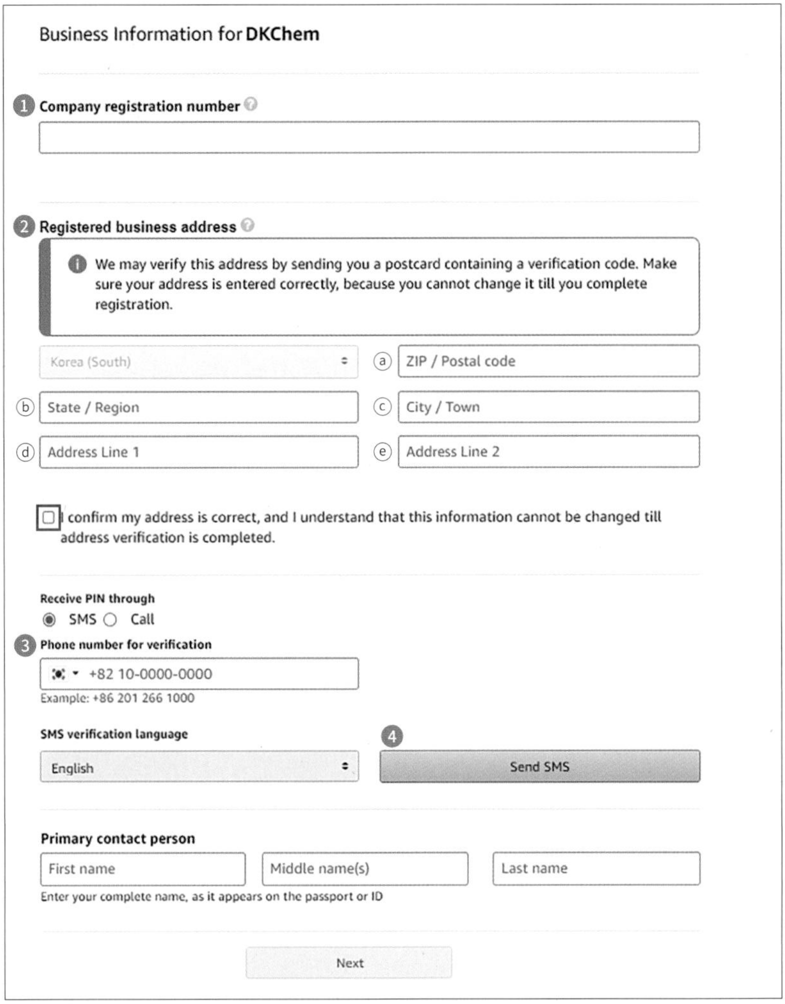

❶ **Company registration number**: 사업자등록번호를 입력합니다.

❷ **Registered business address**

ⓐ zip /Postal code: 사업자등록증상의 우편번호를 입력합니다.

ⓑ State / Region: 주소 중 (경기)도, 특별시, 광역시 중 해당하는 지역을 입력합니다.

ⓒ City / Town: 도시 이름을 입력합니다.

ⓓ Address Line 1: 도, 도시 이름을 제외한 나머지 주소를 입력합니다.

ⓔ Address Line 2: 주소가 긴 경우 추가로 입력합니다.

❸ **Phone number for verification**: 한국으로 설정돼 있는지 확인한 후 휴대폰 번호를 맨 앞의 '0'을 제외하고 입력합니다.

❹ [Send SMS]를 클릭해 문자 메시지로 온 인증 코드를 입력합니다.

❶ **Country of citizenship**: 대한민국 국민을 기준으로 'Korea(South)'를 선택합니다.
❷ **Country of birth, Date of birth**: 출생지와 출생 연월일을 선택합니다.
❸ **Proof of identity, Date of expiry**: 인증할 대상과 유효 기간을 선택합니다. 여기서는 여권을 기준으로 선택합니다.
❹ **Country of issue**: 'Korea(South)'를 선택합니다.
❺ **Residential address**: 등록한 주소를 확인합니다. 추가할 경우 [+ Add another address]를 클릭합니다.
❻ **Mobile number**: 본인이 등록한 휴대폰 번호를 확인합니다. 번호를 추가하고 싶을 때는 [+ Add a new mobile number]를 클릭합니다.
❼ 아래쪽에 있는 대표이사 여부나 추가할 주주 등과 같은 사항은 건너뛰어도 무방하며 해당하는 경우에는 클릭합니다.

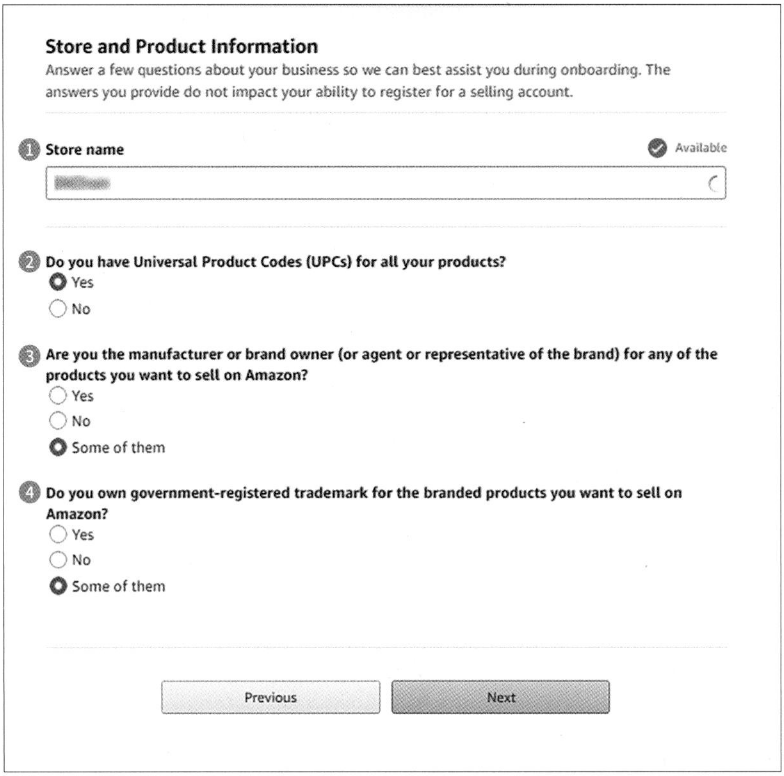

❶ **Store name**: 본인이 원하는 일종의 판매 회사 이름을 지정할 수 있습니다. 등록이 가능한 경우, 오른쪽에 있는 'Available'이 활성화됩니다. 언제든지 바꿀 수 있으므로 너무 오랜 시간을 허비할 필요는 없습니다.

❷ **Do you have Universal Product Codes(UPCs) for all your products?**: 본인이 판매하는 상품에 바코드가 있는지 여부를 확인하는 항목입니다. 어느 것을 선택해도 무관하지만, 가급적 'Yes'를 선택하는 것이 좋습니다. 바코드 넘버를 등록하지 않으면 문제가 발생할 수 있습니다.

❸ **Are you the manufacturer or brand owner(or agent or representative of the brand) for any of the products you want to sell on Amazon?**: 제조업자인지, 단순 판매업자인지 여부를 묻는 항목입니다. 어느 것을 선택해도 무방합니다.

❹ **Do you own government-registered trademark for the branded products you want to sell on Amazon?**: 아마존에서 판매할 상품이 이미 브랜드로 등록돼 있는지를 묻는 항목입니다. 어느 것을 선택해도 무방합니다.

[Billing information] 항목을 통해 USD 39.99달러가 청구될 수 있다는 것을 알리는 안내를 볼 수 있습니다. 신용카드 정보와 카드 소유주의 성명을 확인하는 사항이 다시 한번 나타납니다.

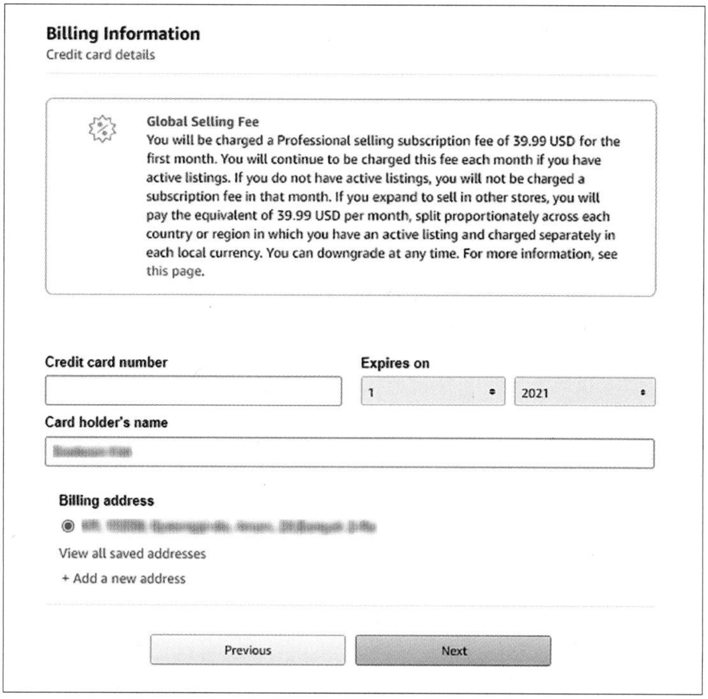

신원 인증을 위한 단계로, [Identity document] 항목의 [Upload Passport]를 클릭해 여권 스캔본을 업로드합니다.

여권 스캔본을 업로드할 때는 다음과 같은 안내사항을 확인할 수 있습니다. 스캔한 사진이나 휴대폰을 이용한 사진도 가능하다고 안내돼 있지만, 가급적 스캔한 사진을 추천합니다. 단, 스크린샷은 허용되지 않습니다. 또한 번짐이 없어야 하고 본인의 사인이 포함된 여권 사진이어야 합니다.

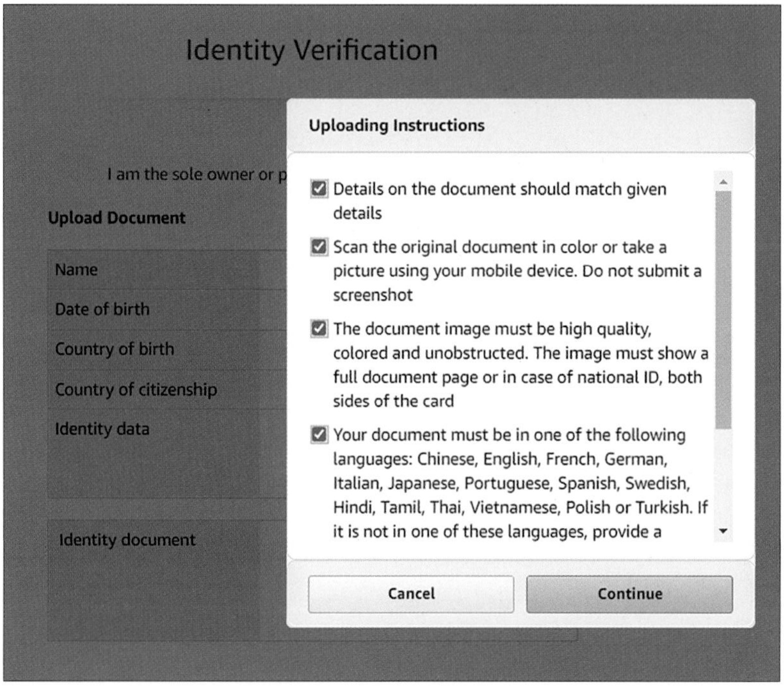

여권 스캔본을 업로드하고 나면 추가 서류로 은행 계좌 증명서를 요구합니다. 페이오니어 또는 월드퍼스트에서 발급받은 [Bank Account Statement]를 업로드한 후 아래쪽에 있는 내용을 확인하고 [Submit]을 클릭합니다.

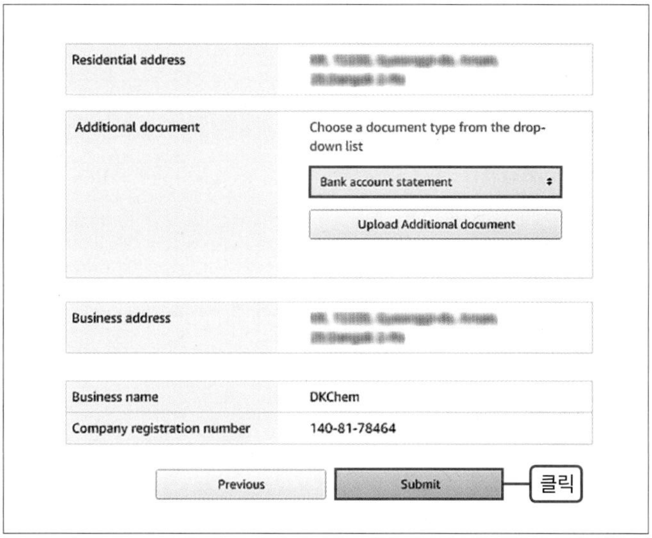

다음과 같이 안내사항을 확인할 수 있습니다. 대부분 페이오니어 또는 월드퍼스트에서 원본 형태로 다운로드하기 때문에 [Continue]를 클릭합니다.

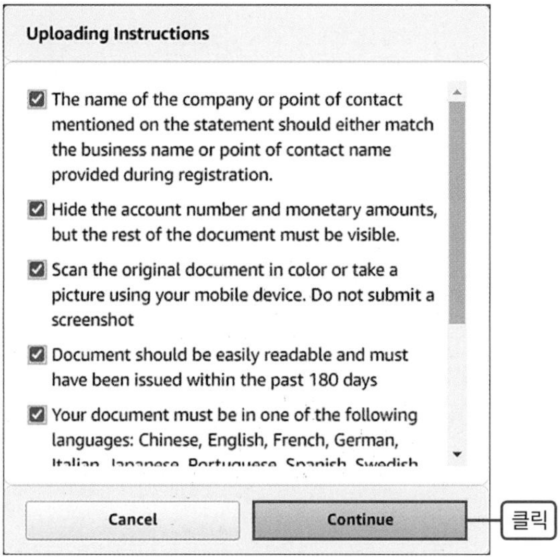

주소 확인을 위한 단계입니다. 등록한 주소에 대한 정보를 확인한 후 이상이 없으면 [Confirm]을 클릭합니다.

아마존에서 우편이 발송되며 대략 7일 이내 아마존으로부터 다음과 같은 우편을 등기 방식으로 받아 볼 수 있습니다. 오른쪽에 있는 'Your Unique Address Verification Code is:'의 아래쪽에 있는 붉은색 6자리 숫자가 바로 주소 인증 코드입니다.

우편을 받기 전에는 인증이 완료되지 않기 때문에 반드시 우편을 통해 인증 코드를 확인해야 합니다. 붉은색 6자리 인증 코드를 확인한 후 아마존 계정에 다시 로그인해야 합니다. 아래쪽에 있는 [Enter code below] 항목의 네모 박스에 우편물의 붉은색 인증 코드 6자리를 입력한 후 [Next]를 클릭합니다.

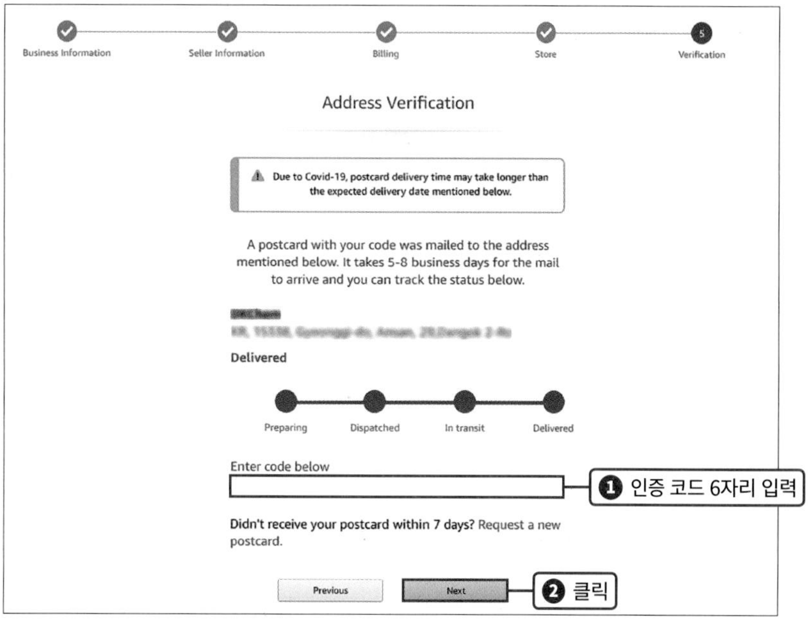

다음과 같이 계정 가입을 위한 모든 서류와 인증이 완료됐습니다.

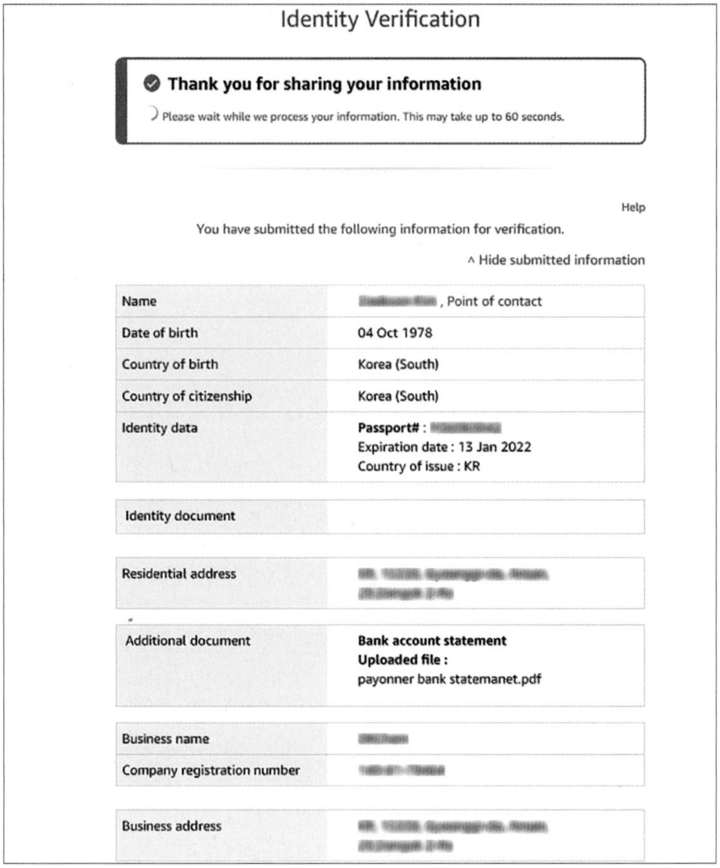

아마존셀러 계정에 가입할 때 세금 정보 인터뷰를 추가로 진행하는 화면이 나타나면, 계정 가입 시 등록한 주소, 전화번호 등과 같은 정보를 확인합니다. 이상이 없으면 아래쪽에 있는 [Sigh Here] 또는 [Signature] 항목에 본인의 여권 이름과 동일한 영문 이름을 입력한 후 [Submit Form]을 클릭합니다.

Tax Information Interview

Reference Id: A06477342FEGNG167CKQ2

Form **W-8BEN**

Certificate of Foreign Status of Beneficial Owner for United States Tax Withholding and Reporting (Individuals)

SUBSTITUTE (July 2017)

Do NOT use this form if:	**Instead, use Form:**
• You are NOT an individual	W-8BEN-E
• You are a U.S. citizen or other U.S. person, including a resident alien individual	W-9
• You are a beneficial owner claiming that income is effectively connected with the conduct of trade or business within the U.S. (other than personal services)	W-8ECI
• You are a beneficial owner who is receiving compensation for personal services performed in the United States	8233 or W-4
• A person acting as an intermediary	W-8IMY

Part I **Identification of Beneficial Owner**

1 Name of individual who is the beneficial owner

2 Country of citizenship

Korea, South

3 Permanent residence address (street, apt. or suite no., or rural route). **Do not use a P.O. box or in-care-of address.**

City or town, state or province. Include postal code where appropriate.

Country

Korea, South

4 Mailing address (if different from above)

City or town, state or province. Include postal code where appropriate.

Country

Part III **Certification**

Under penalties of perjury, I declare that I have examined the information on this form and to the best of my knowledge and belief it is true, correct, and complete. I further certify under penalties of perjury that:

1. I am the individual that is the beneficial owner (or am authorized to sign for the individual that is the beneficial owner) of all the income to which this form relates or am using this form to document myself for chapter 4 purposes,
2. The person named on line 1 of this form is not a U.S. person,
3. The income to which this form relates is (a) not effectively connected with the conduct of a trade or business in the United States, (b) effectively connected but is not subject to tax under an income tax treaty, or (c) the partner's share of a partnership's effectively connected income,
4. The person named on line 1 of this form is a resident of the treaty country listed on line 9 of the form (if any) within the meaning of the income tax treaty between the United States and that country, and
5. For broker transactions or barter exchanges, the beneficial owner is an exempt foreign person as defined in the instructions.

Furthermore, I authorize this form to be provided to any withholding agent that has control, receipt, or custody of the income of which I am the beneficial owner or any withholding agent that can disburse or make payments of the income of which I am the beneficial owner. **I agree that I will submit a new form within 30 days if any certification made on this form becomes incorrect.**

The Internal Revenue Service does not require your consent to any provisions of this document other than the certifications required to establish your status as a non-U.S. individual and, if applicable, obtain a reduced rate of withholding.

Sign Here

Signature of beneficial owner (or individual authorized to sign for beneficial owner)

❶ 본인의 여권 이름과 동일한 영문 이름 입력

11-29-2021

Date (MM-DD-YYYY)

Print name of signer

Capacity in which acting (if form is not signed by beneficial owner)

Above is preview of your tax form based on the information you have provided. Please review and submit the fo[...]es if needed.

❷ 클릭

Make Changes | Submit Form

무작정 따라하기

계정을 보호하기 위한 2단계 인증 절차 해결하기

2단계 인증 절차는 아마존셀러의 휴대 기기 또는 인증 앱을 통한 2단계의 인증을 통해 안전하게 로그인할 수 있도록 설정하는 것을 말합니다. 다른 웹 사이트와 동일한 비밀번호를 사용하다가 해킹을 당해도 아마존셀러 계정은 안전하게 보호될 수 있습니다.

① [Enable Two-Step Verificaion]을 클릭합니다.

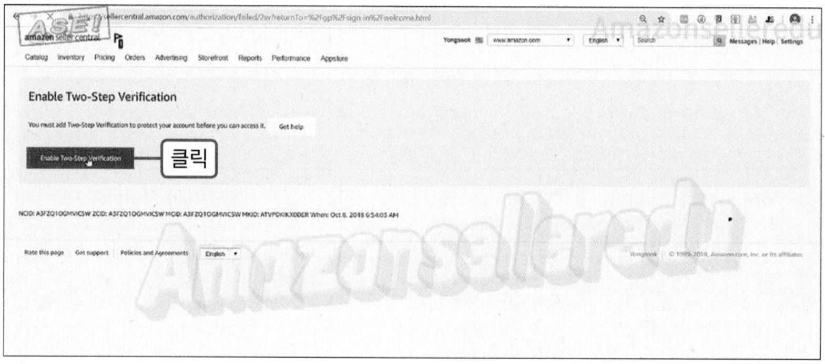

② 일반적으로 많이 사용하는 ❶ [Phone number]를 클릭한 후 ❷ [Received code by] 항목의 [Text message(SMS)]를 선택합니다. 그런 다음 아래쪽에 있는 국가 설정에서 [Korea, Republic of +82]를 선택하고 빈칸에 맨 앞의 '0'을 제외한 나머지 휴대폰 번호를 '-' 없이 입력합니다(예 휴대폰 번호가 010-1234-5678이라면 '1012345678'이라고 입력)

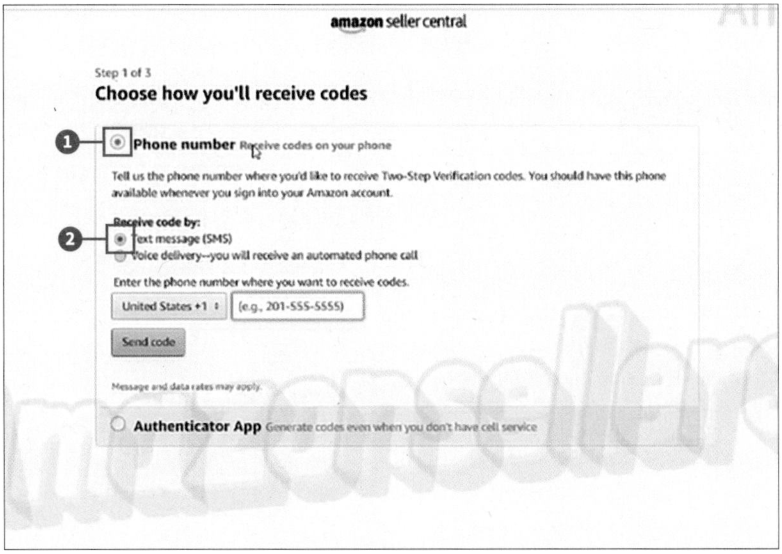

③ 문자로 도착한 ❶ 인증 코드 6자리를 입력한 후 ❷ [Verify code and continue]를 클릭합니다.

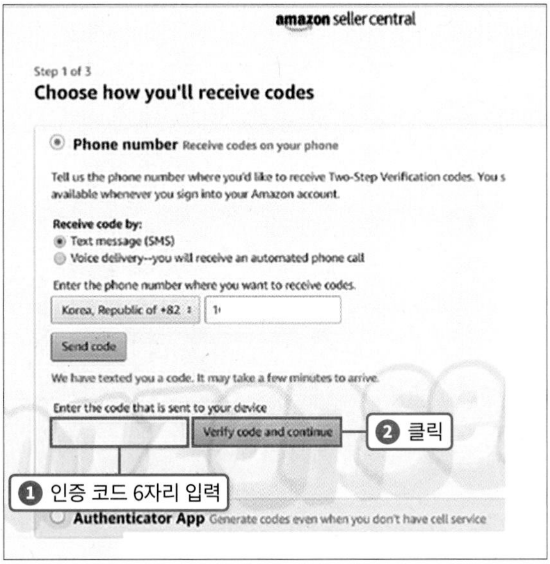

④ 추가로 설정하는 비상용 Backup 인증 방법이 진행됩니다. ❶ [Phone number]를 클릭한 후 ❷ [Text message]를 선택합니다. 위 방식과 마찬가지로 아래쪽에 있는 국가 설정에서 ❸ [Korea, Republic of +82]를 선택한 후 ❹ 빈칸에 등록할 백업용 휴대폰 번호를 맨 앞의 '0'을 제외하고 '-' 없이 번호만 입력합니다. 그런 다음 ❺ [Skip verification]에 체크 표시를 하고 ❻ [Save backup number]를 클릭하면 2단계 인증이 완료됩니다. 'Skip codes during sign in'은 로그인 중 코드 건너뛰기 절차로, [Don't require codes on this browser]를 클릭한 후 아래쪽에 있는 [Got it, Turn on Two-Step Verification]을 클릭하면 2단계 인증이 완료됩니다.

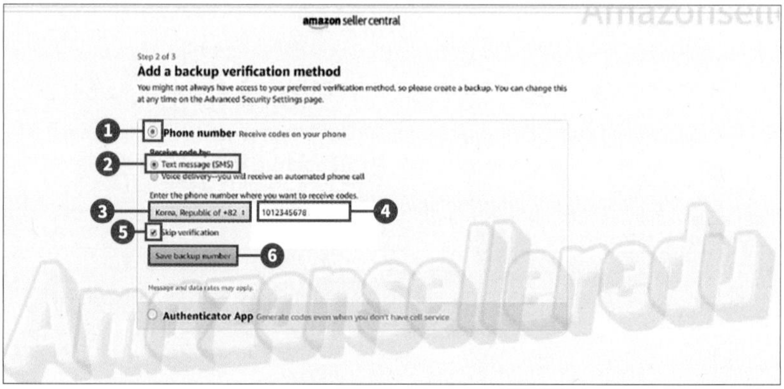

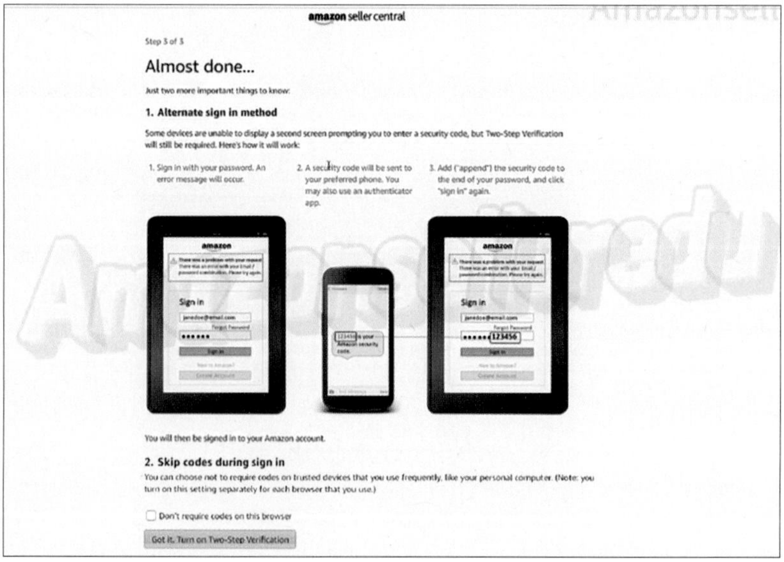

⑤ 2단계 인증이 완료되면 화면의 왼쪽 위에 있는 깃발 모양에 숫자 1이 표기된 것을 확인할 수 있습니다. 아마존셀러 계정에 나타나는 숫자는 중요한 정보를 안내하는 것이므로 반드시 확인해야 합니다.

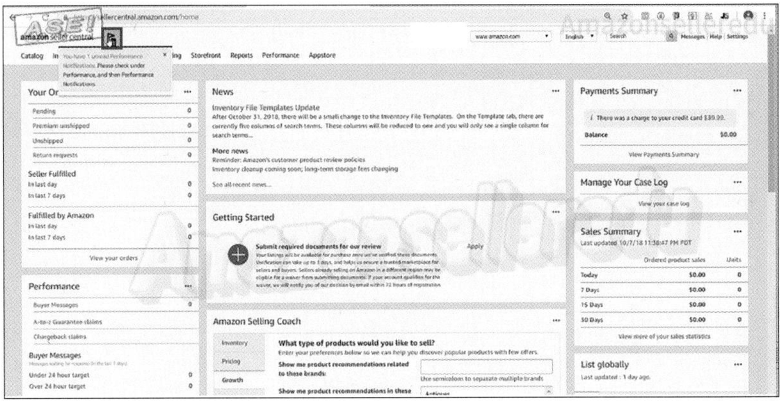

⑥ 숫자 1을 클릭하면 새롭게 안내할 메시지를 보여 주는 창이 나타납니다. 중간에 있는 [Amazon seller Account protection]을 클릭합니다.

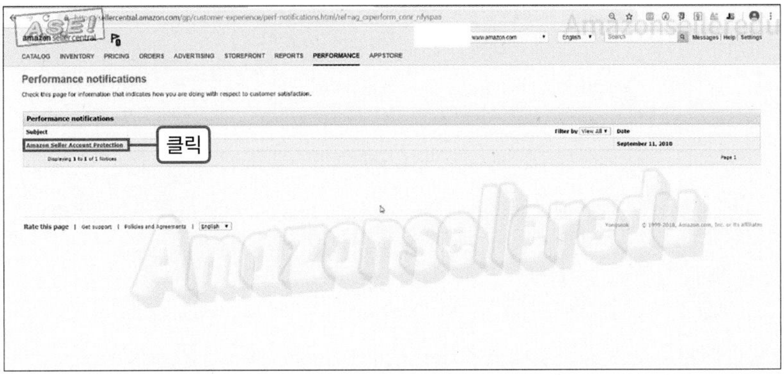

⑦ 신용카드 정보와 함께 아마존셀러 계정이 정상적으로 등록됐다는 내용을 확인할 수 있습니다. 메시지를 확인하면 깃발 모양에 있던 숫자가 사라집니다.

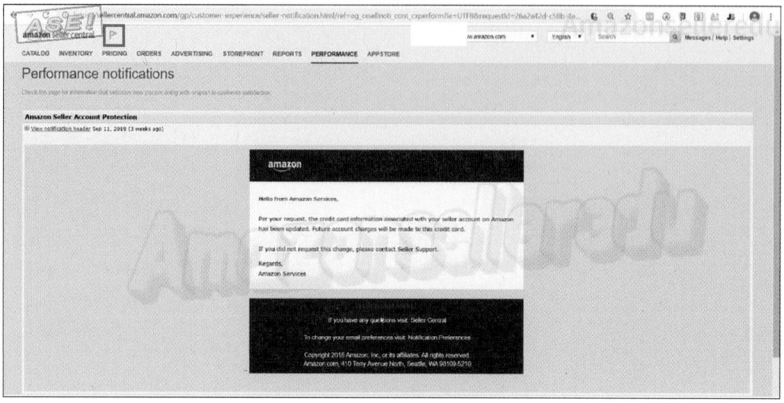

⑧ 다음은 추가로 필요한 서류를 제출하는 절차입니다. [Getting Started] 항목의 아래쪽에 있는 ⊕를 클릭합니다.

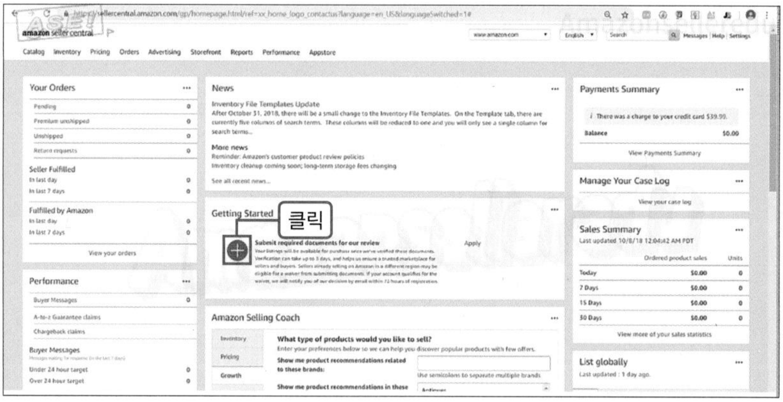

영문이 익숙하지 않은 경우, 언어를 'Korean'으로 변경하면 다음과 같은 화면을 확인할 수 있습니다.

⑨ 다음은 필수 서류 제출 항목입니다. 개인 서명이 포함된 여권 사본을 드래그하거나 파일을 선택해 저장합니다.

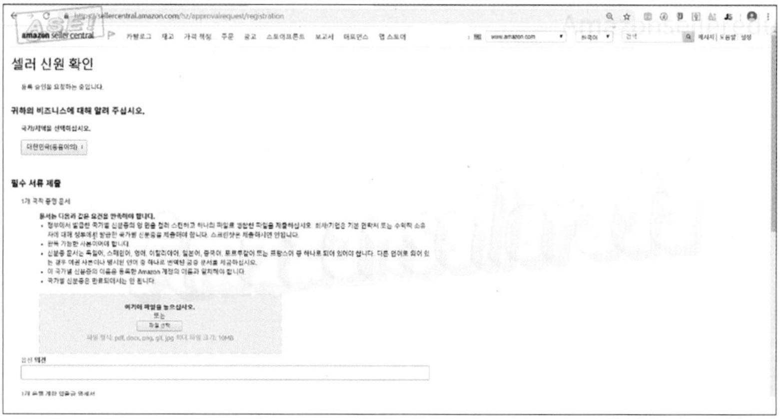

⑩ 은행 계좌 입출금 명세서 항목은 페이오니어 또는 월드퍼스트에서 발급받은 'Bank Statement'를 드래그하거나 파일을 선택해 저장합니다. 연락처 정보 제공 창에 이메일 주소와 전화번호(옵션 선택사항)를 입력한 후 [제출]을 클릭합니다.

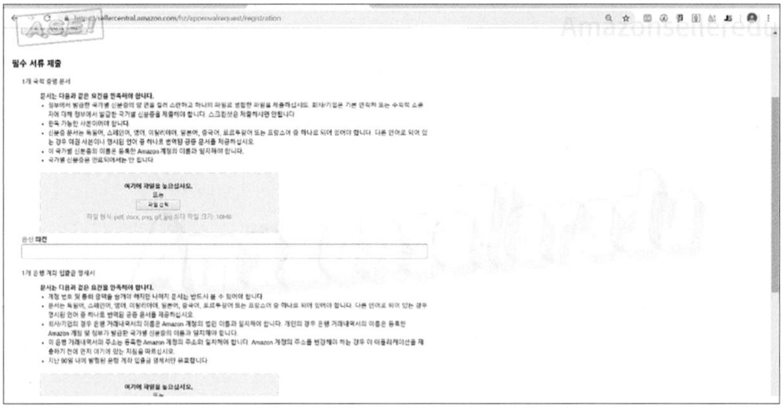

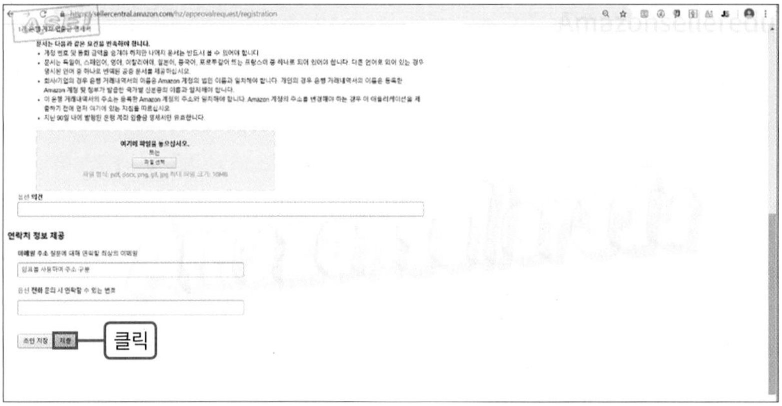

⑪ 신청서를 제대로 제출했다면 다음과 같은 화면을 확인할 수 있습니다. 만약 오류가 발견되면 다시 진행될 수 있습니다.

아마존셀러
무작정 따라하기

005 판매에 필요한 정보 찾아보기 - 센트럴과 대시보드

아마존에 아마존셀러 계정이 완료되면 아마존셀러를 위한 전용 관리 페이지인 아마존셀러 센트럴(Amazon Seller Central) 페이지가 생성됩니다. 여기서 아마존셀러 센트럴은 아마존 비즈니스의 전반적인 구분을 관리 및 통제할 수 있는 아마존셀러 전용 대시보드로, 상품 등록, 주문 확인, 배송 처리, 반품 및 환불 처리, 고객 응대, 정산 관리, 재고 관리, 프로모션, 광고, 기타 보고서 등을 관리할 수 있습니다.

아마존셀러 센트럴 로그인하기

아마존셀러 센트럴 계정에 로그인하는 데는 아마존 초기 화면(www.amazon.com)에서 로그인하는 방법과 크롬 검색 창에 sellercentral.amazon.com을 입력해 직접 로그인하는 방법이 있습니다.

아마존 초기 화면에서 로그인

아마존 초기 화면에서 로그인하기 위해서는 오른쪽에 있는 [Hello, Sign in Account & list] 항목에 마우스 커서를 올려놓으면 나타나는 화면에서 [Your Account]를 클릭한 후 [Other programs]-[Your seller account]를 클릭합니다.

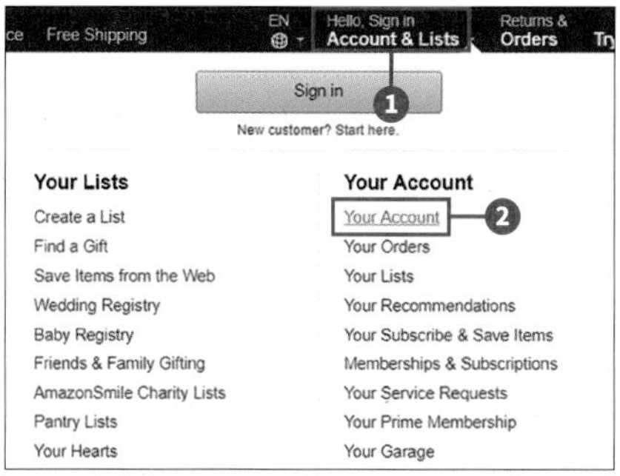

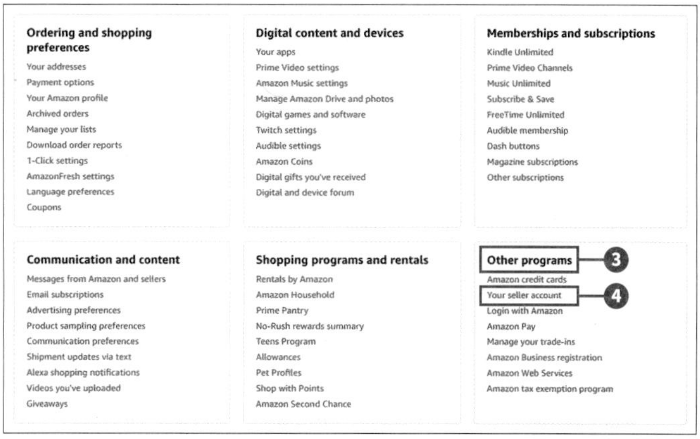

아마존셀러 센트럴에 직접 로그인

1. 크롬 검색 창에 'sellercentral.amazon.com'을 입력하면 나타나는 화면에서 오른쪽 위에 있는 [로그인]을 클릭합니다.

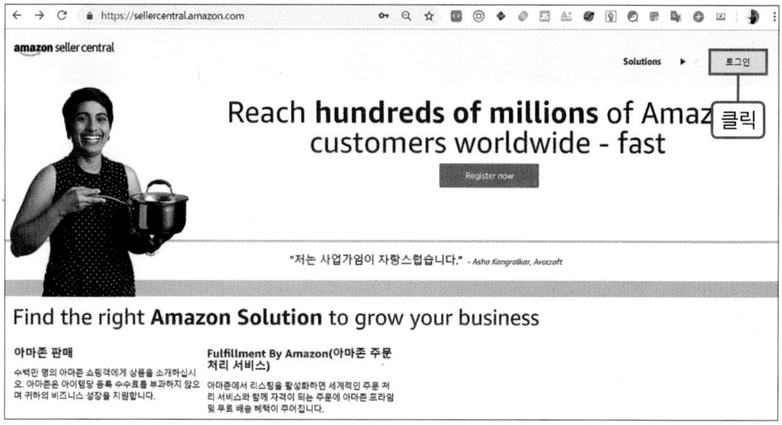

2. 로그인 창이 나타나면 아마존셀러 계정에 가입할 때 사용한 이메일과 비밀번호를 입력한 후 [Sign-In]을 클릭합니다. 최초 로그인 시 본인 인증 창이 나타나면 인증 코드를 입력한 후 로그인합니다.

파트너 추가 설정하기

계정을 생성한 후 [User Permissions] 항목에서 파트너의 이메일과 패스워드로 사용자를 추가하면 아마존에서 확인 절차를 거쳐 정식 파트너로 등록되며, 허가된 범위 내에서 아마존셀러와 동일하게 정보를 확인하거나 편집할 수 있습니다. 파트너는 반드시 본인의 계정 이메일과 패스워드를 이용해 계정에 접속해야 하며, 파트너 본인의 개인 컴퓨터를 이용해야 합니다. 파트너를 추가하는 방법은 다음과 같습니다.

1. 아마존셀러 센트럴 계정에 로그인한 후 오른쪽에 있는 [Settings]-[User Permissions]를 클릭합니다.

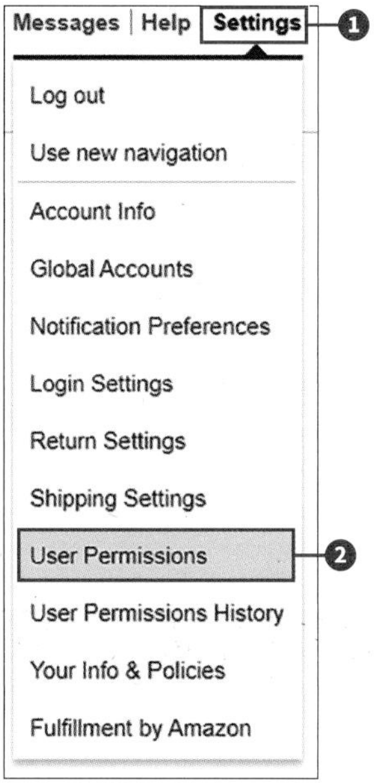

2. [Add a New User] 항목에 공유할 파트너의 이름과 이메일 주소를 입력한 후 [Send Invitation]을 클릭합니다.

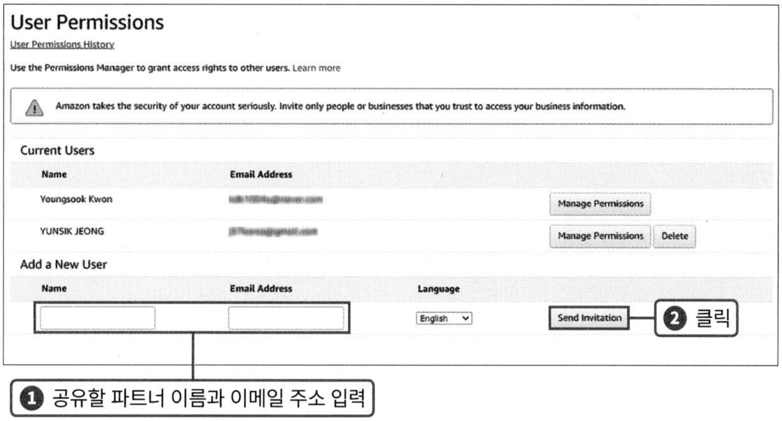

3. '초대장이 발송됐으며 변경 사항을 계정에 적용하는 데 몇 분 정도 걸릴 수 있다.'라는 안내 메시지가 나타납니다. 메일을 확인한 후 메일에서 안내하는 절차대로 진행하면 파트너 등록이 완료됩니다.

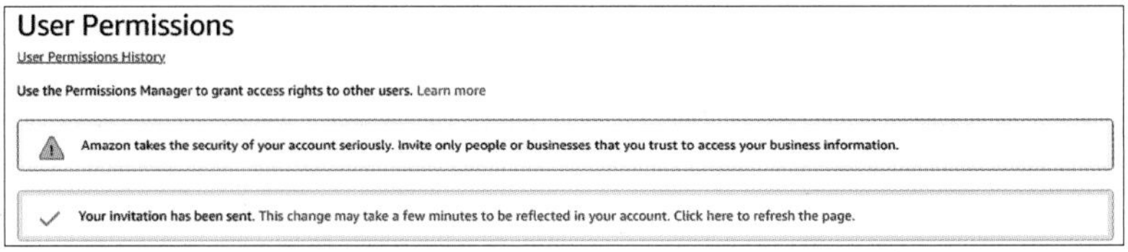

4. 파트너의 이메일로 다음과 같은 초대장이 도착합니다. 1번 항목의 url 주소를 클릭하면 처음 로그인하는 화면이 나타납니다. 계정이 없는 경우 신규로 가입하면 됩니다.

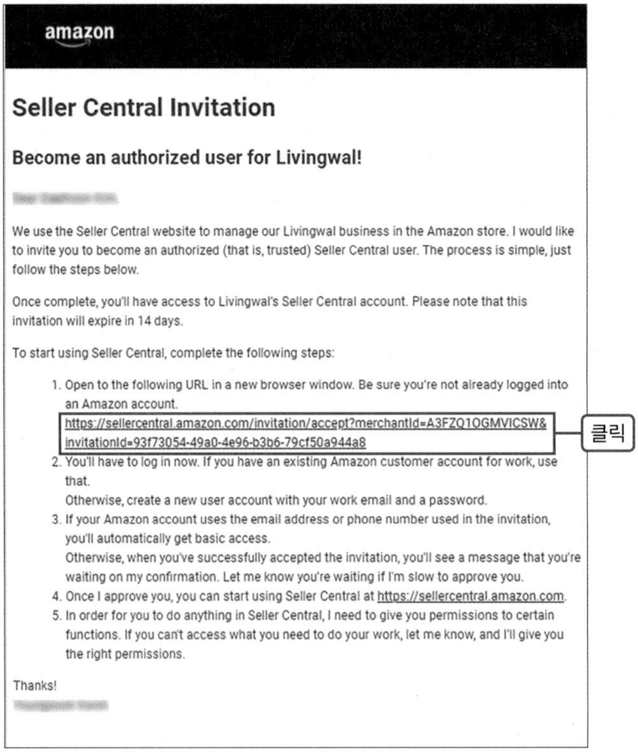

amazon

Seller Central Invitation

Become an authorized user for Livingwal!

We use the Seller Central website to manage our Livingwal business in the Amazon store. I would like to invite you to become an authorized (that is, trusted) Seller Central user. The process is simple, just follow the steps below.

Once complete, you'll have access to Livingwal's Seller Central account. Please note that this invitation will expire in 14 days.

To start using Seller Central, complete the following steps:

1. Open to the following URL in a new browser window. Be sure you're not already logged into an Amazon account.
   https://sellercentral.amazon.com/invitation/accept?merchantId=A3FZQ1OGMVICSW&invitationId=93f73054-49a0-4e96-b3b6-79cf50a944a8
2. You'll have to log in now. If you have an existing Amazon customer account for work, use that.
   Otherwise, create a new user account with your work email and a password.
3. If your Amazon account uses the email address or phone number used in the invitation, you'll automatically get basic access.
   Otherwise, when you've successfully accepted the invitation, you'll see a message that you're waiting on my confirmation. Let me know you're waiting if I'm slow to approve you.
4. Once I approve you, you can start using Seller Central at https://sellercentral.amazon.com.
5. In order for you to do anything in Seller Central, I need to give you permissions to certain functions. If you can't access what you need to do your work, let me know, and I'll give you the right permissions.

Thanks!

아마존셀러 센트럴 대시보드 페이지 살펴보기

최초 계정 생성 시 다음과 같은 화면이 나타납니다.

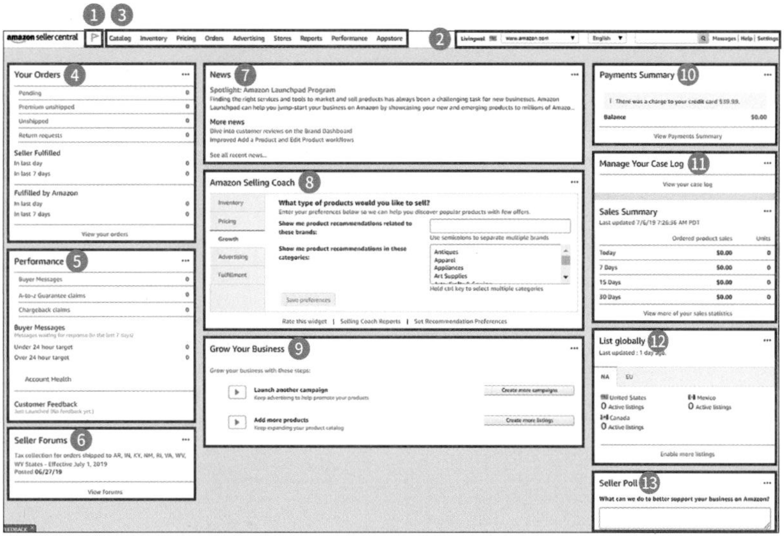

❶ 처음 아마존셀러 센트럴에 계정을 생성했을 때나 아마존셀러 센트럴에 로그인했을 때 화면처럼 왼쪽 위에 있는 깃발 모양에 숫자가 표기돼 있다면 아마존셀러 계정과 관련된 사항이나 중요한 알림 또는 공지사항이 발생한 것이므로 가장 먼저 확인하기 바랍니다.

❷ 본인이 설정한 Display name, 아마존마켓, 사용 언어, 검색, 도움 요청, 기타 아마존셀러 계정과 관련된 설정을 할 수 있습니다.

❸ 상품 리스팅, 재고 관리, 가격 설정, 주문 관리, 광고 리포트, 아마존셀러 계정 상태 보기 등 전반적인 기능을 설정 및 관리할 수 있습니다.

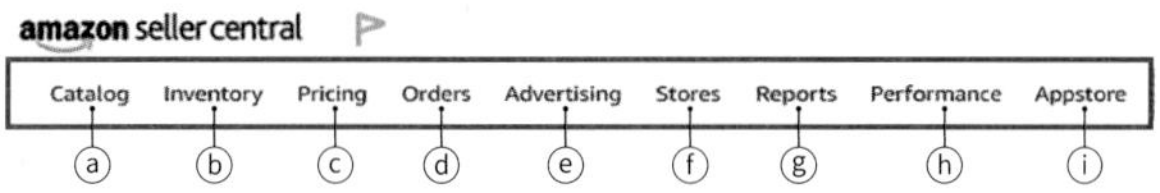

ⓐ **Catalog**: 상품 등록과 관련된 메뉴입니다.

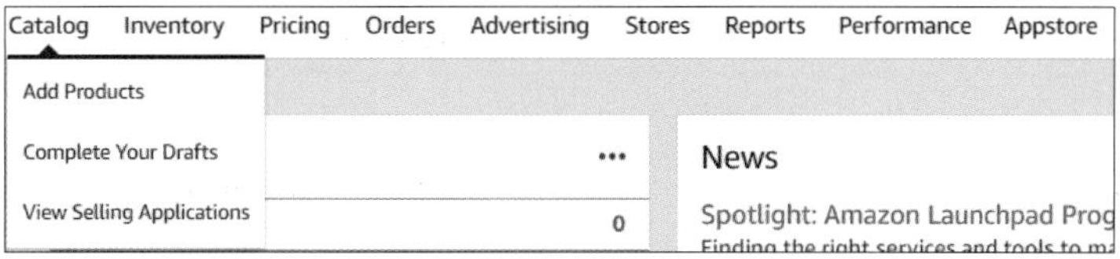

- **Add Products**: 새로운 상품을 등록할 수 있고 단품, 옵션 상품 등을 등록할 수 있습니다. [Inventory] 항목의 [Add a product]와 동일한 기능으로, 상품 등록에 관한 내용은 [Inventory] 항목을 참조하기 바랍니다.
- **Complete your Drafts**: 아마존의 상품 등록 요구 사항을 충족하지 않을 경우, 잘못 등록된 내용을 수정하거나 추가 요청 서류를 보완할 수 있습니다.

다음과 같이 초안을 작성하라고 할 경우, 오른쪽에 있는 [Edit Draft]를 클릭하면 다음과 같은 화면을 볼 수 있습니다.

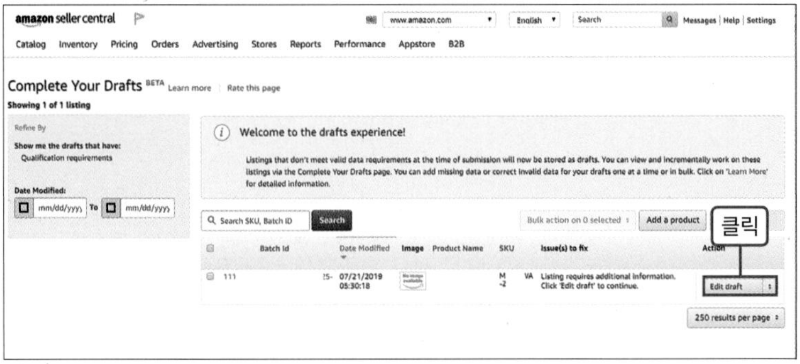

이 상품의 경우 카테고리 승인을 위한 서류를 요구하고 있고, 관련 내용을 확인하기 위해 [Request approval]을 클릭하면 의료용 상품으로 분류된 상품이기 때문에 카테고리 승인을 요구합니다.

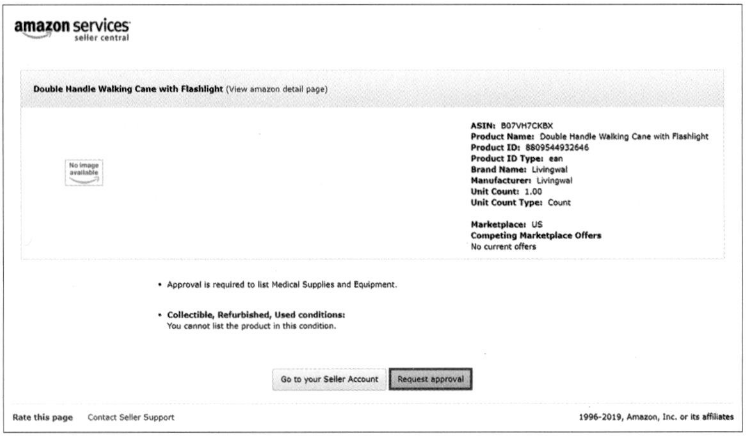

다시 [Request approval]을 클릭하면 다음 그림과 같이 리셀러/유통업체, 제조업체를 선택할 수 있고 그에 따른 서류를 제출하면 됩니다.

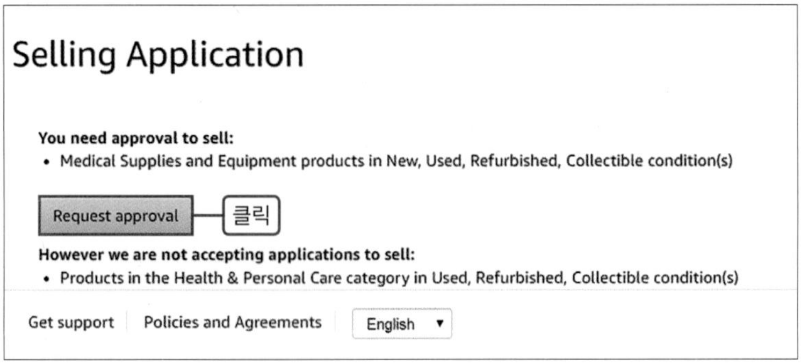

PLUS

판매 전에 놓치지 말아야 할 카테고리 승인

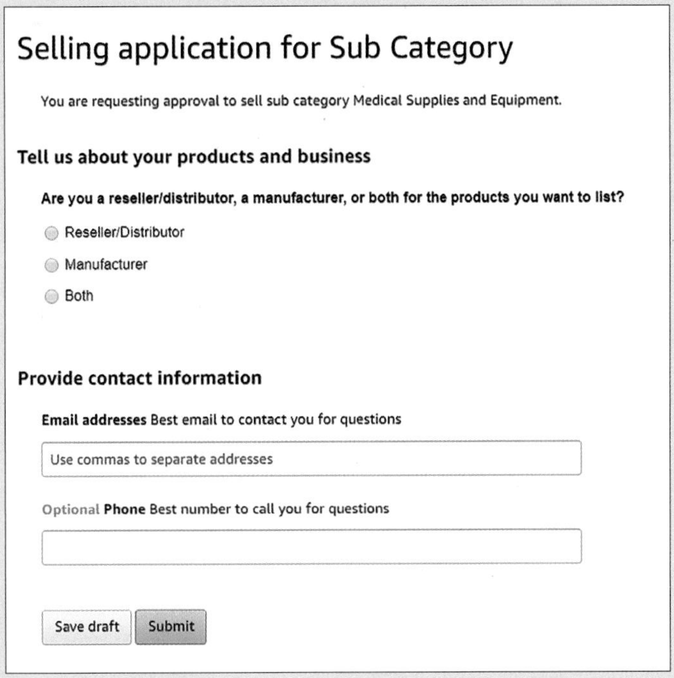

Selling application for Sub Category

You are requesting approval to sell sub category Medical Supplies and Equipment.

Tell us about your products and business

Are you a reseller/distributor, a manufacturer, or both for the products you want to list?

- Reseller/Distributor
- Manufacturer
- Both

Provide contact information

Email addresses Best email to contact you for questions

Use commas to separate addresses

Optional **Phone** Best number to call you for questions

Save draft | Submit

[Selling application for Sub Category] 항목에서 우리가 단순 리셀러인지, 유통업체인지, 제조업체인지를 묻는 화면이 나타나고 이에 따라 카테고리 승인을 받기 위한 서류가 달라집니다. 항목별로 필요한 서류는 다음 항목을 참조하기 바랍니다.

Reseller/Distributor, Manufacturer, Both 중 1가지 선택 시 제조업체 또는 유통업체에서 발급한 상품의 구매 송장이 1개 이상 필요하며 다음 요건을 만족해야 합니다.

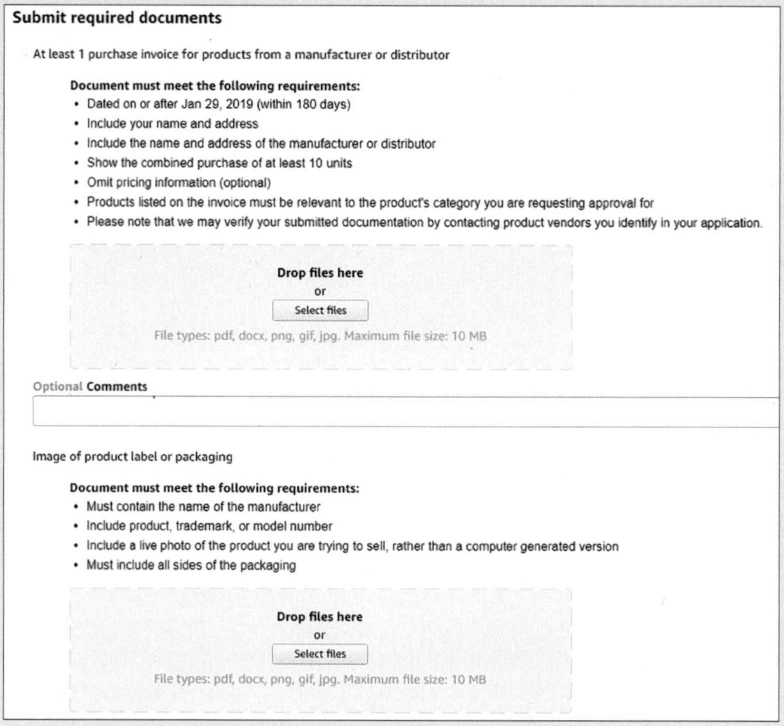

Submit required documents

At least 1 purchase invoice for products from a manufacturer or distributor

Document must meet the following requirements:
- Dated on or after Jan 29, 2019 (within 180 days)
- Include your name and address
- Include the name and address of the manufacturer or distributor
- Show the combined purchase of at least 10 units
- Omit pricing information (optional)
- Products listed on the invoice must be relevant to the product's category you are requesting approval for
- Please note that we may verify your submitted documentation by contacting product vendors you identify in your application.

Drop files here
or
Select files
File types: pdf, docx, png, gif, jpg. Maximum file size: 10 MB

Optional **Comments**

Image of product label or packaging

Document must meet the following requirements:
- Must contain the name of the manufacturer
- Include product, trademark, or model number
- Include a live photo of the product you are trying to sell, rather than a computer generated version
- Must include all sides of the packaging

Drop files here
or
Select files
File types: pdf, docx, png, gif, jpg. Maximum file size: 10 MB

- 등록한 날짜로부터 최소 3개월(180일) 전 이후 날짜의 표기가 요구됩니다.
- 이름과 주소가 포함돼야 합니다.
- 제조업체나 유통업체의 이름과 주소가 포함돼야 합니다.
- 30개 이상의 구매 내역이 있어야 합니다.
- 송장에 제시된 상품이 승인을 요청하는 상품의 범주에 해당해야 합니다.
- 제조업체의 이름을 표기해야 합니다.
- 상품이나 상표의 모델 번호를 제시해야 합니다.
- 포토샵 등으로 작업한 사진이 아닌 상품의 실제 사진을 제출해야 합니다.
- 상품이 포장된 상태로 모든 면의 이미지를 제출해야 합니다.

다음으로 FDA 등록 서류, GMP(우수 제조 관리 기준) 인증서, COA(분석 증명서), 501(K) premarket 알림 서류 등을 요구합니다. 이 내용은 공통 사항으로, 다음 설명을 참조하기 바랍니다.

Select one of the document types below:

- ◯ Upload FDA Registration (screenshot from FDA website)
- ◯ Good Manufacturing Practice (GMP) certificate
- ◯ Certificate of Analysis (COA)
- ◯ 510(K) Premarket Notification

- **Upload FDA Registration(Screenshot from FDA website):** FDA 등록 서류 업로드(FDA 웹 사이트 스크린샷) 문서는 다음과 같은 조건을 만족해야 합니다.
  - 제조업체만 FDA로 등록할 수 있고 이 문서를 얻으려면 제조업체에 문의해야 합니다.
  - FDA 웹 사이트의 스크린샷이 있어야 합니다.
  - 제조업체의 이름 및 주소를 포함해야 합니다.
  - FDA 등록 번호가 반드시 포함돼야 합니다.
  - 스크린샷에 FDA 등록된 사항이 유효하거나 활성화된 상태여야 합니다.
  - 판매를 위한 승인과 연관이 있어야 합니다.

- **Good Manufacturing Practice(GMP) certificate:** GMP 인증서
  - 등록 번호, 인증 날짜, 유효 기간이 포함돼야 합니다.
  - 만료 날짜가 현재에도 유효해야 합니다.
  - 제조업체의 이름과 주소가 포함돼야 합니다.
  - 제3자 검사 서비스를 통해 발급받아야 합니다.
  - 미국이나 국제 표준에 부합해야 합니다.

- **Certificate of Analysis:** 분석 증명서
  - 제조업체의 이름이 표기돼야 합니다.
  - 최소 8개월 이내의 문서여야 합니다.
  - 공급업체의 서명이 있어야 합니다.
  - 제조일과 Lot No.가 포함돼야 합니다.

- **501(K) Premarket Notification:** 보통 FDA 인증 진행 중인 상품을 말하며, 상품을 본격적으로 판매하기 전 일종의 FDA 심사 중인 서류라고 보면 됩니다.
  - FDA 웹 사이트의 스크린샷이 필요합니다.
  - 제조업체의 이름과 주소가 포함돼야 합니다.
  - 상품을 판매하기 위한 승인이 있어야 합니다.

간혹 서류를 완벽하게 제출했는데도 승인이 이뤄지지 않는 경우, 아마존셀러 센트럴에 문의하기 바랍니다.

• **View selling Applications**: 판매를 요청한 사항을 볼 수 있습니다.

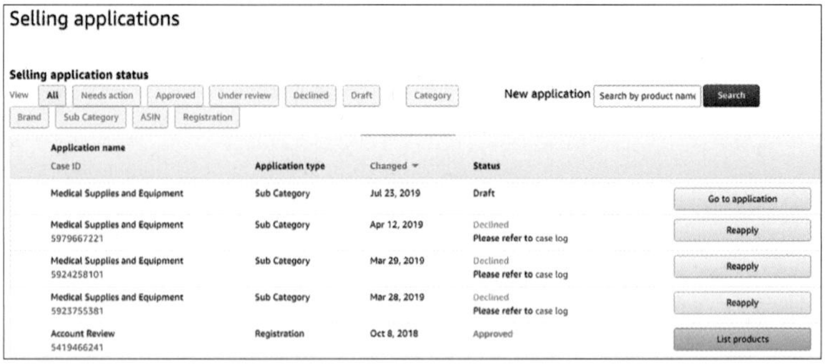

ⓑ **Inventory**: 아마존 비즈니스를 하는 아마존셀러가 가장 많이 클릭하게 되는 메뉴로, 상품 등록, 재고 관리, 가격 관리, 주문 처리, 광고 각종 보고서 등을 관리할 수 있습니다.

• **Manage Inventory**: 아마존에 등록(Listing)한 상품을 모두 확인하고 수정할 수 있습니다.
• **Manage FBA Inventory**: 아마존 창고에 입고된 FBA 상품을 확인하고 수정할 수 있습니다.
• **Inventory Planning**: 재고 관리와 관련된 분석 자료를 확인할 수 있습니다. 재입고 카드에서는 향후 28일 이내에 품절될 수 있는 상품을 확인할 수 있습니다.
• **Add a Product**: 상품을 개별적으로 등록할 수 있습니다.
• **Add Products via Upload**: 파일을 다운로드하거나 업로드해 상품을 대량으로 등록할 수 있습니다. 이 기능은 상품을 개별적으로 등록할 수 없습니다.
• **Inventory Reports**: 각 SKU 가격 및 수량을 포함해 등록된 상품의 재고 보고서를 다운로드할 수 있습니다.
• **Sell Globally**: 등록한 계정 외에 다른 해외 아마존마켓 계정을 추가로 신청할 수 있습니다. 현재 등록돼 있는 마켓플레이스의 내역도 확인할 수 있습니다.
• **Manage FBA Shipments**: FBA 배송을 설정하거나 발송한 내역과 배송 상태 등을 확인할 수 있습니다.
• **Upload & Manage Videos**: 동영상을 업로드하거나 편집할 수 있습니다. 브랜드를 등록한 아마존셀러의 경우에만 해당합니다.

ⓒ **Pricing**: 상품에 대한 가격 정보를 관리할 수 있지만, [Inventory] 메뉴를 통해서도 가격을 관리할 수 있기 때문에 실질적인 사용은 다른 메뉴에 비해 덜합니다. 하지만 가격 경쟁력 및 구매 전환율 등을 확인할 수 있습니다.

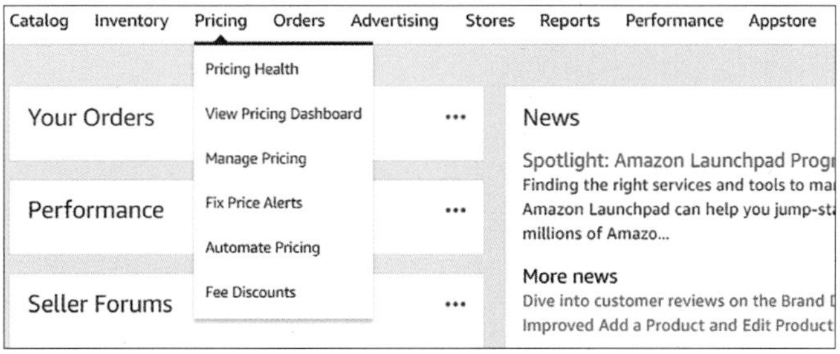

- **Pricing Health**: 가격 책정 상태로 바이박스 비율, 가격 경쟁력, 판매 전환 및 수수료 등에 대한 정보를 확인할 수 있습니다.
- **View Pricing Dashboard**: 가격 대시보드 보기를 통해 바이박스 비율, 상품 경쟁력, 판매 전환율, 수수료 할인 정보를 파악할 수 있고 아마존에서 추천하는 정보를 확인할 수 있습니다.
- **Manage Pricing**: 등록한 상품의 가격을 조정할 수 있습니다. 보통 재고 화면에서 바로 수정할 수 있습니다.
- **Fix Price Alerts**: 가격 알림(Automate Pricing)을 통해 설정해 놓은 가격 범위를 초과하면 자동으로 알려 줘 리스팅한 가격을 확인하고 조정할 수 있습니다.
- **Automate Pricing**: 아마존셀러가 생성한 규칙을 적용해 선택한 상품의 가격을 자동으로 조정할 수 있습니다. 이 기능을 사용하면 추가 작업 없이 가격을 즉시 변경할 수 있습니다. 다만, 가격에 대한 책임은 아마존셀러에게 있습니다.
- **Fee Discounts**: 아마존이 지정한 상품에 한해 경쟁력 있는 가격으로 판매하면 일정 기간 동안 상품 판매 수수료를 할인받을 수 있습니다.

ⓓ **Orders**: 고객이 주문하거나 반품한 내역을 확인할 수 있습니다. 경우에 따라 보상을 신청할 수도 있습니다.

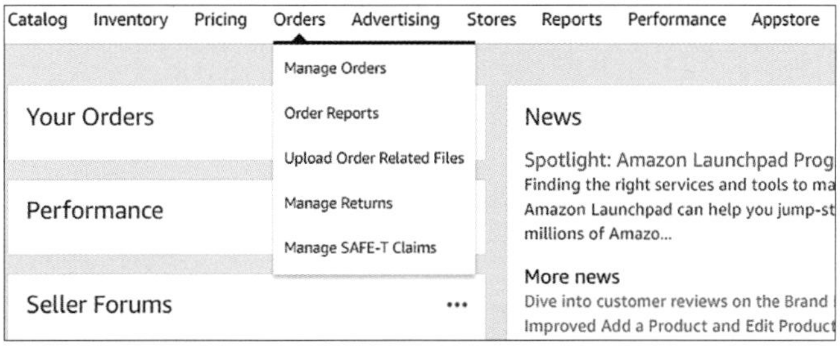

- **Manage Orders**: 고객이 주문한 목록을 확인할 수 있습니다.
- **Order Reports**: 고객이 주문한 목록에 대한 날짜별 보고서를 다운로드할 수 있습니다.
- **Upload Order Related Files**: 고객에게 배송이 완료된 파일을 업로드해 주문을 대량으로 변경할 수 있습니다.
- **Manage Returns**: 고객이 반품 신청한 내역을 확인할 수 있습니다.
- **Manage SAFE-T Claims**: 고객 환불 처리를 했을 경우 아마존셀러가 아마존에 SAFE-T(Seller Assurance for E-Commerce Transactions)를 통해 보상을 요청할 수 있고, 아마존이 아마존셀러에게 과실이 없다고 판단할 경우 그에 따른 보상을 받을 수 있습니다.

ⓔ **Advertising**: 각종 광고 프로모션, 쿠폰 등을 설정할 수 있습니다.

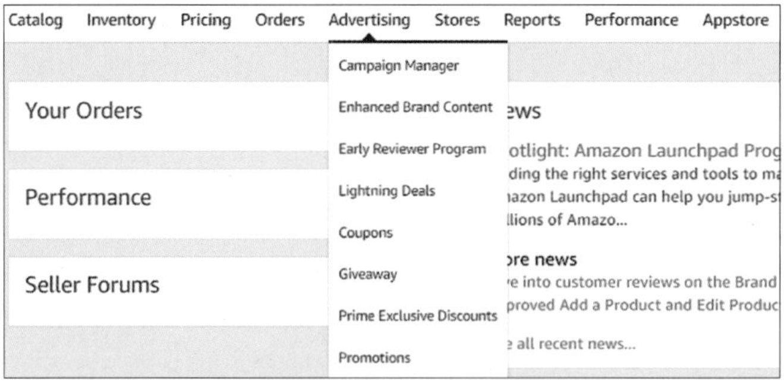

- **Campaign Manager**: 아마존 광고를 다양하게 설정하고 관리할 수 있습니다.
- **Enhanced Brand Content**: 브랜드를 등록한 아마존셀러에 한해 지원을 받을 수 있고 상품 상세 설명에 사진이나 동영상 등을 등록할 수도 있으며, 헤드라인 광고도 할 수 있습니다.
- **Early Reviewer Program**: 아마존 고객에게 정식으로 상품 구매 후 리뷰를 요청할 수 있고 최대 5명까지 신청할 수 있습니다. 별도의 비용(60달러)이 지불됩니다.
- **Lightning Deals**: 아마존이 승인할 경우, 라이트닝 광고를 통해 4~6시간 반짝 할인을 통해 매출을 올릴 수 있습니다.
- **Coupons**: 아마존 내에서 사용할 수 있는 쿠폰을 발행할 수 있고 최대 80%까지 설정할 수 있습니다. 쿠폰을 발행하려면 별도의 조건을 충족해야 합니다.
- **Giveaway**: 경품 프로모션을 통해 판매를 촉진하고 새로운 고객에게 자신의 상품을 소개할 수 있습니다.
- **Prime Exclusive Discounts**: 프라임 회원을 위한 단일 상품이나 일련의 상품에 대해 할인을 제공할 수 있습니다.
- **Promotions**: 다양한 프로모션을 통해 1+1, 가격 할인, 증정 행사 등을 진행할 수 있습니다. 위의 Giveaway도 포함돼 있습니다.

ⓕ **Stores**: 등록된 브랜드만 이용할 수 있는 항목입니다.

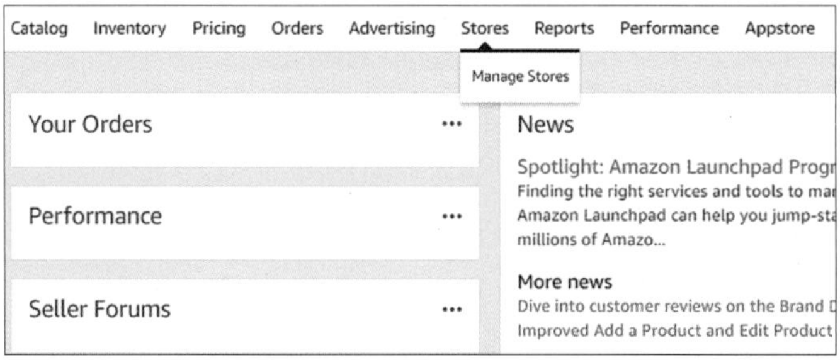

- **Manage Stores**: 브랜드가 등록돼 있는 아마존셀러의 경우, 별도의 아마존 스토어를 갖게 되고, 관리를 할 수도 있습니다.

ⓖ **Reports**: 아마존 내에서 결제 내역, 판매, 광고 반품 보고서 등을 확인하거나 주문 처리 상황 등을 모니터링할 수 있습니다.

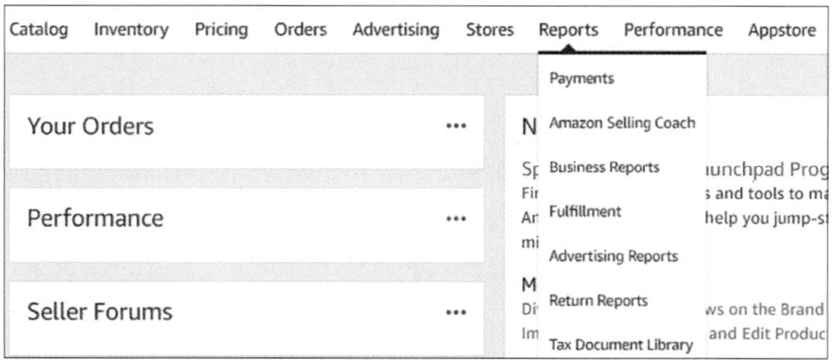

• Payments: 지불 내역 등 대금 정산과 관련된 항목을 확인할 수 있습니다.
• Amazon Selling Coach: 재고 상품, 주문 처리 등 추천하는 검색 항목을 확인할 수 있고 상품 기회 설정, 이메일 설정, 알림 설정 등을 할 수 있습니다.
• Business Reports: 상품별 판매 개요, 판매 및 트래픽, 주문 건수 등을 확인해 분석할 수 있습니다.
• Fulfillment: 주문 처리에 대한 보고서를 통해 재고 판매, 결제, 고객 할인 제공 금액, 재고 처분 보고서 등을 확인할 수 있습니다.
• Advertising Reports: 광고 실적 보고서로 광고 지출액, 주문 건수, 판매액, 광고 대비 판매량, 노출 수 등을 확인할 수 있고 분석을 통해 나중에 효율적인 광고 집행에 유용하게 활용할 수 있습니다.
• Return Reports: 반품 내역에 대한 보고서를 요청 및 다운로드할 수 있습니다.
• Tax Document Library: 세금에 대한 내역을 확인해 볼 수 있습니다. 한국인 아마존셀러에게는 적용되지 않습니다.

ⓗ **Performance**: 아마존셀러의 판매 활동 점수, 고객 피드백, 고객 클레임 등 고객과 관련된 활동을 통해 아마존셀러 퍼포먼스 내역을 확인할 수 있습니다.

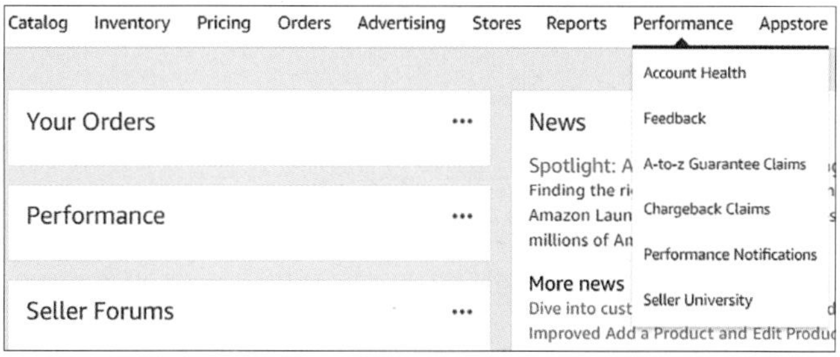

• Account Health: 아마존셀러 계정의 전반적인 상태를 확인할 수 있습니다.
• Feedback: 피드백 관리자를 사용해 고객의 서비스 만족도를 확인해 볼 수 있고 최근 피드백 보고서를 다운로드할 수 있습니다.
• A-to-z Guarantee Claims: 고객이 제기한 클레임을 관리할 수 있습니다.
• Chargeback Claims: 카드 소유자가 은행에 주문 요금에 대한 지불 거절, 즉 구매를 취소한 사항을 확인할 수 있습니다.
• Performance Notifications: 계정 상태 및 판매 능력에 영향을 미칠 수 있는 중요한 알림 내용을 확인할 수 있고 질문을 할 수도 있습니다.
• Seller University: 아마존이 제공하는 아마존 비즈니스를 구축하고 성장시키는 교육 내용을 확인할 수 있습니다.

ⓘ **Appstore**: 아마존셀러의 성장을 위한 외부 개발자 및 아마존에서 제공하는 자동화 솔루션을 찾을 수 있습니다.

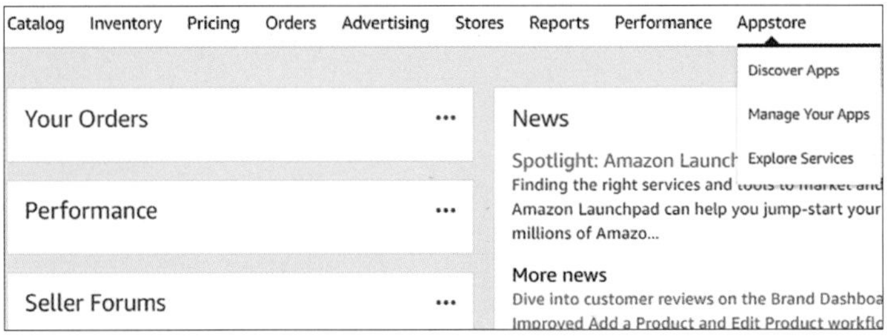

- **Discover Apps**: 아마존셀러가 직접 도움이 될 만한 외부 개발 솔루션을 찾을 수 있습니다.
- **Manage Your Apps**: 지정한 개발자를 관리할 수 있습니다.
- **Explore Services**: 신뢰할 수 있는 서비스 제공 업체를 찾아볼 수 있습니다.

❹ **Your Orders**: 아마존셀러가 등록한 상품의 주문, 반품, 배송 정보 등을 확인할 수 있습니다. [View your orders]를 클릭하면 더욱 자세한 주문 내역을 확인할 수 있습니다.

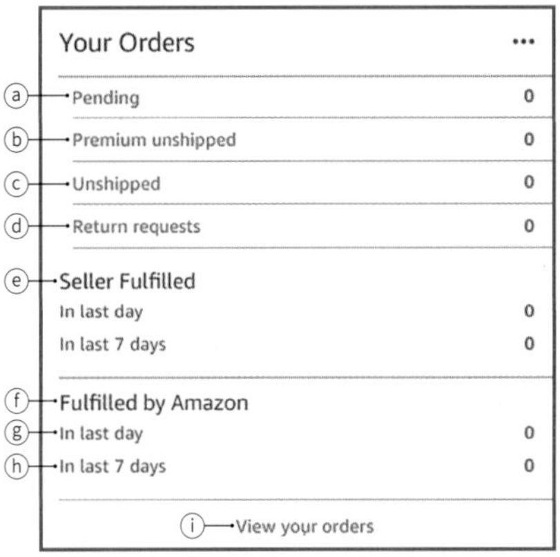

ⓐ **Pending**: 고객이 주문을 했지만, 아직 결제되지 않아 보류 중인 상품의 수량입니다.
ⓑ **Premium unshipped**: 배송 전 특송 상품의 수량입니다.
ⓒ **Unshipped**: 주문 이후 배송 전 상품의 수량입니다.
ⓓ **Return requests**: 고객이 반품 요청 중인 상품의 수량입니다.
ⓔ **Seller fulfilled**: 고객이 주문한 상품을 아마존셀러가 직접 배송하는 상품(Fulfillment by Merchant, FBM)입니다.
ⓕ **Fulfilled by Amazon**: 고객이 주문한 상품을 아마존이 직접 배송하는 상품(Fulfillment by Amazon, FBA)입니다.
ⓖ **In last Day**: 24시간 이내에 배송한 상품의 수량입니다.
ⓗ **In Last 7 Days**: 7일 이내에 배송한 상품의 수량입니다.
ⓘ **View your orders**: Manager Orders로 이동해 고객이 주문한 내역을 자세하게 확인할 수 있습니다.

❺ **Performance**: 고객이 남긴 질문, 고객 불만사항, 환불 및 고객 만족도 등을 확인할 수 있습니다.

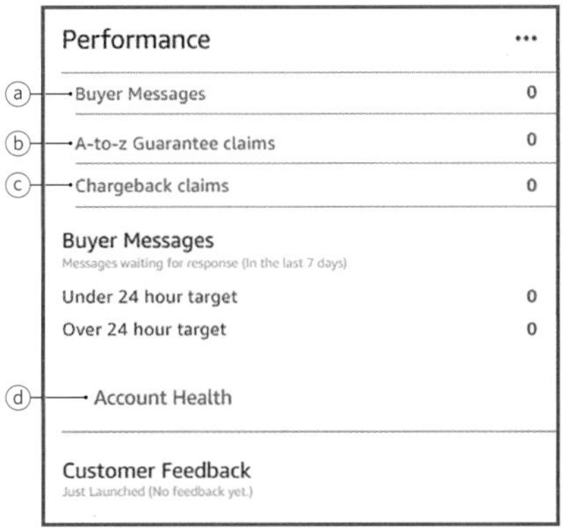

ⓐ **Buyer Messages**: 고객이 질문한 내역으로, 아마존셀러가 답변하면 표시되지 않습니다.
ⓑ **A-to-z Guarantee claims**: 고객 클레임 건수입니다.
ⓒ **Chargeback claims**: 고객이 지불한 입금 내역을 취소하는 것으로, 신용카드나 은행에 결제 취소를 요청해 아마존에 지불 거절 클레임을 제기한 수량입니다.
ⓓ **Account Health**: 아마존이 [Performance] 항목을 종합적으로 판단한 후 아마존셀러마다 계정을 평가해 등급을 주는 것으로, 심한 경우 계정 정지, 판매 중지, 계정 취소 등이 발생할 수 있습니다.

❻ **Seller Forums**: 아마존셀러 포럼으로 아마존셀러에게 필요한 경험이나 궁금한 사항 등에 관한 정보를 공유할 수 있습니다.

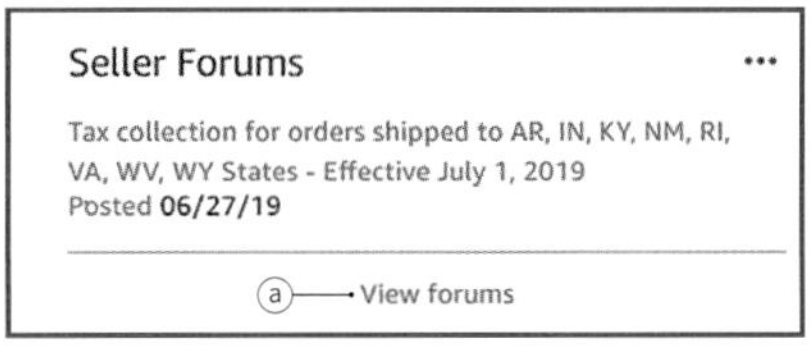

ⓐ **View forums**: 클릭하면 위 사례들을 확인할 수 있고 질문도 할 수 있습니다.

❼ **News**: 아마존 정책의 변화, 새로운 공지 사항 등에 대한 뉴스를 볼 수 있습니다.

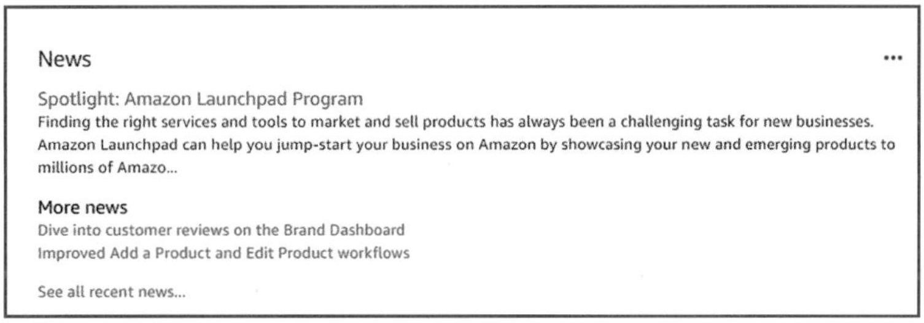

❽ **Amazon Selling Coach**: 아마존 운영과 관련된 재고 가격, 광고 등에 대한 정보를 볼 수 있습니다.

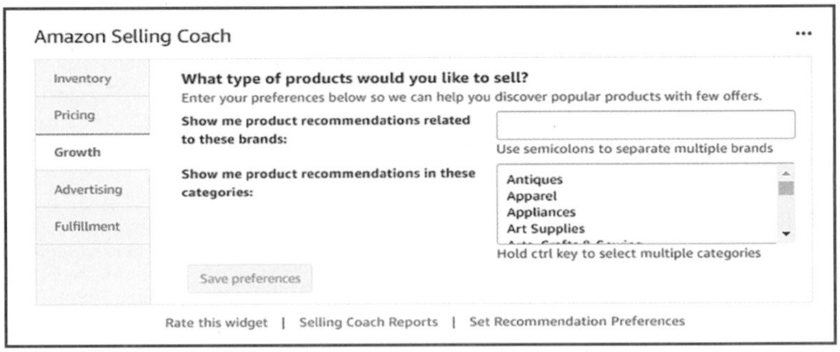

❾ **Grow Your Business**: 아마존셀러에게 필요한 도움되는 영상을 볼 수 있습니다. 관련 정보가 부족하거나 도움을 얻고자 할 때 유용합니다.

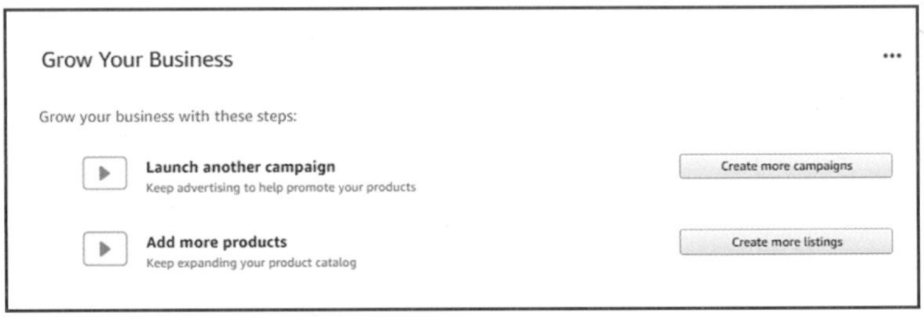

❿ **Payment Summary**: 아마존으로부터 받을 대금, 지불 내역 등을 확인할 수 있고 [View Payment Summary]를 클릭하면 월별 지급 내역을 확인할 수 있습니다. 최초 가입 시 다음과 같이 39.99달러가 정상 결제되고 Balance는 '$0.00'로 표기됩니다.

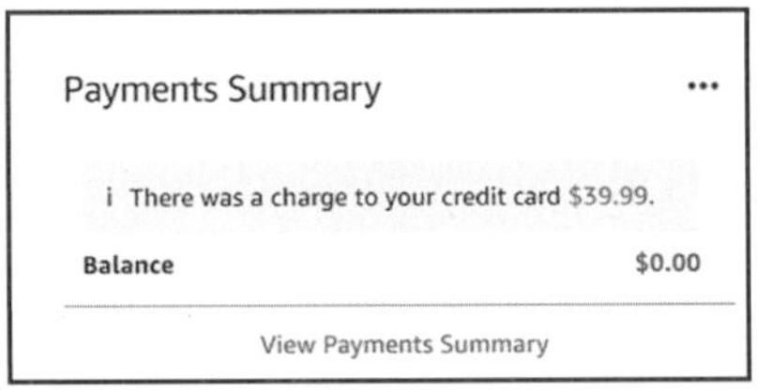

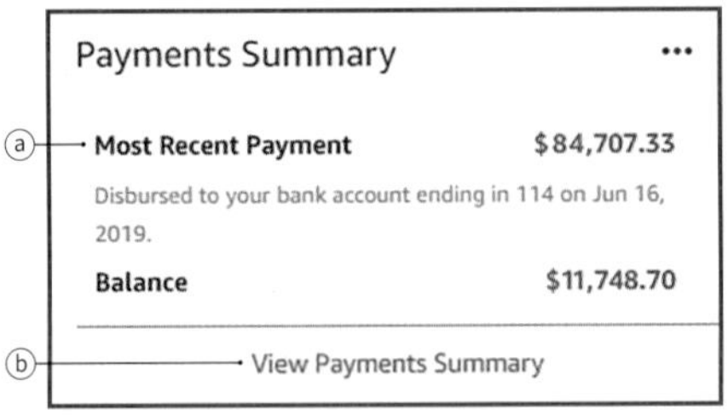

ⓐ **Most Recent Payment**: 최근 아마존셀러에게 지급한 판매 대금과 앞으로 지급할 판매 대금이 표시됩니다.

ⓑ **View Payment Summary**: 자세한 지급 내역을 확인해 볼 수 있습니다.

⓫ **Manage Your Case Log**: 고객의 질문 내역을 확인해 볼 수 있고 이 표시가 있는 경우 24시간 안에 답변해야 아마존셀러 등급에 영향을 미치지 않습니다. [View Your Case Log]를 클릭하면 답변 내역, 관련 내용, 진행 상황 등을 확인할 수 있습니다.

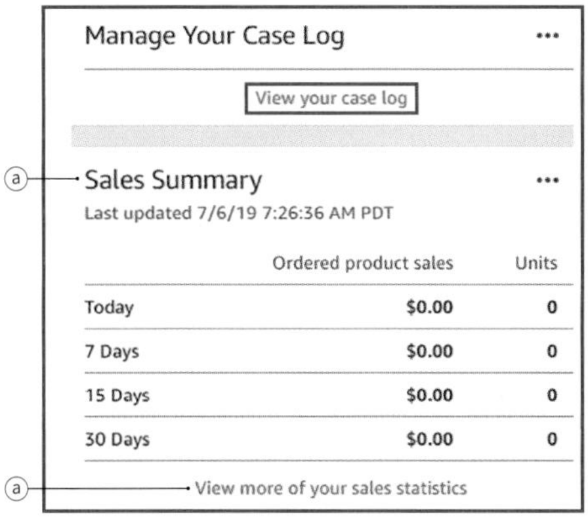

ⓐ Sales Summary: 판매된 금액과 수량 등을 당일, 7일, 15일, 30일 단위로 표시해 줍니다.
ⓑ [View more of your sales statistics]를 클릭하면 자세한 판매 내역을 확인할 수 있습니다.

⓬ **List globally**: 아마존셀러가 계정 가입한 판매 시장에 등록해 판매하고 있는 상품 수를 보여줍니다.

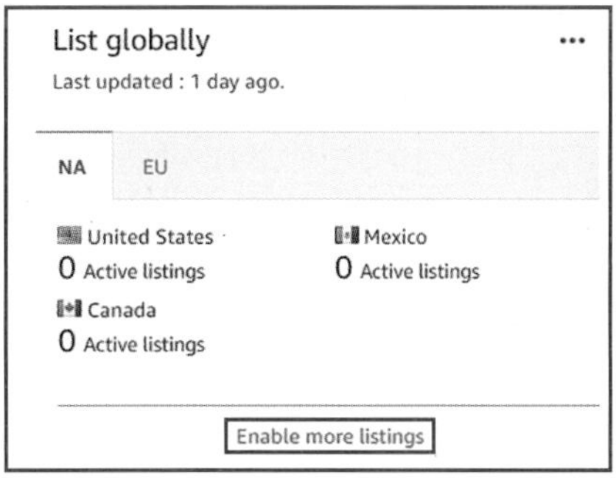

- [Enable more listings]를 클릭하면 현재 등록한 아마존 시장 외에 추가로 다른 해외 아마존마켓을 선택해 판매할 수도 있습니다.

⓭ **Seller Poll**: 아마존셀러에게 묻는 설문조사로, 질문 내역이 수시로 바뀝니다.

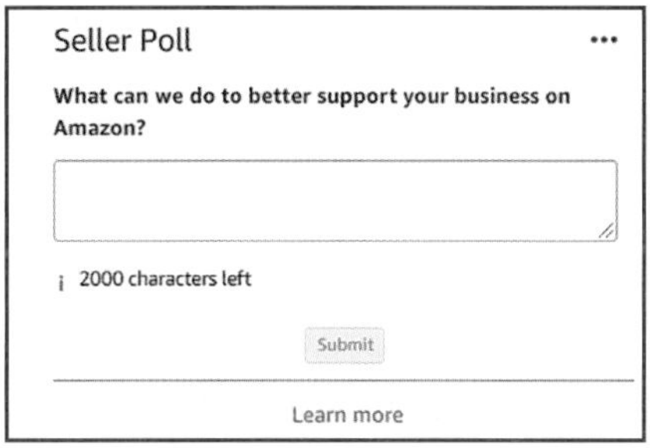

아마존셀러
무작정 따라하기

006

아마존셀러 센트럴에서 아마존셀러의 상태 관리하기

아마존셀러 센트럴 계정에 로그인한 후 오른쪽에 있는 [Settings]에 마우스 커서를 올려놓으면 Log out(로그아웃), Use New navigation(새로운 표시 창 사용), Account Info(계정 정보), Global Accounts(글로벌 셀링 계정), Notification Preferences(알림 설정), Login Settings(로그인 설정), Return Settings(반품 설정), Shipping Settings(배송 설정), User Permissions(사용자 권한), User Permissions History(사용자 관리), Your Info & Polices(개인 정보 및 정책), Fulfillment by Amazon(아마존 주문 처리 서비스) 등이 나타나는 창을 볼 수 있고, 메뉴를 통해 세부적으로 설정할 수 있습니다.

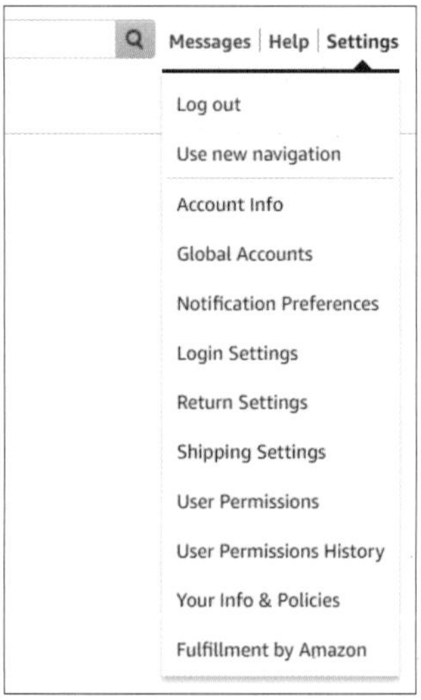

Account Info

[Account Info] 또는 [Settings]를 클릭하면 아마존셀러 계정 정보, 계좌 및 신용카드 정보, 배송 및 환불 정보 등을 확인하거나 관리할 수 있습니다. 여기서는 한국인 아마존셀러에게 필요한 정보를 중심으로 설명하겠습니다.

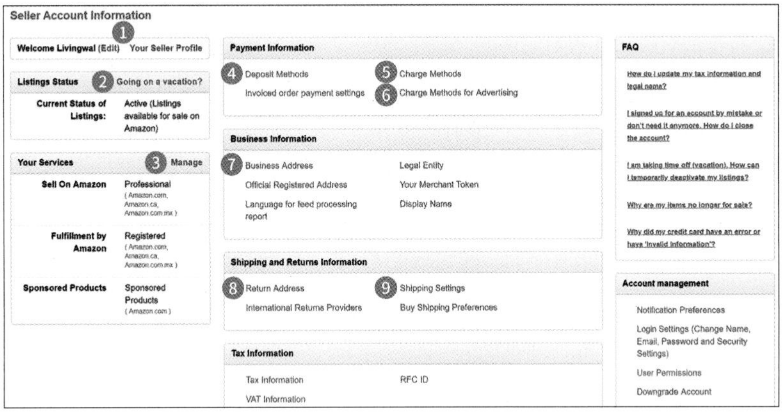

❶ **Your Seller Profile**: 아마존셀러가 가입한 마켓플레이스를 확인할 수 있고 디스플레이 네임, 링크 주소, 이메일 정보를 설정하거나 변경할 수 있습니다.

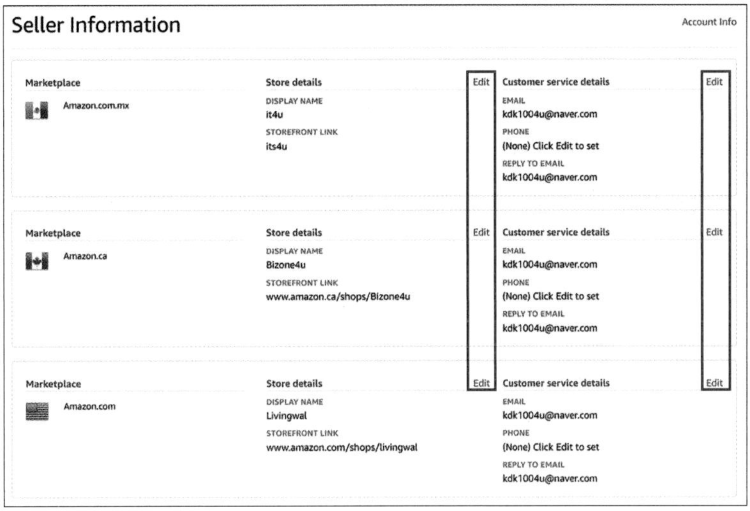

❷ **Going on a vacation?**: 흔히 FBM 방식을 이용하는 아마존셀러가 휴가 등으로 인해 판매 또는 배송하지 못할 경우에 설정하는 것으로, 'Active' 상태로 설정하면 아마존에서 상품이 노출되지 않기 때문에 추천하지 않습니다. FBA를 이용하는 아마존셀러의 경우라면 상관없는 영역입니다.

❸ **Manage**: 현재 계정 상태, FBA 여부, 광고 가능 상황 등을 확인할 수 있고 B2B 설정을 신청할 수 있습니다. 더 이상 프로페셔널 계정을 유지하고 싶지 않은 경우 [Downgrade]를 클릭하면 개인(Individual) 계정으로 변경할 수 있습니다. 그리고 프로페셔널 계정으로 등록한 후 판매를 한 번도 하지 않아 카드 비용만 계속 지불됐다면 보상을 받을 수도 있습니다. 나중에 다시 프로페셔널 계정으로 변경할 때 인증 서류를 다시 요청할 수 있기 때문에 추천하지 않습니다. 잦은 변경은 계정 정지의 원인 중 하나입니다.

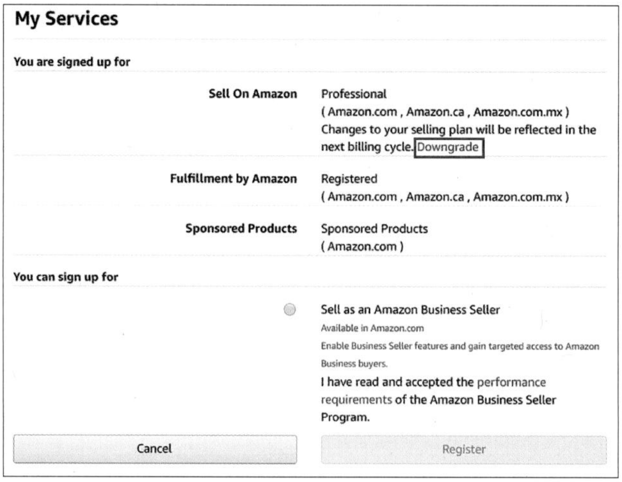

프로페셔널 계정에서 개인 계정으로 변경하기 위해 다운그레이드(Downgrade)를 진행하면 다음과 같은 화면이 나타납니다. [Proceed]를 클릭하면 바로 개인 계정으로 변경됩니다.

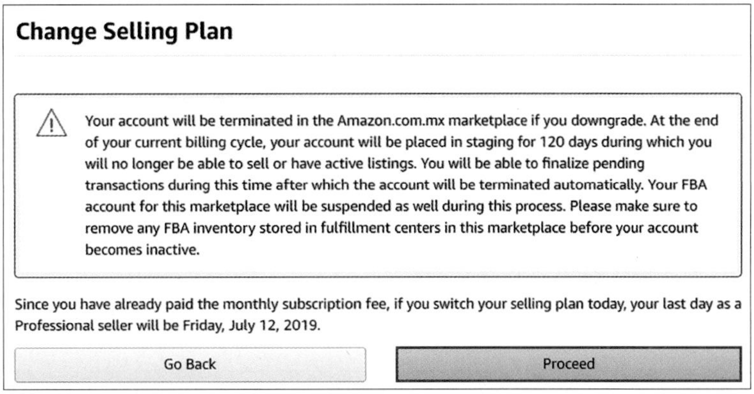

Change Selling Plan
Your account will be terminated in the Amazon.com.mx marketplace if you downgrade. At the end of your current billing cycle, your account will be placed in staging for 120 days during which you will no longer be able to sell or have active listings. You will be able to finalize pending transactions during this time after which the account will be terminated automatically. Your FBA account for this marketplace will be suspended as well during this process. Please make sure to remove any FBA inventory stored in fulfillment centers in this marketplace before your account becomes inactive.
Since you have already paid the monthly subscription fee, if you switch your selling plan today, your last day as a Professional seller will be Friday, July 12, 2019.
Go Back
Proceed

❹ **Deposit Method**: 아마존 가입 시 대금을 받기 위한 월드퍼스트 또는 페이오니아 연계 계좌 정보 화면으로, 아래쪽에 있는 [Replace deposit method]를 클릭해 변경할 수 있고 아직 등록하지 않은 마켓플레이스도 오른쪽에 있는 [Assign]을 클릭해 연계 계좌를 등록할 수 있습니다.

연계 계좌를 변경하기 위해 [Replace deposit method]를 클릭하면 다음과 같은 화면이 나타납니다. [Add new deposit method]를 클릭하면 처음 연계 계좌를 등록할 때처럼 새로운 연계 계좌 정보를 입력하는 화면이 나타납니다. [Set Deposit Method]를 클릭합니다.

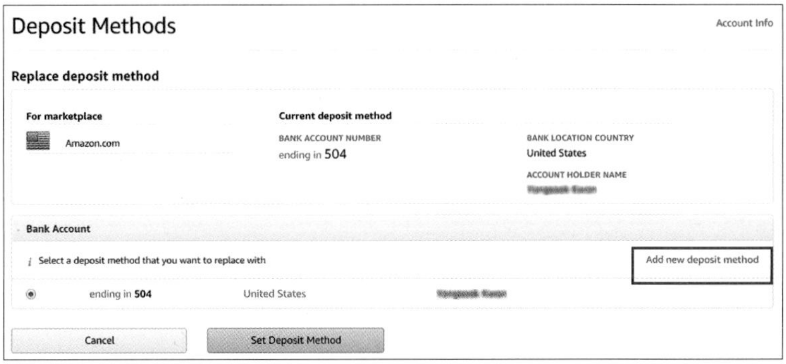

❺ **Charge Method**: 아마존에 등록한 신용카드 또는 체크카드 정보를 확인하거나 변경할 수 있습니다. 보통 신용카드의 유효 기간이 만료돼 새로운 카드를 등록해야 할 때 진행합니다.

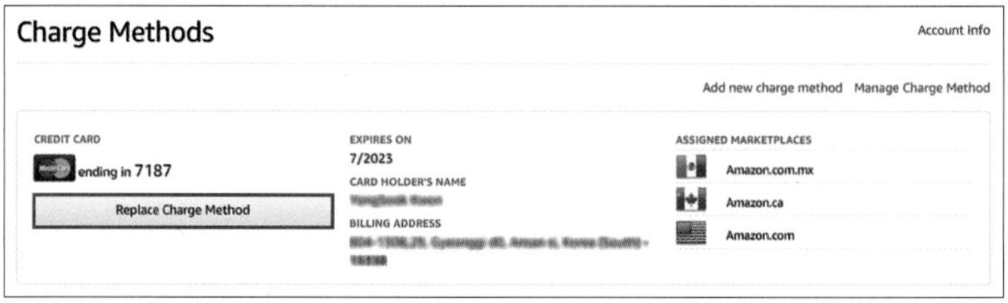

[Replace Charge Method]를 클릭하면 나타나는 다음과 같은 화면에서 마켓플레이스를 선택한 후 [Replace]를 클릭합니다.

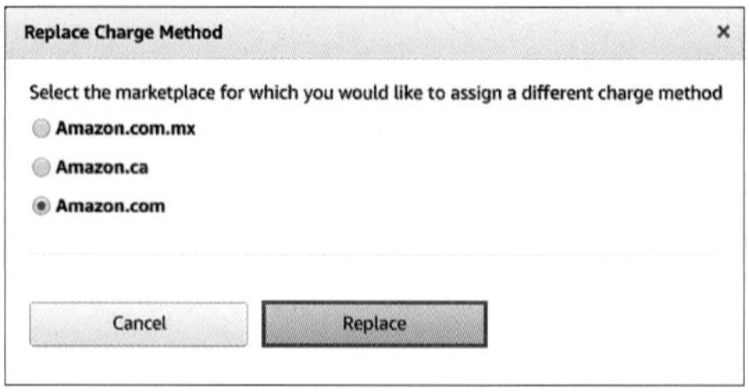

다음과 같이 현재 등록돼 있는 카드 정보를 확인할 수 있습니다. 새로운 카드를 등록하기 위해 [Add a new credit card]를 클릭합니다.

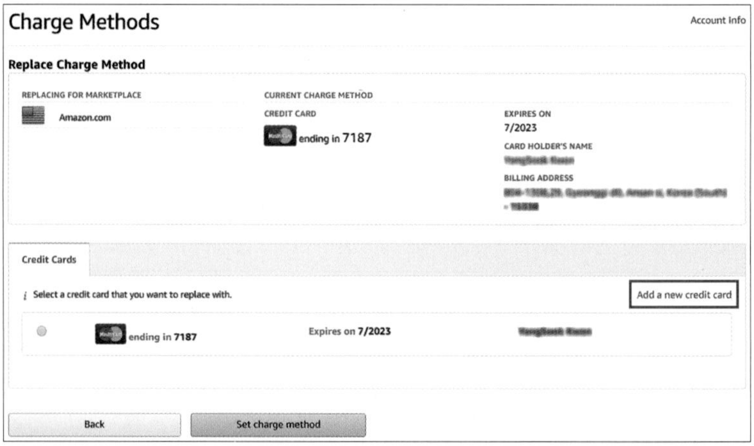

새로운 카드를 등록할 마켓플레이스를 선택한 후 [Add]를 클릭합니다.

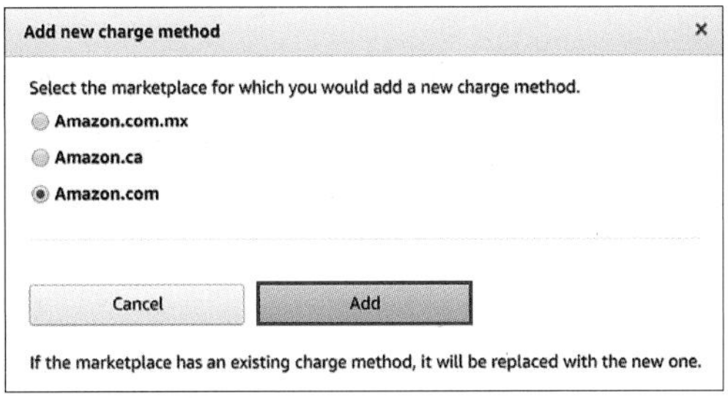

새로운 신용카드 정보를 입력한 후 주소를 확인하고 아래쪽에 있는 [Set Charge method]를 클릭해 완료합니다. 주소를 변경하고 싶을 때는 [Add a new Billing Address]를 클릭해 새로운 주소를 입력합니다.

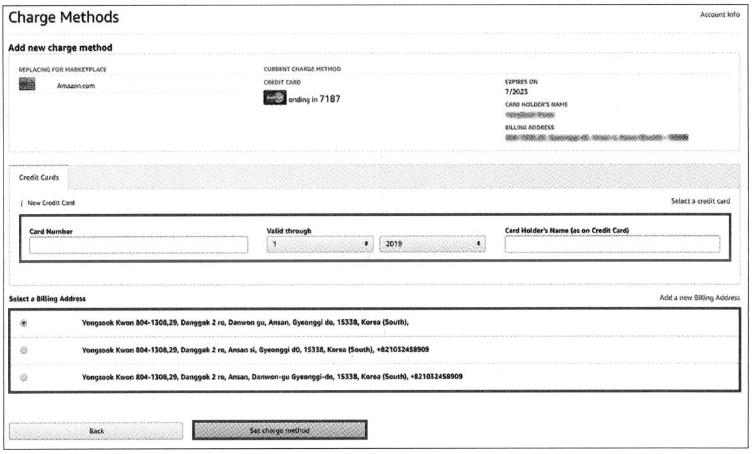

❻ **Charge Method for advertising**: 통상 광고에 지출한 비용은 상품이 판매되고 나면 매출에서 차감돼 별도로 청구되지 않습니다. 만약, 광고비 차감을 위한 별도의 방법을 원한다면 다음처럼 [Credit Card Method]를 클릭해 별도의 신용카드 또는 체크카드로 결제하거나 새로운 카드로 등록할 수 있습니다.

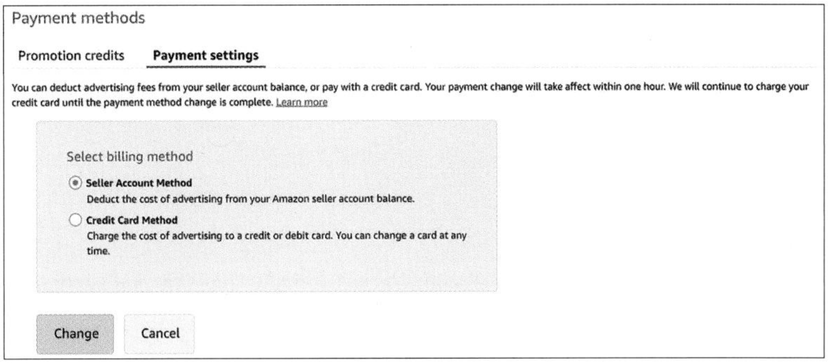

❼ **Business Address**: 다음 그림과 같이 현재 아마존에 등록한 주소를 확인할 수 있고 이사로 인해 새로운 주소로 변경해야 할 때는 [Add a new address]를 클릭해 변경할 수 있습니다.

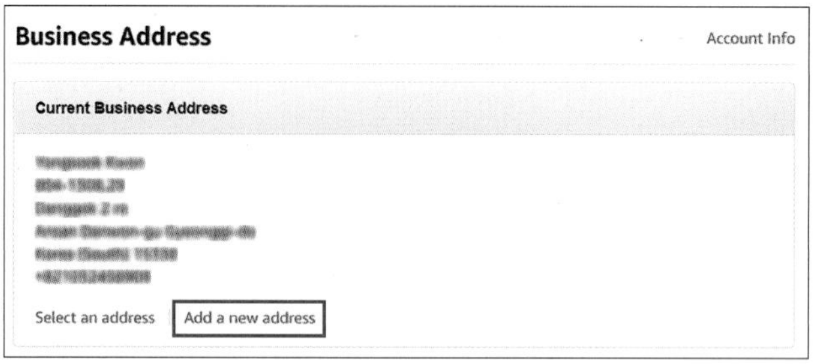

❽ **Return Address**: 마켓플레이스별로 반품 설정을 할 수 있습니다. 그러나 '기본 설정'(General Settings)과 '반품 없는 환불'(Returnless Refund)은 변경하지 않기를 권합니다. 일반적으로 반품에 대한 정책은 아마존에서 초기 세팅한 사항을 바꾸지 않는 것이 좋습니다. 고객이 반품한 상품을 받을 별도의 주소지를 등록하거나 변경할 수 있습니다. 최초 설정 시 다음과 같이 [Set the address]를 클릭합니다. 마켓플레이스별로 새로운 지정 주소를 설정할 수도 있습니다.

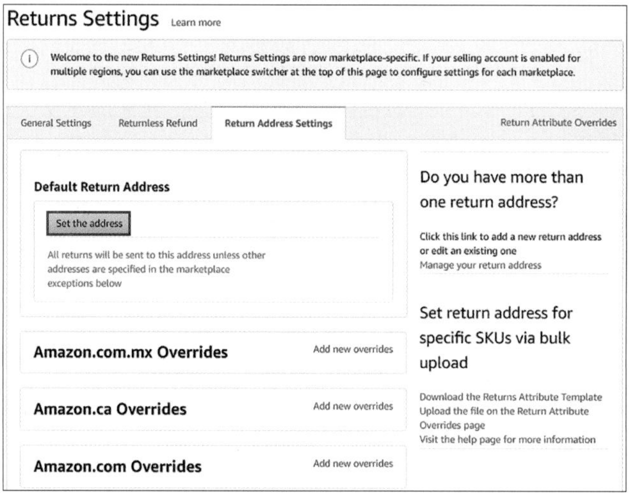

[Manage your return address]를 클릭합니다.

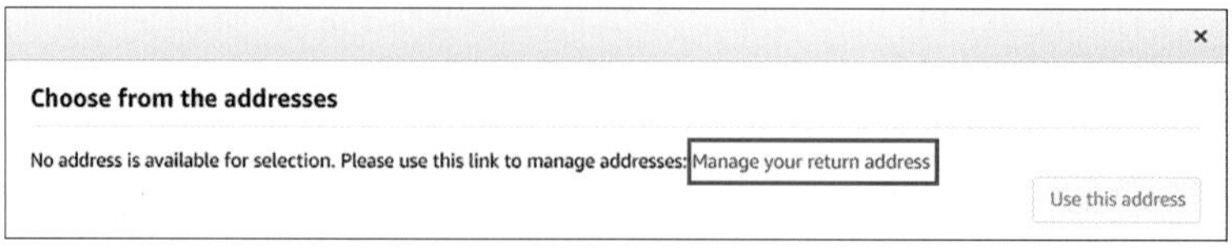

새로운 주소를 추가하기 위해 [+ Add new address]를 클릭합니다.

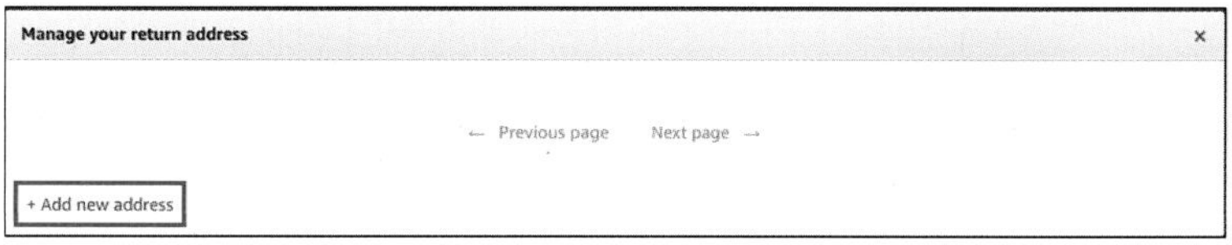

반품받을 미국 내 주소를 입력한 후 [Add address]를 클릭합니다.

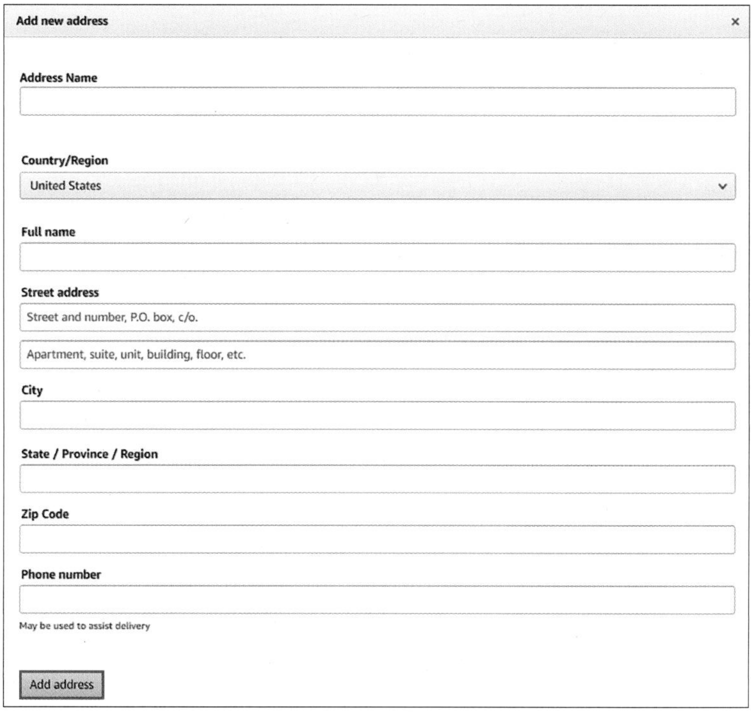

⑨ **Shipping Settings**: 배송 설정은 FBM 방식을 이용하는 아마존셀러에게 해당하는 내용으로, FBA를 이용하는 아마존셀러는 무시해도 됩니다.

Global Accounts

현재 아마존셀러 계정 마켓플레이스를 볼 수 있고 Manage Accounts를 클릭하면 계정을 병합할 수 있습니다. 이때는 한 번에 두 계정만 병합할 수 있습니다.

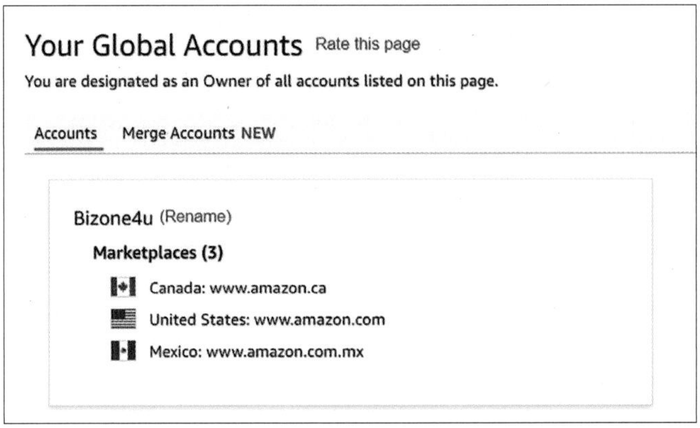

Notification Preference

알림 옵션을 설정할 수 있는 영역으로, 주문 알림, 반품 및 클레임 알림, 리스팅 알림, 보고서 확인, 오퍼 알림 생성, 아마존 셀링 코치 알림, 계정 알림, 위급 상황 알림, 아마존 비즈니스 알림, 메시징 알림 등을 수신할 수 있는 SMS나 이메일 알림을 설정하거나 변경할 수 있습니다.

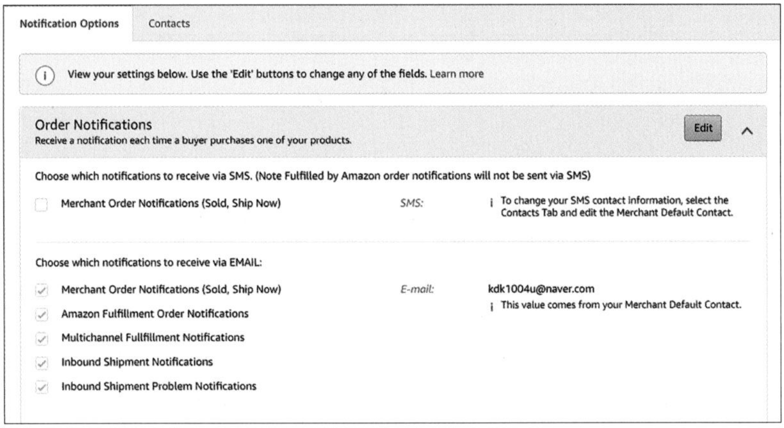

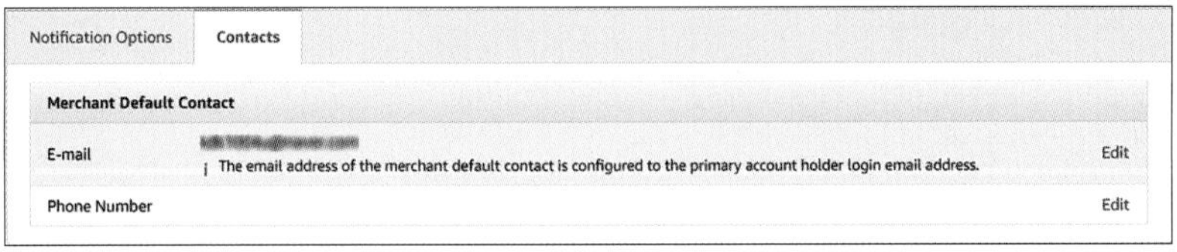

Login Settings

아마존셀러 계정에 가입할 때 등록한 이름, 이메일 주소, 비밀번호 등을 변경할 수 있고 휴대폰 번호의 추가, 2단계 인증 방식을 변경할 수 있습니다.

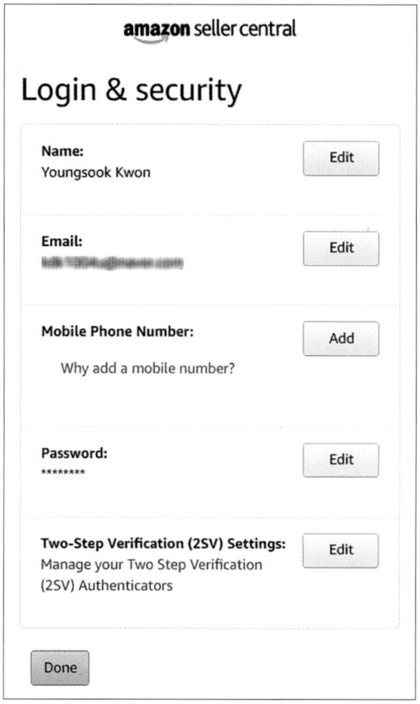

User Permission

아마존 계정을 가입한 아마존셀러 외에 다른 사용자에게도 아마존셀러 계정에 접근할 수 있는 권한을 부여할 수 있습니다. 물론 신뢰할 만한 사람이어야 하고, 추가된 사용자는 반드시 본인의 이메일 주소로 로그인해야 하며, 계정에 가입한 아마존셀러의 정보와 동일한 아이디로 로그인하면 안 됩니다. 아마존에서 계정이 정지될 수도 있는 사항인 만큼 주의해야 합니다. 또한 타사 개발자 및 앱을 관리할 수 있고 공급자 등록을 통해 나의 계정을 관리할 수도 있지만, 추천하지는 않습니다.

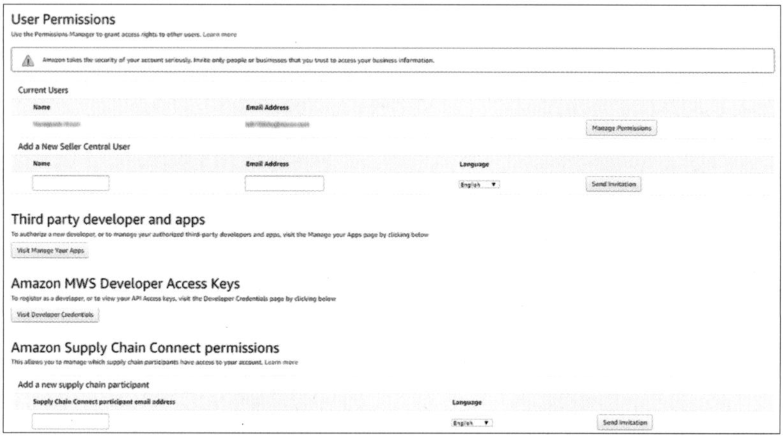

Your Info & Policies

아마존셀러의 비즈니스 및 정책에 대한 사용자 지정 콘텐츠를 아마존 웹 사이트에 추가할 수 있습니다. 가운데에 아마존셀러 프로필, 운동, 세금 정보, 자주 묻는 질문, 인증을 추가할 수 있습니다.

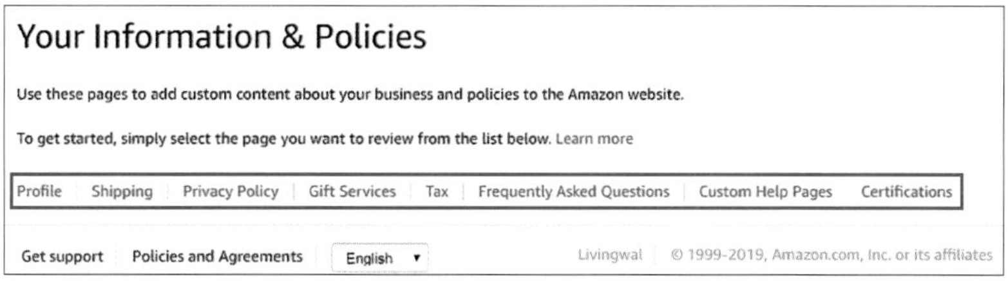

Fulfillment By Amazon

아마존 주문 처리를 설정하는 방법으로, 아마존 FBA와 관련된 다양한 설정을 할 수 있습니다. 지금 당장 설정하지 않아도 상품 등록을 하면서 설정할 수 있습니다.

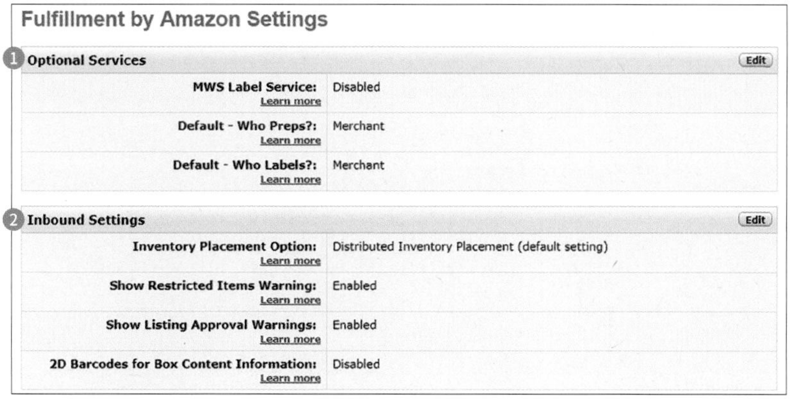

❶ **Optional Services**: 아마존 FBA 라벨 서비스를 누가할 것인지, 누가 준비할 것인지 등을 변경할 수 있습니다. FBA 라벨 서비스는 아마존에서 아이템당 수수료 0.2달러의 금액이 청구됩니다.

❷ **Inbound Settings**: 아마존 FBA 창고 재고 배치 설정을 할 수 있고 기본적으로 아마존이 분산 배치를 지정해 서로 다른 입고 센터나 FBA 주문 처리 센터로 보낼 수 있습니다. 경우에 따라 하나의 창고로만 보낼 수도 있습니다. 또한 아마존셀러가 임의로 한 창고로만 지정해 보내고 아마존이 이를 분산 배치하도록 할 수 있습니다. 이 경우, 서비스 수수료가 발생하기 때문에 추천하지 않습니다.

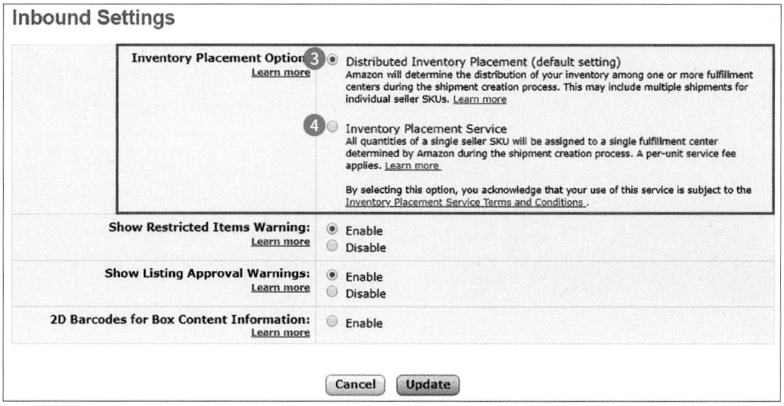
Inbound Settings
Inventory Placement Option
Learn more
3
4
Distributed Inventory Placement (default setting)
Amazon will determine the distribution of your inventory among one or more fulfillment centers during the shipment creation process. This may include multiple shipments for individual seller SKUs. Learn more
Inventory Placement Service
All quantities of a single seller SKU will be assigned to a single fulfillment center determined by Amazon during the shipment creation process. A per-unit service fee applies. Learn more
By selecting this option, you acknowledge that your use of this service is subject to the Inventory Placement Service Terms and Conditions .
Show Restricted Items Warning:
Learn more
Enable
Disable
Show Listing Approval Warnings:
Learn more
Enable
Disable
2D Barcodes for Box Content Information:
Learn more
Enable
Cancel
Update

❸ **Distributed Inventory Placement(default settings)**: 아마존이 지정한 곳으로 재고가 분산 배치되며 아마존 창고로 보내는 재고의 양이 많은 경우, 아마존셀러가 아마존이 지정하는 곳으로 직접 발송할 수 있습니다.

❹ **Inventory Placement Service(재고 배치 서비스)**: 아마존셀러가 재고 배치 서비스를 신청하면 대부분의 표준 사이즈 아이템이 단일 입고 센터 또는 FBA 창고로 입고할 수 있습니다. 이때 재고가 도착하면 아마존이 여러 다른 FBA 창고로 보내게 되고 이로 인해 수수료가 발생합니다. 이 서비스에 참여하면 FBA 재고 배치 프로그램 사용 약관의 적용을 받게 됩니다. 다음 카테고리의 아이템은 재고 배치 서비스를 이용해도 다른 FBA 창고로 보낼 수 있습니다.

• 의류, 주얼리, 신발, 사이즈 초과 아이템, 유해 물질, 제조업체 바코드로 추적되는 재고 등

재고 배치 서비스 수수료

표준 크기(아이템당)	
1 lb 이하	$0.30
1-2 lb	$0.40
2 lb초과	$0.40 + $0.10/lb(최초 2 lb 초과분)

크기 초과(아이템당)	
5 lb 이하	$1.30
5 lb 초과	$1.30 + $0.20/lb(최초 5 lb 초과분)

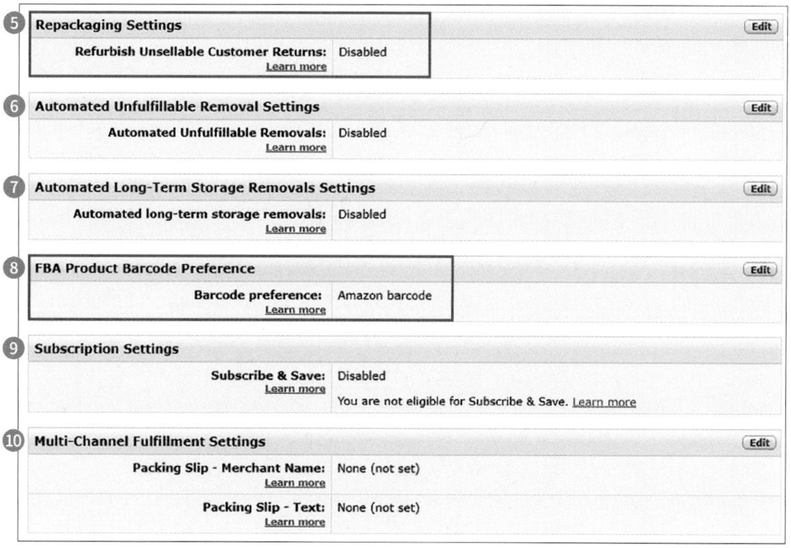

❺ **Repackaging Settings**: 고객이 반품한 상품을 재포장해 재판매 여부를 설정할 수 있습니다. 저는 개인적으로 'Disable', 즉 비활성화를 추천합니다. 왜냐하면 고객이 만약 신상품을 주문했는데, 재포장한 흔적이나 중고의 흔적이 있다면 다시 반품이나 환불하게 되고 아마존 셀러 리뷰, 상품 리뷰에도 좋지 않은 영향을 미칠 수 있기 때문입니다.

❻ **Automated Unfulfillable Removal Settings**: 주문 처리 불가 재고를 자동 폐기할 것인지 설정할 수 있습니다. 이 설정을 활성화(abled)하면 재고 처분 주문 수수료가 따로 청구되므로 비활성화(Disabled)하는 것을 추천합니다.

재고 처분 주문 수수료

서비스	표준 크기(아이템당)	크기 초과(아이템당)
반품	$0.50	$0.60
폐기	$0.15	$0.30
청산	청산 금액의 10%	청산 금액의 10%

❼ **Automated Long-Term Storage Removals Settings**: FBA 창고에 1년 이상 장기 보관된 상품의 경우, 매달 장기 보관 수수료의 기본 요금이 0.50달러에서 2019년 2월 15일 이후 0.15달러로, 매월 15일에 청구됩니다.

장기 보관 수수료, 2019년 2월 15일 이후

재고 정리 날짜	365일 넘게 주문 처리 센터에 보관된 아이템
매월 15일	세제곱피트당 $6.90

세제곱피트당 장기 보관 수수료와 상품당 장기 보관 수수료 기본 요금 중 큰 금액이 적용됩니다.

재고 정리 날짜	365일 넘게 주문 처리 센터에 보관된 아이템
매월 15일	상품당 $0.15

다음 예시는 2019년 2월 15일부터 장기 보관 수수료가 어떻게 계산되는지를 보여 줍니다.

완구: 11 x 8 x 2 인치	보관 기간	적용 가능한 세제곱피트 LTSF	적용 가능한 상품당 LTSF	청구된 장기 보관 수수료(둘 중 큰 금액)
1개 상품	365일 초과	$0.70	$0.15	$0.70
2개 상품	365일 초과	$1.41	$0.30	$1.41
10개 상품	365일 초과	$7.03	$1.50	$7.03

재고 처분 날짜 전에 재고 처분 주문을 제출하는 경우에는 해당 재고에 장기 보관 수수료가 적용되지 않습니다. 장기 보관 수수료 부과 대상인 재고에 대해 자동 재고 처분을 설정하기 바랍니다.

다음 표는 장기 보관 수수료가 부과될 아이템을 재고 처분한 후 새로운 재고를 FBA 창고에 얼마나 보낼 수 있는지에 대한 예시입니다.

이전 90일 동안의 판매량	향후 8주 동안의 예상 판매량	주문 처리 센터로 이동 중인 재고	재고로 보유 중인 상품	재고 사용률	상품을 더 발송할 수 있습니까?	발송할 수 있는 상품의 수량
270	168	70	100	170	아니요	0
270	168	70	85	155	예	115
1,000	622	500	200	700	아니요	0
1,000	622	500	100	600	예	400
9	6	12	10	22	아니요	0
9	6	3	2	5	예	4

⑧ **FBA Product Barcode Preference**: 제조업체 바코드를 사용해 재고를 관리할 것인지, 아마존 바코드를 사용해 재고를 관리할 것인지 설정할 수 있습니다. 여러분이 만약 아마존 FBA 창고를 이용해 재고 관리를 한다면 반드시 아마존 바코드(FNSKU 바코드, FBA 바코드 모두 동일한 용어)로 설정하기 바랍니다. 왜냐하면 제조업체 바코드를 설정할 경우, 고객이 주문 시 여러분의 상품과 똑같은 바코드로 등록된 다른 아마존셀러의 상품이 고객과 더 가까이 있는 경우, 이 상품을 사용해 해당 주문을 처리할 수 있기 때문입니다.

⑨ **Subscription Settings**: 정기 배송 할인 프로그램을 통해 자주 사용하는 상품의 반복 배송 예약을 등록할 수 있습니다. 자격을 갖춘 FBA 아마존셀러는 프로그램에 FBA 상품을 추가해 정기 배송 할인 프로그램에 참여할 수 있습니다. 이 프로그램에 참여하려면 FBA 아마존셀러의 계정 상태가 양호해야 하며 피드백 평점 4.7 이상, 3개월 이상 FBA에서의 판매 이력이 있어야만 하므로 처음 가입한 아마존셀러는 해당 사항이 없습니다.

⑩ **Multi-Channel Fulfillment Settings**: 아마존 외에 다양한 판매처에 주문 처리 시 포장 명세서에 판매자의 이름과 텍스트 문구를 설정할 수 있는 기능이지만, 현재는 이용할 수 없습니다.

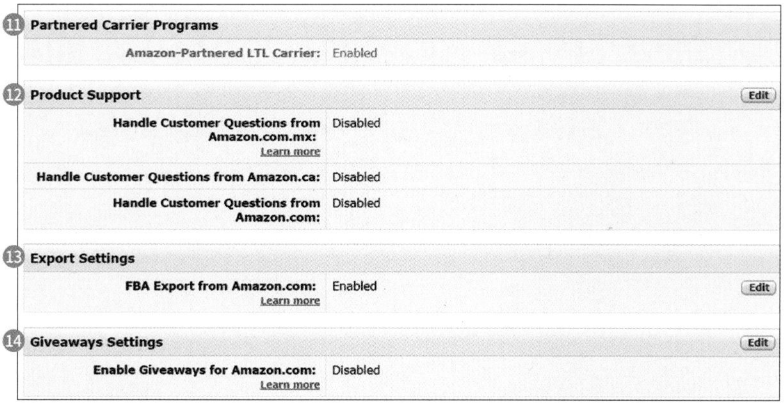

⑪ **Partnered Carrier Programs**: 아마존 협력 LTL 배송사는 변경할 수 없습니다.

⑫ **Product Support**: 고객 C/S에 대한 사항으로, FBA 시스템을 이용할 경우 아마존에서 자체적으로 처리합니다.

⑬ **Export Settings**: FBA 수출 설정을 통해 amazon.com 웹 사이트에서 해외로 상품을 판매하는 아마존셀러에게 적용됩니다.

⑭ **Giveaways Settings**: FBA 시스템을 이용하는 아마존셀러는 아마존 상품을 증정품으로 사용해 경품 프로모션을 설정하는 마케팅 도구로 이용할 수 있습니다.

무작정 따라하기

궁금한 사항이 있을 때는 언제든지 [도움말]을 이용해 해결하기

오른쪽 위에 있는 [Help] 또는 [도움말]을 클릭하면 언제든지 궁금하거나 해결해야 할 문제들을 아마존에 직접 연락하지 않고서도 알아볼 수 있습니다. 예를 들어 카테고리 승인이 궁금하다면 다음과 같이 도움말 검색 창에서 검색할 수 있습니다.

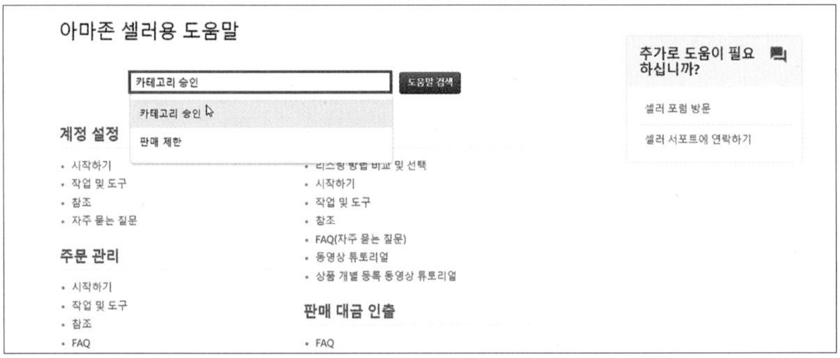

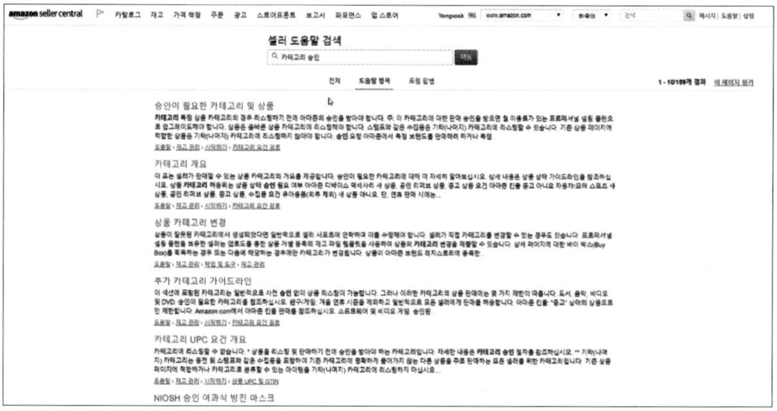

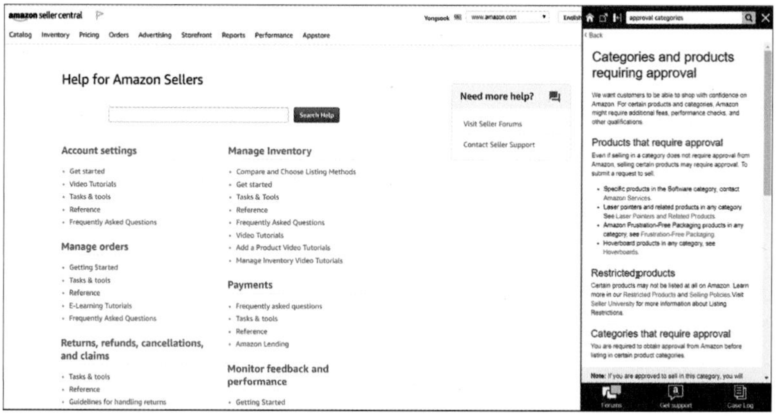

한국어 아마존셀러 서포트 지원 요청하기

도움말을 통해서도 궁금한 사항이 해결되지 않을 경우, 아마존셀러 센트럴에서 한국어로 설정한 후 오른쪽에 있는 검색 창에 지원 요청을 하고 [아마존에 연락하기]를 클릭합니다. 또는 아마존셀러 센트럴의 아래쪽에 있는 [지원 요청]을 클릭해 한국어 아마존셀러 서포트의 지원을 요청할 수 있습니다.

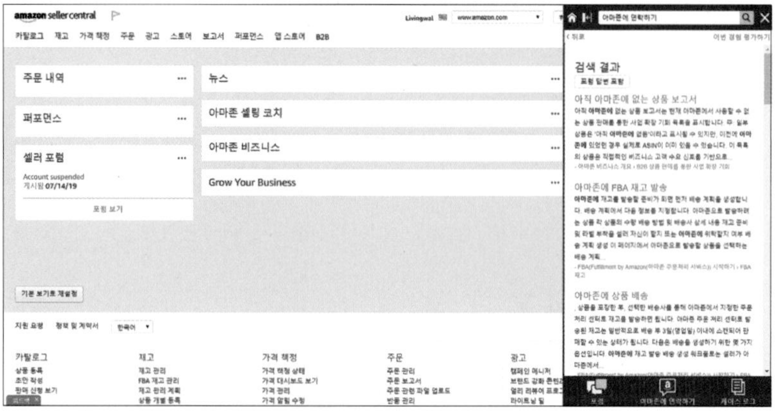

한국어 아마존셀러 서포트의 지원 요청을 하면 다음과 같이 아마존 판매와 관련된 문의 사항인지, 스폰서(광고) 상품에 대한 문의 사항인지 선택할 수 있습니다.

아마존 판매와 관련된 문제를 선택하면 고객, 주문 건, FBA 관련 건, 상품과 재고 계정 문제, 기타 문의, 아마존 B2B 등과 같은 다양한 케이스 로그를 볼 수 있고 문의하고자 하는 케이스를 클릭한 후 도움을 요청할 사항을 선택해 문의할 내용을 입력할 수 있습니다.

특정 케이스의 경우, 이메일 또는 채팅이 가능하며 어떤 경우에는 한국어 지원이 불가하다고 나타나는데, 이때는 아마존 코리아에서 답변하기 어려운 것이므로 아마존 미국 본사에 관련 내용을 영문으로 보내야 합니다.

아마존 스폰서(광고) 상품 문제를 선택하면 광고와 관련된 사항에 대해 문의할 수 있습니다. 대부분 한국어가 지원되지 않습니다.

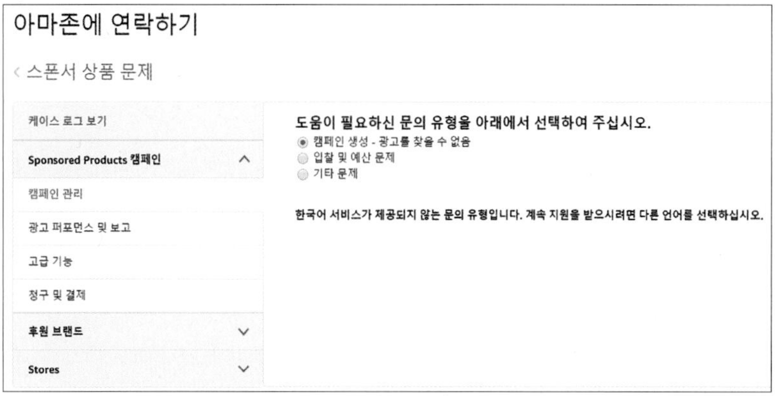

PLUS

누구나 도전할 수 있는 아마존 성공 사례 2

"슈피겐코리아, 창업 직후 해외 온라인 판매 집중, 아마존으로 상품 홍보, 배송 해결…매출 비중 40%"

슈피겐 코리아는 2009년 2월에 설립된 한국 기업으로, 아이폰, 갤럭시와 같은 스마트폰 케이스, 차량용 스마트폰 거치대 등을 주로 생산하는 회사입니다. 2009년부터 이미 좁은 국내 시장을 넘어 해외 시장 개척에 나섰고 아마존에서 상품을 팔기 시작했습니다.

2014년 기준 매출액은 1,420억 원으로, 전년도 665억 원 대비 약 100% 이상 성장했습니다. 이 기업은 2013년 전체 매출에서 북미 지역 비율이 39%, 2014년 63%로 크게 늘었고 매출액 1,792억 원을 기록한 2016년 북미 시장이 57%를 차지한데 반해, 국내 매출액은 전체의 10%밖에 되지 않았다고 합니다. 아마존을 통해 해외 시장에 성공적으로 진출할 수 있었던 것입니다.

슈피겐코리아 관계자는 아마존 매출 비중이 큰 이유에 대해 "이베이와 같은 온라인 쇼핑몰보다 아마존에서 상품을 찾는 소비자들이 더 많아서 처음 해외에 진출할 때 시장 규모가 큰 미국에 도전하기로 결정했습니다."라고 이야기했습니다.

슈피겐코리아는 신생 기업의 약점을 극복하기 위해 온라인 직접 판매 전략을 통해 3억 명의 고객을 가진 전 세계에서 가장 큰 온라인 쇼핑몰 아마존에서 스마트폰 케이스의 가격과 품질 경쟁력을 인정받아 전 세계로 판매하고 있습니다.

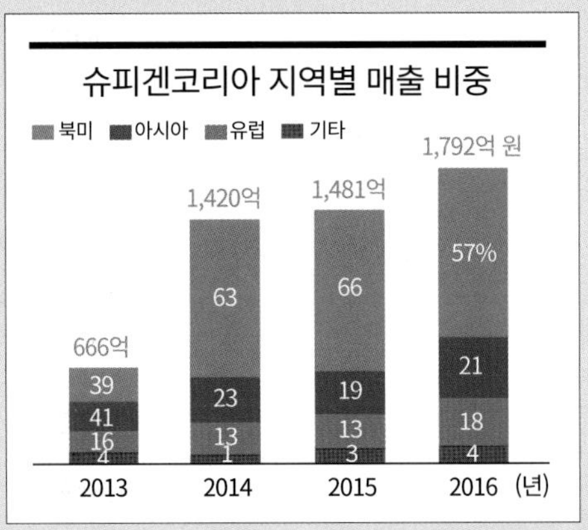

출처: 이코노미 조선 손덕호기자

아마존에서 나의 상품을 판매하기 위한 목적은 돈을 많이 벌기 위한 것입니다. 돈을 많이 벌려면 판매가 잘되면서도 경쟁자들이 적고 수익(마진)도 좋은 상품을 찾아야 합니다. 그리고 이 상품들을 남들이 쉽게 판매하지 못하는 나만의 상품으로 판매해야 오랫동안 수익을 안겨 줄 수 있습니다.
둘째마당에서는 앞 마당의 내용을 바탕으로 아마존에서 판매할 상품을 찾는 방법에 대해 알아보겠습니다.

아마존셀러 무작정 따라하기

둘째 마당

아마존에서 어떤 물건을 팔아야 할까?

아마존셀러 무작정 따라하기

001

아마존에서 살아남으려면 브랜딩이 필요하다

브랜드란 무엇인가?

우리는 매 순간 브랜드(Brand)와 접하며 살아가고 있고 브랜드는 우리의 삶속에 이미 깊게 스며들어 알게 모르게 큰 영향을 미치고 있습니다. 우리는 상대방이 애용하는 브랜드를 보고 그 사람의 라이프 스타일과 개성을 알 수 있고 특정 브랜드를 소유하거나 사용하면서 행복과 슬픔 그리고 향수를 느끼기도 합니다.

실제로 우리 주변 사람 중 일부는 특정 브랜드에 대한 충성도가 매우 강하며 그 브랜드를 이용해 자신감, 자존감, 때로는 과시하고자 하는 욕망을 드러내기도 합니다. 이런 이유들로 세계적인 유명 브랜드들은 소비자들의 변치않는 사랑을 얻기 위해 지속적이면서 체계적인 노력을 기울이고 있습니다. 그리고 기업의 가치는 곧 브랜드 자산의 가치로 대변되기도 합니다. 바꿔 말하면, 브랜드 가치가 높을수록 기업의 가치도 높아진다고 볼 수 있습니다. 〈글로벌 이코노믹스〉에 따르면, 코카콜라의 브랜드 가치는 675억 달러, 뽀로로의 브랜드 가치는 미래 30년의 가치를 반영해 3,893억 달러입니다.

브랜드의 유래

브랜드의 사전적 의미를 살펴보면 "브랜드는 상품의 생산자 또는 판매자가 상품이나 서비스를 경쟁자들의 상품과 차별화하기 위해 사용하는 독특한 이름이나 상징물의 결합체이다. 현대 들어 브랜드는 단지 다른 상품과 구별할 뿐 아니라 상품의 성격과 특징을 쉽게 전달하고 품질에 대한 신뢰를 끌어올려 판매에 영향을 미치는 사회·문화적 중요성을 갖는 상징 체계가 됐다."라고 기술하고 있습니다.
브랜드라는 단어는 노르웨이 고어인 'Brandr'에서 유래한 것으로 추정되며 '불에 달궈 지진다', '태운다(to burn)'라는 뜻을 지니고 있습니다. 옛날 사람들이 흔히 그들이 기르는 가축을 표시하기 위해 소나 말 등에 인두를 이용해 표시를 하는 것이 바로 브랜드라고 할 수 있습니다.

브랜드의 현대적 의미

현대 사회에 들어서면서 대량 생산 및 제조, 유통 확대 등으로 경쟁적인 시장 환경이 조성됐고 기업들은 이런 경쟁에서 살아남기 위해 마케팅을 강화하는 한편, 상품을 차별화하려는 전략을 개발하기 시작했습니다. 이 차별화 전략의 하나로 브랜드를 키우게 된 것입니다. 현대 사회에서의 브랜드는 제조업체 또는 유통업체가 자기의 기업, 상품, 서비스의 정체성(Identity)을 만들고 경쟁자의 기업, 상품, 서비스와 차별화할 수 있도록 하기 위해 활용하는 이름, 용어, 숫자, 캐릭터, 슬로건, 디자인, 패키지 또는 이들의 결합체를 의미합니다.

브랜드의 중요성

상품과 서비스는 유행에 뒤처지거나 경쟁사에 의해 쉽게 모방될 수 있지만, 성공적인 브랜드는 시장 경쟁에서 지속적으로 우위를 갖게 하고 남들보다 더 높은 가격을 받을 수 있게 해 줍니다.

하나의 브랜드가 단지 하나의 상품을 의미하지 않기 때문에 브랜드와 관련 있는 상품의 확장성을 통해 시장을 좀 더 빠르게 선점하거나 확장할 수 있습니다. 또한 기업은 브랜드 충성도를 통해 마케팅 비용의 감소와 함께 기존 고객의 유지 및 새로운 고객을 확보할 수 있고 경쟁 상품에 대응할 수 있는 능력을 갖추게 됩니다. 또한 브랜드는 일반적인 경쟁 상품보다 더 높은 가격을 확보할 수 있고 더 높은 수익을 낼 수 있습니다. 특허나 상표 출원 등을 할 경우에는 경쟁 브랜드의 시장 진입을 막거나 늦출 수 있어 경쟁적 우위를 지속적으로 확보할 수 있습니다.

물론 처음부터 브랜드의 경쟁력을 확보하기는 어려울 수 있습니다. 하지만 시중에 있는 똑같은 상품을 판매하기보다는 나만의 브랜드 상품을 판매해 내 브랜드의 가치와 고객과의 신뢰도를 높이면 자연스럽게 재구매가 이뤄지고 입소문을 통한 마케팅 효과와 고객 데이터 등을 확보할 수 있으며 '스타일난다'처럼 엄청난 가치로 기업을 매각할 수도 있습니다. 따라서 단순히 상품을 판매하는 데 그치지 않고 나만의 브랜드 상품을 키울 수 있는 상품을 통해 수익을 지속적으로 창출할 수 있어야 합니다.

아마존셀러 무작정 따라하기

002 나의 브랜드로 판매할 상품 검색하기

아마존은 미국 전자 상거래 규모의 약 50%를 점유할 정도로 엄청난 기업으로, 아마존에서 대형 브랜드가 아닌 서드파티 아마존셀러가 매출의 약 50%를 차지하고 있습니다. 우리의 목표가 아마존 미국 시장에 있는 방문객에게 상품을 판매하고 사업을 성장시키는 것이라면 제대로 된 전략을 세워야 합니다.

아마존에서 성공하려면 높은 매출과 수익을 안겨 줄 상품부터 찾아야 합니다. 이를 위해서는 단순히 아무 상품이나 시장에 내놓고 판매되기를 기다리는 것이 아니라 데이터를 분석하고 목표에 맞는 상품을 선택해야 합니다. 다음 3단계를 통해 아이템을 선택해 보기 바랍니다.

아마존 비즈니스에서 가장 중요한 것은 바로 '수익'입니다. 많은 사람이 아마존에서 잘 팔릴 것 같은 상품만 찾으면 되는 것 아니냐고 말하는데 아마존에서 잘 팔릴 것 같은 상품을 찾는 것이 문제가 아니라 그런 상품들 속에서 우리의 상품이 제대로 판매될 수 있는지가 더 중요합니다. 이런 상품을 아마존이라는 플랫폼에서 찾는 것은 시간이 굉장히 오래 걸리고 어려울 뿐 아니라 이로 인한 기회비용이 훨씬 더 큽니다. 따라서 아마존에서 잘 팔리면서도 어느 정도 이상의 수익을 안겨 줄 수 있는 상품을 찾는 것이 가장 핵심적이면서도 가장 먼저 해결해야 할 과제라고 생각합니다. 아마존에서 수익성 있는 나만의 상품을 찾기 위한 단계는 다음과 같습니다.

- 브랜딩이 가능한 카테고리 선택하기
- 적절한 범위의 판매 가격 선택하기
- 무게가 가볍고 작은 사이즈의 상품 선택하기
- 깨질 위험이 없고 쉽게 브랜딩할 수 있는 상품 선택하기
- 카테고리 승인 및 특허와 관련 없는 상품 선택하기
- 기존 상품을 개선할 수 있는 아이디어 상품 선택하기
- 아마존에서 안정적으로 팔리는 상품 선택하기
- 경쟁자들이 어느 정도 있는 상품 선택하기
- 행동하기

위 단계는 수익성 있는 나만의 브랜드 상품을 아마존에 판매하기 위한 기본적인 과정으로, 우리가 꿈꾸는 디지털 노마드 온라인 글로벌 셀링을 위한 초석이라고 보면 됩니다. 하지만 자신만의 브랜드 상품을 런칭하기는 어려운 것이 사실입니다. 왜냐하면 자신만의 브랜드 상품을 찾는 과정에서 곧바로 결괏값이 나오지 않기 때문에 그냥 남들처럼 아마존에서 잘 팔리는 상품이나 주변에서 흔히 볼 수 있는 상품 또는 자신의 주관적인 관점으로 잘 팔릴 것 같은 상품들을 선택해 판매하는 경우를 볼 수 있습니다. 또 어떤 경우에는 갑자기 잘 팔리는 상품이나 그야말로 요즘 '핫'하다는 상품, 계절성 상품 등을 선택하기도 합니다.

설사 브랜드가 가능하고 아마존 시장에서도 어느 정도 수익을 줄 수 있는 괜찮은 상품을 찾았다고 하더라도 이 상품이 과연 나에게 좋은 수익을 안겨 줄지 확실한 판단이 서지 않고 좀 더 완벽한 상품을 찾으려고 하기 때문에 좋은 상품을 찾고 나서도 기회를 놓쳐버리는 경우가 있습니다.

브랜딩이 가능한 적절한 상품을 찾은 후 다른 상품과 차별화하거나 로고나 브랜드를 적용하고 포장 방식, 내가 원하는 수량(대개 초기에는 소량으로 진행)과 원가(MOQ) 등을 분석해 보면 이 상품이 과연 수익이 날 것인지에 대해 부정적인 생각을 하게 마련입니다.

하지만 세상에 완벽한 사람이 없듯이 완벽한 상품도 없습니다. 즉, 나만의 브랜드 상품을 찾았다면 단계별로 하나씩 진행해 아마존에 런칭하고 마케팅을 통한 판매를 해 봐야만 아는 것입니다. 1가지 분명한 것은 상품을 등록할 때 고객에게 적극적으로 알리고 마케팅을 통해 광고하면 판매가 성공적으로 이뤄지고 그에 따른 높은 수익을 안겨 준다는 것입니다. 나만의 브랜드 상품을 성공적으로 런칭하면 상품이 판매되는 기간 동안 상상 이상의 수익을 볼 수 있으므로 주저하거나 두려워하기보다는 일단 시작해 보기 바랍니다.

사람들은 보통 시작하기를 두려워하고 더 이상 나아가지 못하는데, 여러분만은 이런 두려움을 떨쳐내고 행동으로 옮겨 보길 바랍니다. 앞의 9단계를 하나씩 자세하게 살펴보겠습니다.

003 좋은 상품 찾는 방법

브랜딩이 가능한 카테고리 선택하기

온라인에서 상품을 판매하는 비즈니스에서 좋은 상품이란 상황에 따라 다양한 의미를 갖습니다. 예를 들어, 아마존에서 매출이 높고 마진이 비교적 적은 상품은 비교적 안정적인 수익을 가져다 주는데 반해, 계절이나 유행을 타는 상품은 한 번에 소위 대박을 안겨 줄 수도 있습니다. 어떤 상품을 선택할 것인지는 개인에게 달려 있지만, 초보 아마존셀러에게는 계절이나 유행을 타는 상품보다 안정적인 수익을 안겨 줄 수 있는 상품을 추천합니다. 이를 위해 다음 사항을 참고해 상품을 선택하기 바랍니다.

우선 카테고리를 결정한 후 상품을 선택하기 바랍니다. 아마존에서는 선택할 수 있는 카테고리가 많지만, 어떤 카테고리는 쉽게 진입할 수 있는 반면, 어떤 카테고리는 카테고리 승인이 필요하거나 추가 가이드라인이 필요한 경우도 있습니다. 만약, 아마존에서 조금이라도 빨리 상품을 판매하고 싶다면 다음 추천 카테고리에서 상품을 선택하길 바랍니다. 그리고 이미 아마존에서 판매하고 있는 아마존셀러라면 다음 카테고리를 추가하길 바랍니다.

추천 카테고리

- Arts, Crafts & Sewing
- Automotive Parts(일부 승인 필요)
- Baby(일부 승인 필요)
- Beauty(일부 승인 필요)
- Cell Phone & Accessories
- Computers
- Electronics
- Garden & Outdoors
- Grocery & Gourmet Food(승인 필요)
- Health & Household
- Home & Kitchen
- Industrial & Scientific(일부 승인 필요)
- Musical Instruments
- Office Products
- Pet Supplies
- Sports & Outdoors
- Tools & Home Improvements
- Toys & Games(Holiday 기간)

위 카테고리 중에서도 상품 등록을 하다 보면 물론 승인이 필요한 상품들이 있을 수 있습니다. 이런 상품들은 초반부터 선택하지 않기를 권합니다.

절대 추천하지 않는 카테고리는 다음과 같습니다.

- Appliances(가전제품)
- Book
- Computer(주변 기기는 가능)
- Camera & Photo
- Jewelry
- Music
- Watches

절대 추천하지 않는 카테고리는 브랜드 상품화하기 어렵거나 고객에게 판매됐을 경우 고객의 클레임에 대처하기가 어려운 항목이라고 보면 됩니다. 직접 배송이나 물류를 담당하는 FBM의 경우에는 다를 수 있지만, 아마존을 통한 디지털 노마드를 꿈꾼다면 아마존 FBA 방식으로 판매하기를 권합니다.

물론 위 카테고리뿐 아니라 다른 카테고리에서도 가능성 있는 상품은 많습니다. 이는 어디까지나 처음 아마존셀러로 시작하는 분들에게 추천하는 것이고 어느 정도 경험과 자신감이 있으신 분들은 자신이 생각하는 대로 상품을 브랜드화해 판매할 수 있을 것입니다.

적절한 범위의 판매 가격 선택하기

여러분만의 브랜드가 가능한 상품을 찾을 때 현재 아마존에서 판매되는 상품 가격의 범위를 보통 15~60달러 정도로 설정하는 것이 좋습니다. 물론 비싸게 팔릴 수 있는 상품이 좋은 것이 사실이지만, 비싸게 판매가 되는 상품들은 대개 상품의 원가도 매우 비쌉니다. 초기에 적은 비용으로 시작하는 아마존셀러에게는 투자금이 많지 않기 때문에 다음과 같은 범위를 추천합니다. 다음은 미국인들이 쉽게 지갑을 여는 가격대로 알려져 있습니다. 비싼 상품은 대개 이미 시장에서 유명한 브랜드의 상품이나 대형 브랜드 상품을 선호하는 것이 일반적이므로 생전 듣지도 보지도 못한 브랜드 상품을 선택하기는 어렵습니다.

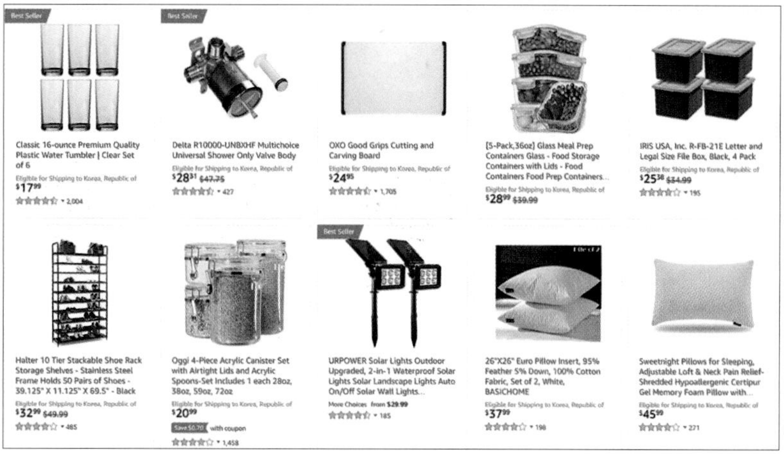

어떤 사람들은 남들보다 저렴하게 판매해서 많이 파는 방식인 '박리다매'를 이야기하는데, 처음부터 판매가 잘돼 속칭 대박이 날 수 없을 뿐 아니라 수익 면에서도 매우 어려울 수 있기 때문에 이 방식을 추천하지는 않습니다.

15달러 이하의 상품은 아마존 수수료, 아마존 창고까지 배송료, 상품 원가 등을 빼고 나면 실제 수익이 거의 남지 않는 경우가 많습니다. 물론 자금이 풍부한 사람이나 처음부터 엄청난 투자를 하는 사람은 다양한 가격대로 판매해도 무방하겠지만, 처음 시작하는 아마존셀러는 자금도 충분하지 않고 낮은 단가의 상품을 대량으로 소싱하기도 어렵기 때문에 적어도 15달러 이상의 상품을 선택하는 것이 좋습니다.

무게가 가볍고 작은 사이즈의 상품 선택하기

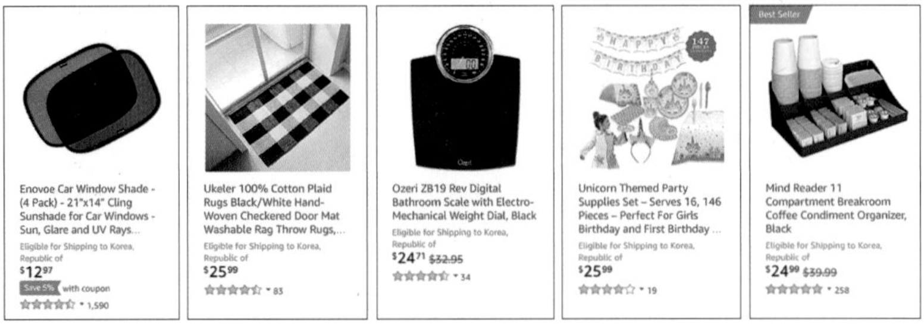

여러분은 위 상품 중 어떤 상품을 판매하고 싶은가요? 가운데의 저울과 양쪽 각 2개의 상품을 비교해 보면, 다른 상품은 포장 시 사이즈도 작고 무게도 가벼운 상품인데 반해, 가운데 저울은 사이즈를 줄일 수도 없을 뿐 아니라 무게 역시 무거운 상품입니다. 저는 무게 약 3파운드(lb, 1.35kg), 사이즈 18×14×8inch(45.72×35.56×20.32cm) 이하의 상품 추천합니다.

여러분의 첫 브랜드 상품이 아마존 FBA 창고에서 오버사이즈로 분류돼 막대한 수수료가 발생하지 않기를 바랍니다. 보통 무게가 가볍고 작은 사이즈라고 하면 무게가 약 3lb(약 1.35kg) 이하로, 한 손으로 들었을 때 무리가 가지 않는 상품을 말합니다. 상품의 사이즈는 아마존 창고에 입고되기 전 포장을 기준으로 18×14×8인치(45.72×35.56×20.32cm) 이하의 상품이 좋습니다. 이 사이즈는 보통 미국 기준의 신발 상자(Shoe Box)를 기준으로 생각하는 것이 좋습니다. 이는 아마존 FBA 표준 사이즈를 기준으로 이보다 단 1cm라도 초과되면 FBA 수수료가 오버사이즈 기준으로 바뀌기 때문에 오버사이즈 미만의 상품을 선택하기 바랍니다. 상품 자체의 사이즈가 커도 포장하면 작아지는 상품을 선택하는 것이 좋습니다.

오버사이즈로 분류되는 대형 상품의 경우, FBA 수수료가 상상 외로 많이 나올 뿐 아니라 보통 중국이나 한국에서 미국 아마존 창고로 보낼 때 처음 시작하는 대부분의 아마존셀러가 감당해야 할 배송비도 많이 나옵니다. 심지어 상품보다 배송비가 훨씬 더 많이 나와 수익이 나지 않는 경우도 있습니다. 보통 200~300만 원 정도 또는 그 이하의 적은 투자금으로 시작하는 아마존셀러가 많기 때문에 무게는 3파운드가 적당합니다. 만약 본인이 투자금이 더 많고 더 많은 물량을 정말 저렴한 가격에 소싱할 수 있다면 그 이상의 기준으로 바꿔도 무방하지만, 그렇지 않다면 간단히 말해 한 손으로 들기 버거운 상품은 선택하지 말기 바랍니다.

물론 역발상으로 좀 더 무겁거나 포장을 했을 때 부피가 큰 상품을 선택해 틈새 시장으로 진입할 수도 있지만, 아마존셀러로서 처음 판매할 상품이라면 추천하지 않습니다.

깨질 위험이 없고 쉽게 브랜딩할 수 있는 상품 선택하기

도자기, 유리와 같이 쉽게 깨지기 쉬운 상품이나 보관, 배송, 저장을 하는 데 있어서 상품의 성질이 바뀔 수 있는 상품은 선택하지 않는 것이 좋습니다. 유통 기한이 있는 식·음료나 액체나 젤 형태로 돼 있는 상품도 이에 해당합니다. 주방 세제는 배송 중 뚜껑이 헐거워져 내용물이 새는 경우도 있고 강아지나 고양이 사료는 창고에 저장하거나 배송하는 도중에 변질될 위험도 있습니다.
그렇다면 어떤 상품을 선택하는 것이 좋을까요? 많은 사람이 장난감을 생각하는데, 장난감의 경우도 가급적 구조가 간단하고 던지거나 떨어뜨렸을 때 문제가 발생하지 않는 상품을 추천합니다. 장난감을 선택했다면 포장을 잘해서 상품이 손상되지 않게 하는 것이 좋습니다. 전기나 전자 상품의 경우는 어떨까요? 미국은 우리나라와 달리, 거의 110V용 콘센트가 많고 일명 '돼지코'라고 불리는 콘센트도 많습니다. 전기 콘센트에 꽂는 상품의 경우, 불량품에 따른 법적인 책임 문제나 안전 요건 등을 확인해 볼 필요가 있기 때문에 초보 아마존셀러에게는 추천하지 않습니다.

카테고리 승인 및 특허와 관련 없는 상품 선택하기

카테고리 승인이 필요한 상품도 처음에 아마존에서 상품을 런칭하는 과정이 꽤 오래 걸릴 수 있기 때문에 추천하지 않습니다. 어떤 경우에는 아마존에서 요구하는 서류를 완벽하게 준비해 제출했는데도 아마존이 승인해 주지 않는 경우가 많이 발생합니다. 힘들게 찾은 상품을 판매하기 위해 상품을 등록하는 과정에서 발생할 수 있는 시간과 비용에 대한 기회비용이 크고 만약 승인이 나지 않으면 다시 다른 상품을 찾을 용기도 나지 않습니다.

특허와 관련없는 상품을 추천하는 데는 별다른 설명이 필요 없을 것입니다. 특허를 침해하면 상품을 판매할 수 없을 뿐 아니라 특허를 소유한 아마존셀러로부터 소송까지 당하게 되는 경우가 있을 수 있습니다.

그렇다면 상품에 특허가 있는지는 어떻게 알 수 있을까요? 일반적으로 아마존에서 특허가 있는 상품들은 상품 등록 시 특허에 대한 내용의 노출을 통해 경쟁 상품과의 차별화를 강조하곤 합니다. 다음 그림에서 'Ceramic and dishwasher safe; U.S. Patent No. D723,336'이라는 문구를 통해 특허를 취득했다는 것을 나타내고 있습니다. 이 상품은 특허 보유자만 판매할 수밖에 없고 다른 아마존셀러가 판매하면 엄청난 불이익을 받게 됩니다.

물론 특허 내용을 숨기는 경우도 있을 수 있습니다. 비슷한 상품이 아마존에서 판매되고 있다면 특허의 범위를 벗어났다고 판단해도 됩니다. 특허에 대해 좀 더 자세히 알아보기를 원한다면 미국 특허 및 상표권 사이트(www.uspto.gov)를 확인해 보기 바랍니다.

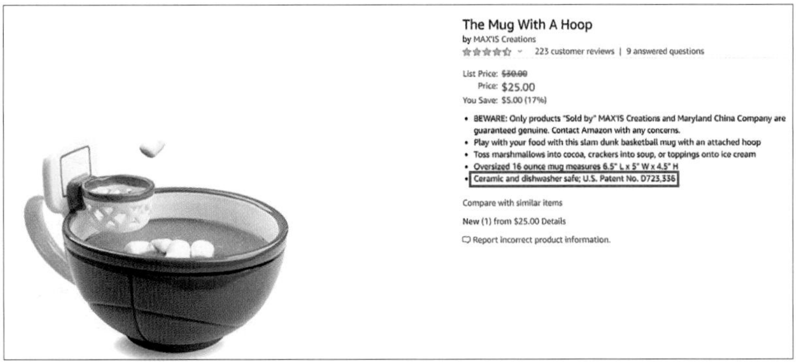

기존 상품을 개선할 수 있는 아이디어 상품 선택하기

상품은 대부분 생각하기에 따라 얼마든지 개선할 수 있습니다. 예를 들어 끈 조절이 되지 않던 상품을 조절할 수 있게 하거나, 휴대하기 편하도록 벨크로(일명 찍찍이)를 적용하거나, 지퍼를 적용하거나, 밴딩 방식을 바꾸는 등과 같은 방법을 통해 차별화된 상품을 판매할 수 있는 상품들이 많습니다. 이 밖에도 부가 상품을 추가하거나 상품을 변형하는 등의 방법이 있습니다. 하지만 도저히 개선하기 어렵거나 개선되지 않는 상품들은 기존에 이미 시장을 선점했거나 잘 팔리고 있는 상품들과 차별화할 수 없기 때문에 판매가 저조할 수밖에 있습니다. 대표적인 예로는 브랜드 상품, 대형 브랜드 상품 중 가전제품 등을 들 수 있습니다.

아마존에서 안정적으로 팔리는 상품 선택하기

안정적으로 팔리는 상품의 선택 기준은 매우 다양합니다. 여기서는 매출액과 계절성을 기준으로 설명하겠습니다. 한 달에 판매되는 매출액이 적어도 5,000달러 이상인 상품을 추천합니다. 그래야만 수요가 어느 정도 있는 상품이라 볼 수 있기 때문입니다. 시간과 비용 대비 수익 면에서도 5,000달러 이상 판매되는 상품을 선택하는 것이 좋습니다.

Product Name	Price	Category	Sales	Revenue
ThinIce Fire Truck Toys Friction Powered ...	**$43.30**	Toys & Games	**210**	$9,093
NextX Write and Learn Creative Toy with ...	**$35.87**	Toys & Games	**150**	$5,381
Green Toys Build-a-Bouquet Stacking Se...	**$21.36**	Toys & Games	**279**	$5,959
Green Toys School Bus	**$25.98**	Toys & Games	**283**	$7,352
Surfer Dudes Wave Powered Mini-Surfer ...	**$19.99**	Toys & Games	**276**	$5,517

그다음으로는 계절 또는 유행과 상관없는 상품을 선택하는 것이 좋습니다. 장기적으로 안정된 매출을 확보할 수 있어야 하기 때문입니다. 물론 운이 좋아서 그 시기에 소위 '대박'이 날 수도 있지만, 초보 아마존셀러가 대박이 나기는 정말 어렵습니다.

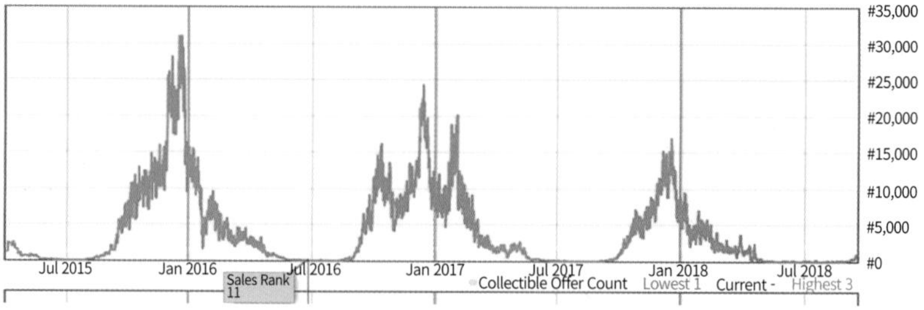

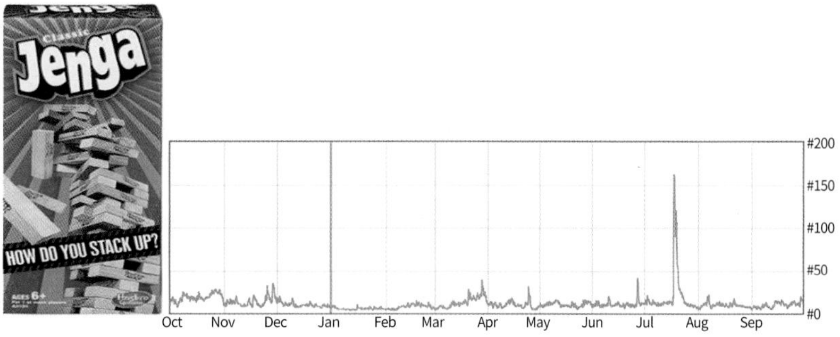

경쟁자들이 어느 정도 있는 상품 선택하기

안정적으로 판매되고 있는 상품들은 경쟁자들이 나타나게 마련입니다. 이는 수요가 있다는 방증이기 때문에 공급도 자연스럽게 늘어나고 경쟁 아마존셀러도 많아집니다. 이와 반대로 경쟁자들이 없다는 것은 그 상품에 대한 수요가 적거나 특허 또는 발명품이라는 의미입니다.

경쟁자들이 너무 많은 상품은 그 상품을 판매하고 있는 경쟁 아마존셀러의 베스트 아마존셀러 랭킹(Best Seller Ranking, BSR), 리뷰 수 등을 고려해야 합니다.

만약 경쟁 아마존셀러의 BSR이 위와 같이 #150 이하에 여러 명이 이미 있거나 리뷰 수가 1,000개 이상인 상품이 많다면 필자는 이 상품을 선택하지 않을 것입니다. 그 이유는 이런 부류의 상품이나 아마존셀러는 이미 시장을 선점했다고 보기 때문입니다. 초보 아마존셀러가 이들을 따라잡겠다고 들어가 봤자 경쟁자들을 따라잡지도 못할 뿐 아니라 나의 상품이 선택될 수 있는 확률이 낮습니다. 여러분이라면 처음 시장에 나온 상품과 기존에 월등히 잘 팔리는 상품 중 어떤 것을 선택하겠습니까? 대부분의 경우 후자를 선택할 것입니다. 따라서 경쟁에서 이미 너무 앞서간 상품을 선택하기보다 내가 진입해 승부를 걸 수 있는 상품을 선택해야 합니다.

Little Tikes Red/Blue First Slide	$34.93	Toys & Games	#86	8,038	$280,767	4188
Melissa & Doug Let's Play House Dust...	$26.99	Toys & Games	#50	9,473	$255,676	2240
Melissa & Doug Let's Play House Dust...	$26.99	Toys & Games	#50	9,473	$255,676	2240
Gund Baby Animated Flappy The Ele...	$31.30	Baby	#59	5,788	$181,164	1842
Catan	$44.10	Toys & Games	#100	7,084	$312,404	1803
Mario Kart 8 Deluxe - Nintendo Switch	$49.00	Video Games	#89	9,481	$464,569	1676
Playskool Play Favorites Busy Poppin'...	$20.50	Toys & Games	#110	5,755	$117,978	1153
Cards Against Humanity: Green Box	$20.00	Toys & Games	#136	6,477	$129,540	990
IDAODAN Portable Dual Nozzle Rose ...	$20.99	Toys & Games	#81	6,765	$141,997	934

행동하기

세상 어떤 교육이나 아이디어도 생각만 하거나 가만히 앉아 있으면 이뤄지는 것이 없습니다. 이와 마찬가지로 이 책을 읽고 끝나는 것이 아니라 행동으로 옮겨야 아마존 비즈니스가 성공할 수 있습니다. 이 책을 읽은 사람 중 80% 이상은 행동하지 않을 것입니다. 당신이 만약 이 그룹에 속해 있지 않고 행동하는 사람에 속한다면 당신은 아마존에서 성공할 수 있는 가능성이 높은 사람일 것입니다. 이제 위 9단계를 바탕으로 내 브랜드 상품을 찾아 의뢰하고 샘플을 확인하고 아마존에서 판매를 시작해 보세요.

아마존셀러 무작정 따라하기

004

판매할 상품 찾아보기 - 정글스카우트

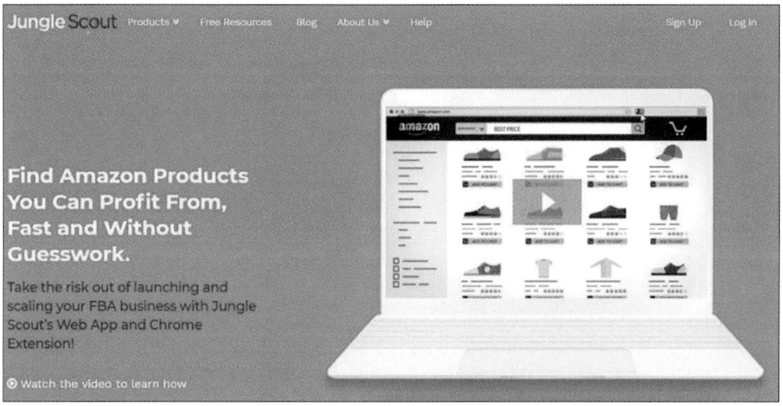

이번에는 정글스카우트(JungleScout)를 활용해 아마존에서 판매할 상품을 찾는 방법을 알아보겠습니다.

정글스카우트란?

정글스카우트는 아마존에서 상품을 판매하고자 하는 아마존셀러를 위해 개발한 아마존 리서치 툴로, 성공하는 PL 아마존셀러가 많이 사용하고 있습니다. 아마존의 데이터베이스를 분석한 후 현재 아마존에서 판매하고 있는 아마존셀러의 상품에 대한 정보를 데이터화해 아마존셀러가 수익성이 좋은 틈새 시장과 상품을 찾아 비용을 절감하고 매출을 증대할 수 있는 유용한 툴입니다. 정글스카우트에는 '크롬 확장판(Chrome Extension)'과 '웹앱(Webapp)'의 2가지 버전이 있습니다.

정글스카우트 웹앱 가입하기

구글 검색 창에 '정글스카우트' 또는 'www.junglescout.com'을 입력해 홈페이지에 접속합니다.
위쪽에 있는 [Products]를 클릭하면 'The JungleScout Tool Suite' 화면이 나타납니다.
참고로 크롬 확장판의 경우, 'www.junglescout.com/kbeauty'를 이용해 접속하면 10달러가 할인됩니다. 왼쪽에 있는 [Web App]을 클릭합니다.

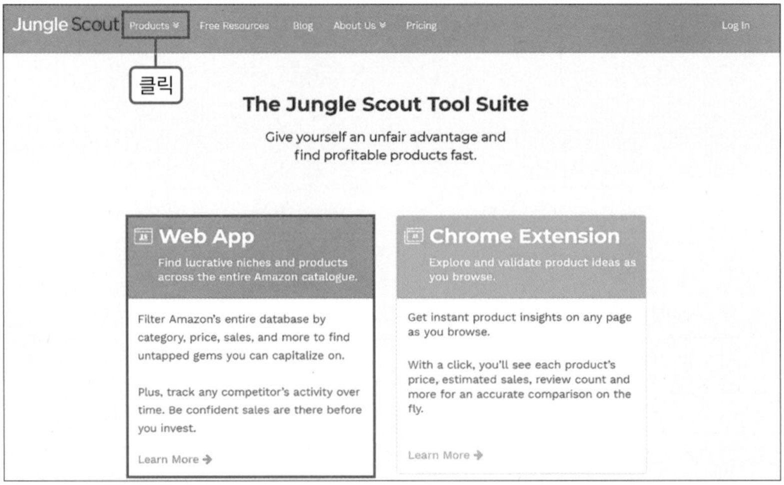

웹앱은 다음과 같은 가격으로 이용할 수 있으므로 자신이 생각하기에 적절하다고 판단되는 것에 가입하기 바랍니다. 필자가 추천하는 것은 월 단위 스타트업 버전으로, 초보 아마존셀러라면 충분한 효과를 경험할 수 있습니다. [가입]을 클릭하면 가입 창이 나타납니다.

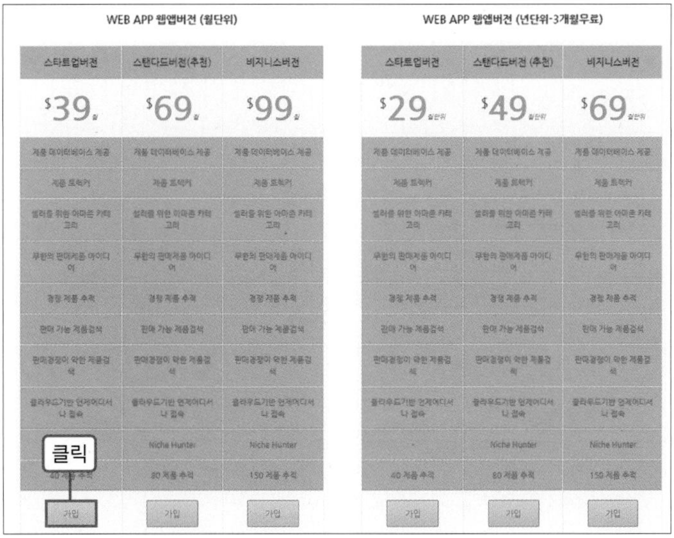

본인의 정보, 카드번호 등을 입력한 후 [Create Account]를 클릭해 가입을 완료합니다.

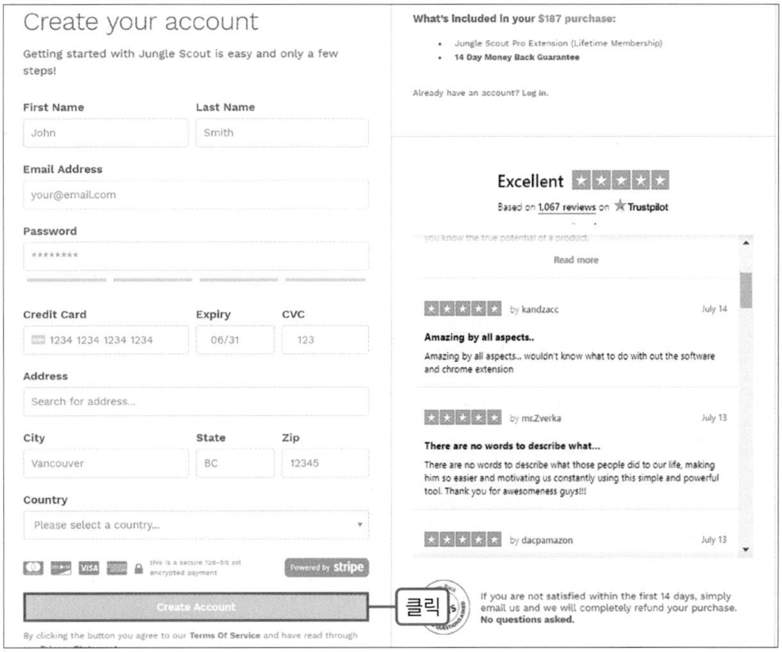

참고로 월 단위 결제 방식의 경우, 해지를 하지 않는 이상 매월 자동으로 결제되는 방식이므로 더 이상 사용하지 않을 경우에는 직접 해지해야 합니다. 나중에 재로그인할 때는 구글 검색 창에 'junglescout webapp'이나 https://members.junglescout.com/을 입력해 로그인하면 다음과 같은 정글스카우트 웹앱의 기본 창을 확인할 수 있습니다. 지금부터 정글스카우트를 이용해 경쟁 상품을 찾아보겠습니다.

정글스카우트 웹앱 사용하기

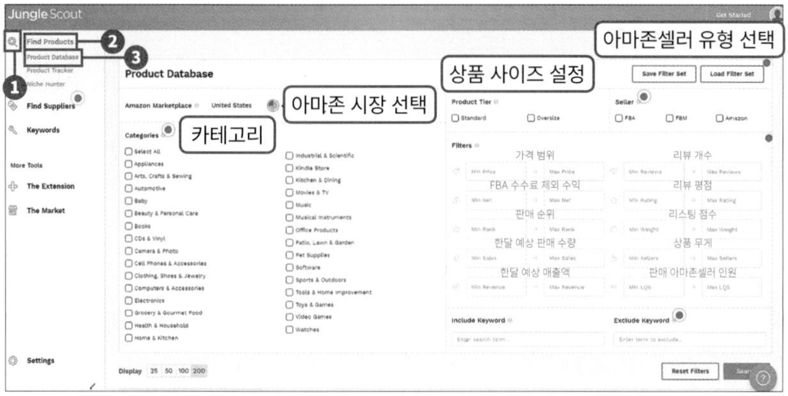

먼저 왼쪽에 있는 ❶ 돋보기 모양을 클릭한 후 ❷ [Find Products]를 클릭하고 ❸ [Product Database]를 클릭합니다. 이때 표현되는 항목은 아마존 마켓플레이스, 아마존 메인 카테고리, 상품 사이즈, 아마존셀러 유형, 추가 필터 기능과 키워드 포함, 불포함 여부입니다.

정글스카우트를 이용해 경쟁 상품을 찾기 전에 유념해야 할 점은 정글스카우트 툴은 어디까지나 아마존 데이터를 기반으로 만들어진 툴로, 예측된 결과를 안내하며 수익을 보장하지 않는다는 것입니다. 이와 마찬가지로 필자가 사용하는 방식도 여러분에게 매출과 수익을 보장하지 못합니다. 단지 아마존에서 판매되고 있는 상품들을 분석해 나만의 브랜드 상품을 아마존에 런칭하기 위한 수단이라는 것을 잊지 마시기 바랍니다.

필터 기능의 왼쪽에서는 가격, FBA 수수료 제외 수익, BSR 순위, 한달 예상 판매 수량, 한달 예상 매출액, 오른쪽에서는 리뷰 수, 리뷰 별점, 무게, 아마존셀러 수, 리스팅 점수에 관한 범위를 지정해 검색할 수 있습니다. 필자가 주로 사용하는 필터의 기능들은 가격, BSR 순위, 리뷰 수, 무게 등입니다.

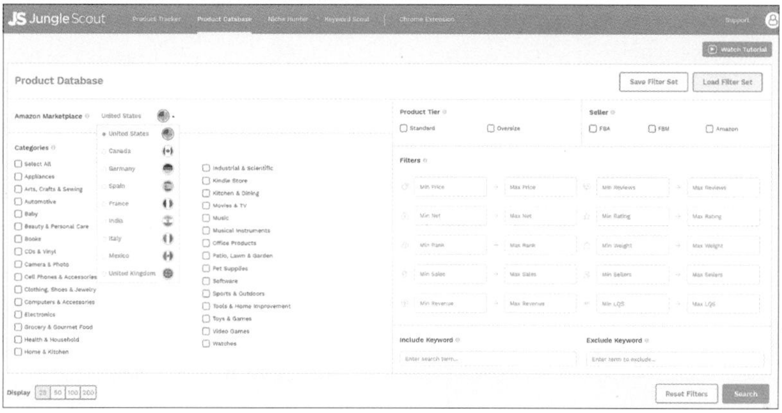

다음 예시는 개인적으로 추천 드리는 것이므로 참고하기 바라며 카테고리별 필터링 범위는 달라질 수 있습니다.

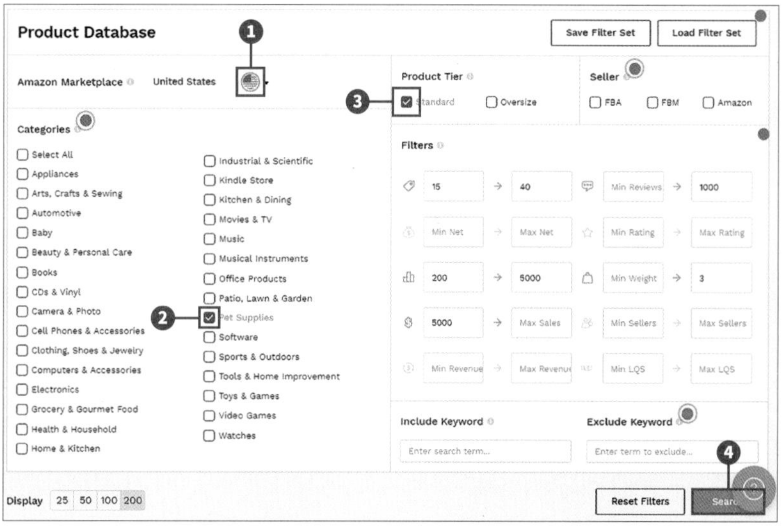

위쪽에 있는 마켓플레이스는 ❶ 미국(United States)을 선택합니다. 그런 다음 왼쪽에 있는 카테고리 중 ❷ 원하는 항목을 선택합니다(예 pet supplies). 중복 선택하면 그만큼 검색 결과가 많이 나타납니다. 오른쪽에 있는 상품 사이즈는 'Standard'를 선택합니다. 이때 'Seller'의 유형은 선택하지 않습니다. 아마존이 직접 판매한다고 해서 두려워할 필요는 없습니다. 마지막으로 필터링(Filters)할 범위를 설정합니다. 다음은 1가지 예시입니다.

- **가격**: 15 ~ 40달러
- **Sales Rank**: 200~5000
- **리뷰 수**: 1,000개까지(minimum은 표기하지 않음)
- **무게**: 최고 3파운드까지(minimum은 표기하지 않음)

위와 같이 설정한 후 [Search]를 클릭하면 잠시 후 결괏값이 나타납니다.

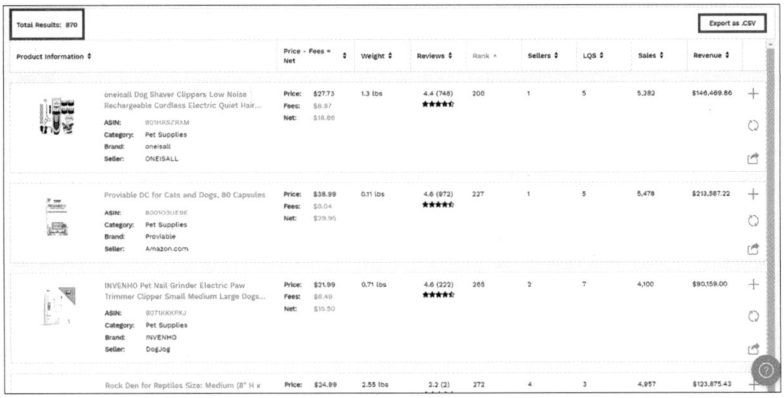

왼쪽 위에 있는 'Total Result: 870'이라는 숫자값은 위와 같은 조건으로 검색했을 때 870개의 결괏값을 보여 주는 것으로, 검색 시기와 검색 방법에 따라 달라집니다. [Product information], [price-Fee=Net], [Weight], …, [Revenue] 항목에 있는 화살표를 이용하면 필터마다 상위

차순 배열과 하위차순 배열로 결괏값을 확인할 수 있습니다. 오른쪽에 있는 [export as. CSV]를 클릭하면 다음과 같이 첫 번째 페이지에 나온 결괏값을 CSV 파일로 다운로드할 수 있습니다.

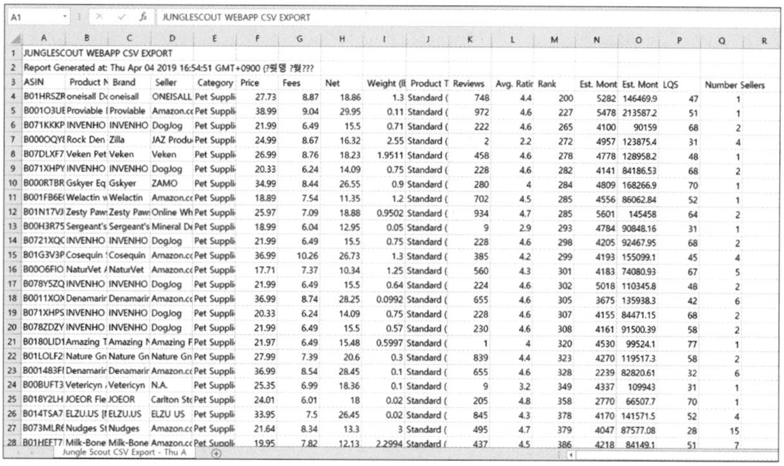

	A	B	C	D	E	F	G	H	I	J	K	L	M	N	O	P	Q	R
1	JUNGLESCOUT WEBAPP CSV EXPORT																	
2	Report Generated at: Thu Apr 04 2019 16:54:51 GMT+0900 (?쐨뎔 ?쐨???																	
3	ASIN	Product N	Brand	Seller	Category	Price	Fees	Net	Weight (lt	Product T	Reviews	Avg. Ratir	Rank	Est. Mont	Est. Mont	LQS	Number Sellers	
4	B01HRSZR	oneisall Dc	oneisall	ONEISALL	Pet Suppli	27.73	8.87	18.86	1.3	Standard (	748	4.4	200	5282	146469.9	47	1	
5	B001O3UE	Proviable (	Proviable	Amazon.cc	Pet Suppli	38.99	9.04	29.95	0.11	Standard (	972	4.6	227	5478	213587.2	51	1	
6	B071KKKP	INVENHO	INVENHO	DogJog	Pet Suppli	21.99	6.49	15.5	0.71	Standard (	222	4.6	265	4100	90159	68	2	
7	B000OQYE	Rock Den	Zilla	JAZ Produ	Pet Suppli	24.99	8.67	16.32	2.55	Standard (	2	2.2	272	4957	123875.4	31	4	
8	B07DLXF7	Veken Pet	Veken	Veken	Pet Suppli	26.99	8.76	18.23	1.9511	Standard (	458	4.6	278	4778	128958.2	48	1	
9	B071XHPY	INVENHO	INVENHO	DogJog	Pet Suppli	20.33	6.24	14.09	0.75	Standard (	228	4.6	282	4141	84186.53	68	2	
10	B000RTBR	Gskyer Eq	Gskyer	ZAMO	Pet Suppli	34.99	8.44	26.55	0.9	Standard (	280	4	284	4809	168266.9	70	1	
11	B001FB6E(	Welactin w	Welactin	Amazon.cc	Pet Suppli	18.89	7.54	11.35	1.2	Standard (	702	4.5	285	4556	86062.84	52	1	
12	B01N17VJ	Zesty Paw:	Zesty Paw:	Online Wh	Pet Suppli	25.97	7.09	18.88	0.9502	Standard (	934	4.7	285	5601	145458	64	2	
13	B00H3R75	Sergeant's	Sergeant's	Mineral D(	Pet Suppli	18.99	6.04	12.95	0.05	Standard (	9	2.9	293	4784	90848.16	31	1	
14	B0721XQC	INVENHO	INVENHO	DogJog	Pet Suppli	21.99	6.49	15.5	0.75	Standard (	228	4.6	298	4205	92467.95	68	2	
15	B01G3V3P	Cosequin :	Cosequin	Amazon.cc	Pet Suppli	36.99	10.26	26.73	1.3	Standard (	385	4.2	299	4193	155099.1	45	4	
16	B00O6FIO	NaturVet /	NaturVet	Amazon.cc	Pet Suppli	17.71	7.37	10.34	1.25	Standard (	560	4.3	301	4183	74080.93	67	5	
17	B078Y5ZQ	INVENHO	INVENHO	DogJog	Pet Suppli	21.99	6.49	15.5	0.64	Standard (	224	4.6	302	5018	110345.8	48	2	
18	B0011XOX	Denamarir	Denamarir	Amazon.cc	Pet Suppli	36.99	8.74	28.25	0.0992	Standard (	655	4.6	305	3675	135938.3	42	6	
19	B071XHPS	INVENHO	INVENHO	DogJog	Pet Suppli	20.33	6.24	14.09	0.75	Standard (	228	4.6	307	4155	84471.15	68	2	
20	B078ZDZY	INVENHO	INVENHO	DogJog	Pet Suppli	21.99	6.49	15.5	0.57	Standard (	230	4.6	308	4161	91500.39	58	2	
21	B0180LID1	Amazing T	Amazing N	Amazing F	Pet Suppli	21.97	6.49	15.48	0.5997	Standard (	1	4	320	4530	99524.1	77	1	
22	B01LOLF2	Nature Gn	Nature Gn	Nature Gn	Pet Suppli	27.99	7.39	20.6	0.3	Standard (	839	4.4	323	4270	119517.3	58	2	
23	B001483FI	Denamarir	Denamarir	Amazon.cc	Pet Suppli	36.99	8.54	28.45	0.1	Standard (	655	4.6	328	2239	82820.61	32	6	
24	B00BUFT3	Vetericyn ,	Vetericyn	N.A.	Pet Suppli	25.35	6.99	18.36	0.1	Standard (	9	3.2	349	4337	109943	31	1	
25	B018Y2LH	JOEOR Fle	JOEOR	Carlton Stc	Pet Suppli	24.01	6.01	18	0.02	Standard (	205	4.8	358	2770	66507.7	70	1	
26	B014TSA7	ELZU.US [I	ELZU.US	ELZU US	Pet Suppli	33.95	7.5	26.45	0.02	Standard (	845	4.3	378	4170	141571.5	52	4	
27	B073MLR6	Nudges St	Nudges	Amazon.cc	Pet Suppli	21.64	8.34	13.3	3	Standard (	495	4.7	379	4047	87577.08	28	15	
28	B01HEFT7	Milk-Bone	Milk-Bone	Amazon.cc	Pet Suppli	19.95	7.82	12.13	2.2994	Standard (	437	4.5	386	4218	84149.1	51	7	

주황색으로 표시된 검색 결과 항목 중 [상품 이름], [ASIN], [Fees], [Net] 항목을 클릭하면 그에 따른 결괏값을 확인할 수 있습니다. 상품 이름을 클릭하면 아마존 상품 페이지로 넘어갑니다.

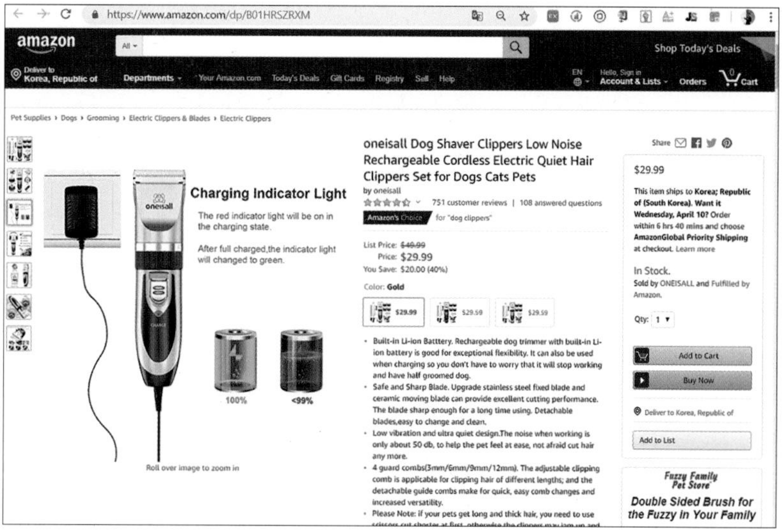

정글스카우트 화면상의 [ASIN]을 클릭하면 다음과 같이 상품 키워드에 대한 정보를 볼 수 있습니다.

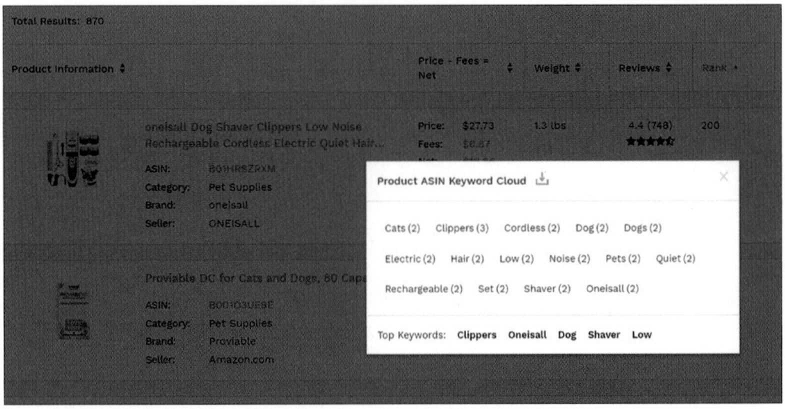

[Fees]를 클릭하면 현재 상품에 대한 FBA 수수료, 판매 수수료에 대한 정보를 얻을 수 있습니다.

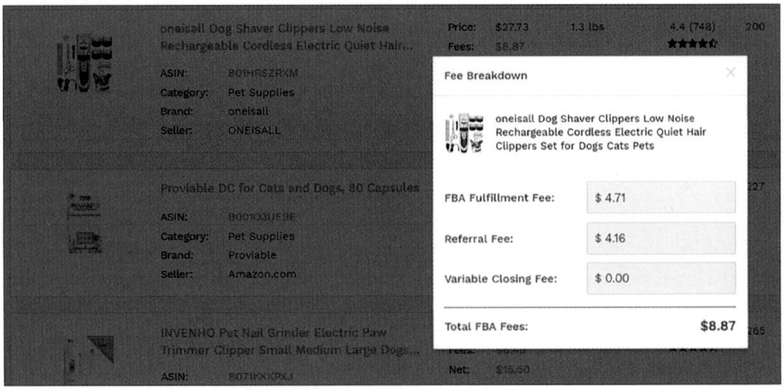

[Net]을 클릭하면 다음과 같이 FBA 수익 계산기 창이 나타나는데, 여기서 나의 상품을 적용하면 예상 수익을 계산할 수 있습니다. 이 상품의 경우 상품이 거의 동일한 조건에서 25달러에 판매하고 상품 원가가 4달러인 경우 예상 수익은 12.13달러라는 것을 보여 줍니다.

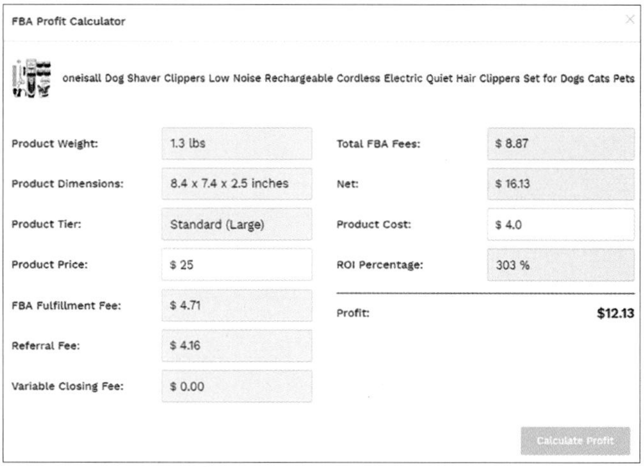

정글스카우트 결과 창의 오른쪽에 있는 '+'를 클릭하면 [Product Tracker] 항목으로 이동합니다. 정글스카우트 웹앱 스타트업의 경우, 상품을 40개까지 추가할 수 있습니다.

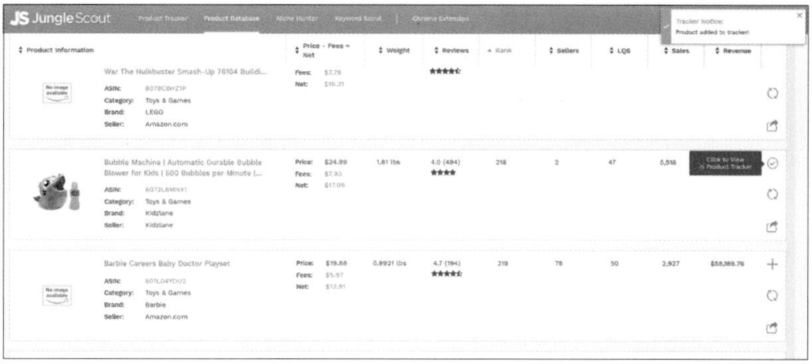

내가 추가한 상품을 확인하려면 왼쪽에 있는 ❶ [Find Products]를 클릭한 후 ❷ [Product Tracker]를 클릭합니다. 이때는 'Date Range'를 최장 60days로 설정해야 합니다.

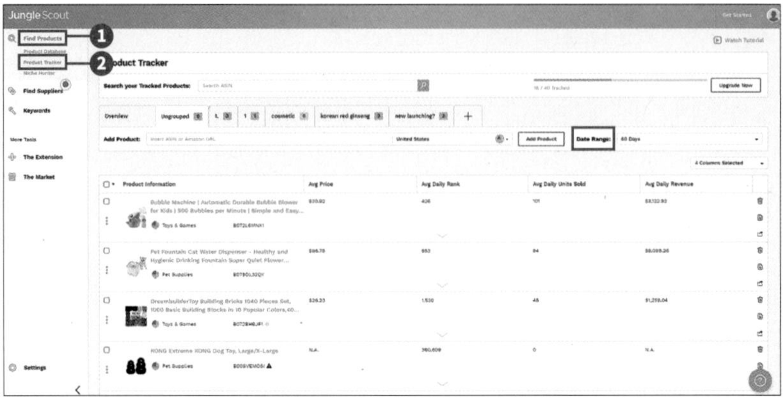

선택한 상품 항목에 있는 ⌄를 클릭하면 다음과 같은 화면이 나타납니다. 다음 그래프에서는 60일 간의 재고 현황, 평균 판매 수량, 세일즈 랭크, 가격 등과 같은 다양한 정보를 바탕으로 경쟁력 있는 상품 여부를 판단할 수 있습니다.

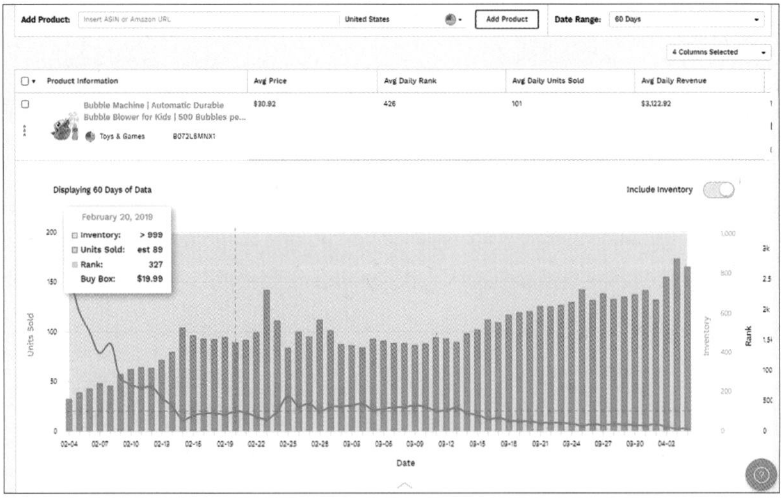

경쟁 상품 추가를 통한 상품 수요 파악 및 경쟁력 분석하기

이렇게 분석한 상품을 아마존에 판매할 경우, 경쟁력이 있는지를 판단하기 위해서는 각 상품에 대한 경쟁력을 점검해 봐야 합니다. 우선 경쟁 아마존셀러가 얼마나 많은지, 어느 정도의 가격대로 판매하고 있는지 등을 2차로 점검해 상품에 대한 수요를 파악하고 이 상품을 아마존에서 판매하면 경쟁력이 있는지 여부를 분석해야 합니다.

이를 위해서는 앞에서 필터링해서 나온 제품을 클릭해 아마존 상품 페이지에서 메인 키워드를 찾고 다시 정글스카우트에 해당 키워드만으로 검색해 본인이 판매할 만한 경쟁력이 있는지를 파악해야 합니다. 정글스카우트 화면에서 다음과 같은 순서대로 진행합니다.

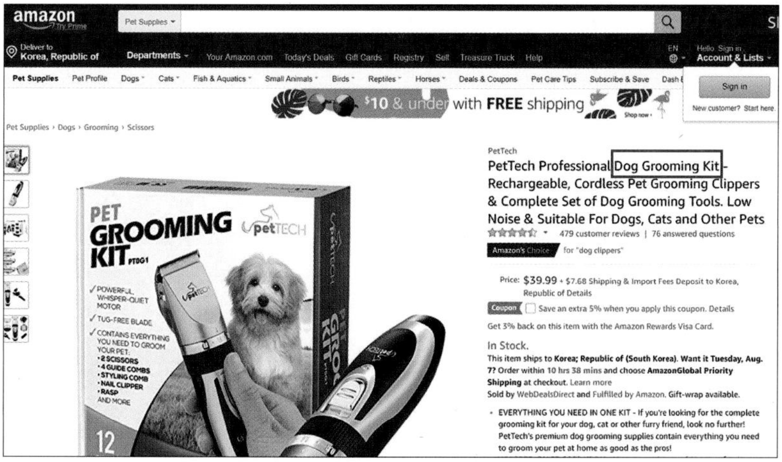

해당 제품 페이지의 제목(타이틀)에서 메인 키워드를 찾습니다(예 Dog Grooming kit).

정글스카우트 화면에서 다음과 같은 절차대로 진행합니다.

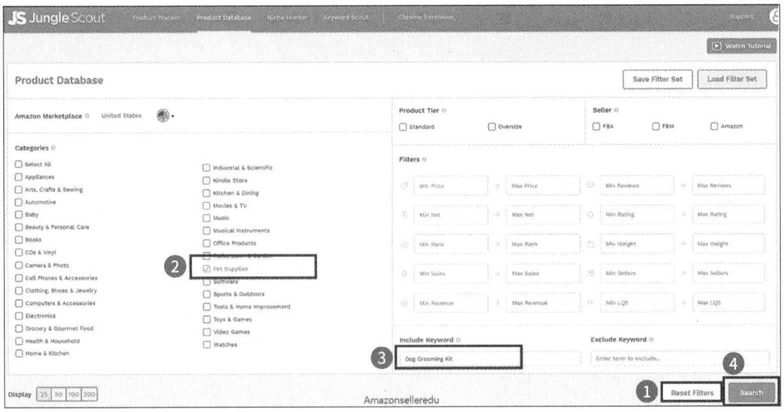

❶ [Product Database] 항목을 클릭한 후 아래쪽에 있는 [Reset Filter]를 클릭합니다.
❷ 해당 상품의 카테고리를 선택합니다.
❸ 상품의 메인 키워드를 [Include Keyword] 항목에 입력합니다.
❹ [Search]를 클릭해 결괏값을 확인합니다.

결괏값에서 [Rank]를 클릭해 랭킹이 낮은 순으로 배열합니다. 경우에 따라 최초에 선택한 것과 전혀 다른 상품이 나타나기도 합니다. 이때는 상품의 이미지나 직접 그 상품을 클릭해 확인해 보고 다른 상품은 경쟁 상품으로 선택하지 않습니다.

이렇게 찾은 결괏값 중에서 상위 3~4개의 각 제품 이미지에 마우스 커서를 올려놓고 마우스 오른쪽 버튼을 클릭해 제품의 URL 주소를 복사

한 다음, 가격, BSR 등을 각각 엑셀 파일에 정리합니다. 이후 알리바바에서 검색한 결괏값, 원가 등의 항목을 추가해 단순 순이익 등을 계산하면 제품의 판매 여부를 결정할 수 있습니다.

No.	Category	Keyword	PRODUCT URL1	PRODUCT URL 2	PRODUCT URL 3	알리바바 URL	Price	BSR1	BSR 2	BSR 3	Reviews1	Reviews 2	Reviews 3	Estimated Cost	Estimated Profit Margin
1	Pet Supplies	Dog Groomig Kit(clippers)	http://www.amazon.co	http://www.amazon.c	http://www.amazon.	https://goo.gl/rgpYI	$39.99	229	295	1624	479	1633	134	$12.00	$27.99
2	Pet Supplies	water dispenser for pet	http://www.amazon.co	http://www.amazon.c	http://www.amazon	https://goo.gl/Je1vx	$29.99	1162	1706	5822	368	599	101	$9.50	$20.49
3	Patio,lawn and	couch cover plastic bag	http://www.amazon.com/dp/B075DPKKVV												$0.00
4		bug zapper racket	http://www.amazon.com/dp/B076CL94FF												$0.00
5	Pet Supplies	anti-bark collar	https://goo.gl/Uex2b1	https://goo.gl/aydb4	https://goo.gl/qV2YZF		$29.99	343	368	1048	644	701	963		$29.99
6		dog cooling pad, Mat	https://goo.gl/5fdrBc	https://goo.gl/miFzA	https://goo.gl/cyHkLZ		$59.99	3589	3883	4983	444	1676	136	$2.75	$57.24
7	baby	diaper bag	https://goo.gl/zNU9EH				$29.99	828			22				$29.99
8															$0.00
9	Pet Supplies	Can Opener	http://www.amazon.com/dp/B01KHD0OE6				$24.89	287			1				$24.89
11		pet nail grinder	https://goo.gl/PsMFS0	https://goo.gl/yucfo8	http://www.amazon.com/dp/B074FW8H		$22.99	126	434	1381	2617	10	213	$7.00	$15.99
12		led dog leash	https://goo.gl/V7WEM3				$24.99	8803			729				$24.99
		led dog leash	[illegible]	https://goo.gl/VbESn	https://goo.gl/eMfVPF		$18.99	24.99	9165	11186	3753	729	53		$18.99
13		pet travel carrier	https://goo.gl/1LeaSz												$0.00
14		dog grooming kit	https://goo.gl/PrmiGV	https://goo.gl/sEMHE	https://goo.gl/TQRF2Z		$17.99	875	907	1123	52	1788	737	$5.00	$12.99
15															$0.00
16	home & Kitche	Lighted Makeup Mirror	https://goo.gl/3r7L4a				$27.93	3363			421				$27.93
16	home & Kitche	Lighted Makeup Mirror	https://goo.gl/3rKb9H	https://goo.gl/7aTnk	https://goo.gl/iZrva	https://goo.gl/Kr6iyf	$22.99	679	1475	1516	1349	708	96	$6.00	$16.99
17	home & Kitchen		https://goo.gl/RvcVTu				$23.99	4508			651				$23.99
18	home & Kitchen														$0.00
19	home & Kitche	Container Lid Organizer	https://goo.gl/Nd8o2r	https://goo.gl/CXYHJo			$19.99	1548			46				$19.99

이렇게 정리된 항목은 추천 카테고리별 경쟁 제품 BSR을 참조해 아마존에서 판매 여부를 체크하시기 바랍니다.

카테고리	경쟁 제품 BSR	카테고리	경쟁 제품 BSR
Arts & Crafts	150 ~ 6,000	Tool, Home Improvements	200 ~ 20,000
Automotive Parts	150 ~ 10,000	Industrial	150 ~ 5,000
Baby	150 ~ 6,000	Kitchen & Dining	200 ~ 16,000
Beauty	220 ~ 20,000	Musical Instruments	150 ~ 2,000
Cell Phones Accessories	200 ~ 10,000	Office Products	200 ~ 12,000
Computers Accessories	150 ~ 1,700	Patio, Lawn and Garden	200 ~ 14,000
Electronics	200 ~ 6,000	Pet Supplies	200 ~ 10,000
Grocery and Gourmet Food	250 ~ 15,000	Sports and Outdoors	200 ~ 10,000
Health & Household	250 ~ 20,000	Toys and Games	200 ~ 20,000
Home and Kitchen	200 ~ 40,000		

정글스카우트를 통해 분석한 제품들 중 적어도 3개 이상의 제품들이 범위 안에 있다면 충분히 경쟁력 있는 상품이라고 판단됩니다. 그러나 초보 아마존셀러라면 다음과 같은 결괏값이 나올 경우 다른 상품을 찾아보시기 바랍니다.

- 2개 이상의 경쟁 상품들의 랭킹이 너무 높은 경우(100위 이내)
- 2개 이상의 경쟁 상품들의 리뷰가 1,000개 이상인 경우
- 상위 2명 이외 3~5번째 다른 아마존셀러의 판매 가격이 터무니없이 낮은 경우

이렇게 찾은 결괏값을 엑셀 파일에 다시 정리하고 판매할 상품을 선택하시기 바랍니다.

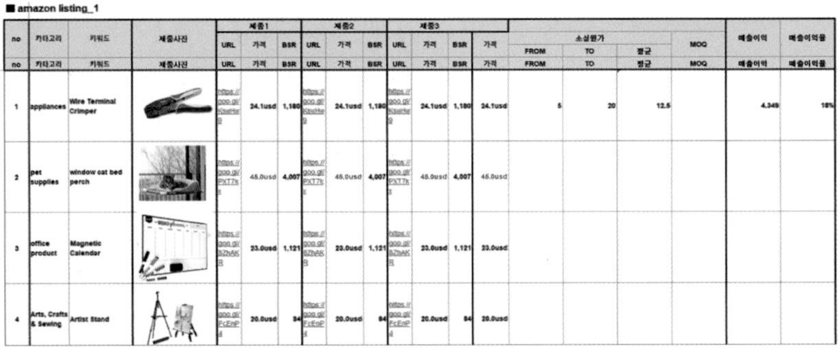

■ amazon listing_1

no	카타고리	키워드	제품사진	제품1 URL	제품1 가격	제품1 BSR	제품2 URL	제품2 가격	제품2 BSR	제품3 URL	제품3 가격	제품3 BSR	가격	소싱원가 FROM	소싱원가 TO	소싱원가 평균	MOQ	매출이익	매출이익률
1	appliances	Wire Terminal Crimper		https://goo.gl/KsaHe9	24.1usd	1,180	https://goo.gl/KsaHe9	24.1usd	1,180	https://goo.gl/KsaHe9	24.1usd	1,180	24.1usd	5	20	12.5		4,349	18%
2	pet supplies	window cat bed perch		https://goo.gl/PXT7k8	45.0usd	4,007	https://goo.gl/PXT7k8	45.0usd	4,007	https://goo.gl/PXT7k8	45.0usd	4,007	45.0usd						
3	office product	Magnetic Calendar		https://goo.gl/8ZhAKR	23.0usd	1,121	https://goo.gl/8ZhAKR	23.0usd	1,121	https://goo.gl/8ZhAKR	23.0usd	1,121	23.0usd						
4	Arts, Crafts & Sewing	Artist Stand		https://goo.gl/FcEnP4	20.0usd	84	https://goo.gl/FcEnP4	20.0usd	84	https://goo.gl/FcEnP4	20.0usd	84	20.0usd						

JungleScout Keyword Scout 활용하기

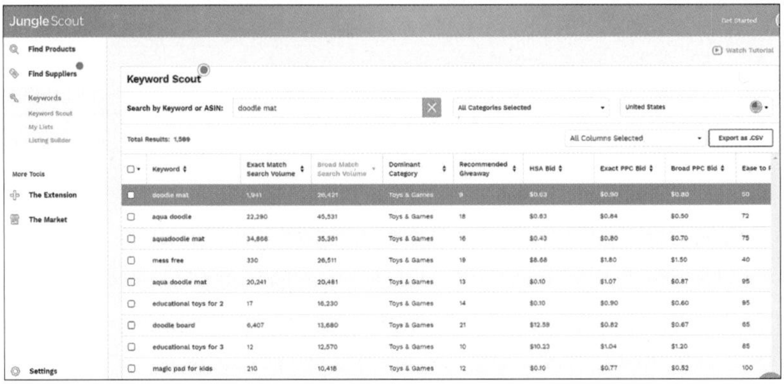

Keyword	Exact Match Search Volume	Broad Match Search Volume	Dominant Category	Recommended Giveaway	HSA Bid	Exact PPC Bid	Broad PPC Bid	Ease to …
doodle mat	1,941	26,421	Toys & Games	9	$0.63	$0.90	$0.80	50
aqua doodle	22,290	45,531	Toys & Games	18	$0.63	$0.84	$0.50	72
aquadoodle mat	34,868	35,361	Toys & Games	16	$0.43	$0.80	$0.70	75
mess free	330	26,511	Toys & Games	19	$8.68	$1.80	$1.50	40
aqua doodle mat	20,241	20,481	Toys & Games	13	$0.10	$1.07	$0.87	95
educational toys for 2	17	16,230	Toys & Games	14	$0.10	$0.90	$0.60	95
doodle board	6,407	13,680	Toys & Games	21	$12.59	$0.82	$0.67	65
educational toys for 3	12	12,570	Toys & Games	10	$10.23	$1.04	$1.20	85
magic pad for kids	210	10,418	Toys & Games	12	$0.10	$0.77	$0.52	100

왼쪽에 있는 [Keywords]-[keyword Scout]를 클릭한 후 오른쪽에 있는 'Search by keyword or ASIN' 검색 창에 검색하고자 하는 상품 이름 또

는 'ASIN'을 입력하고 돋보기를 클릭하면 위 그림에서 보는 바와 같이 관련된 상품에 사용된 키워드와 관련된 정보를 볼 수 있습니다. 이를 통해 메인 키워드와 관련된 키워드, 키워드별 검색량, 카테고리, giveaway 추천 수량, PPC 광고 시 적용 입찰 단가 등에 대한 정보를 확인할 수 있고 이 정보를 상품 리스팅을 할 때 활용할 수 있습니다.

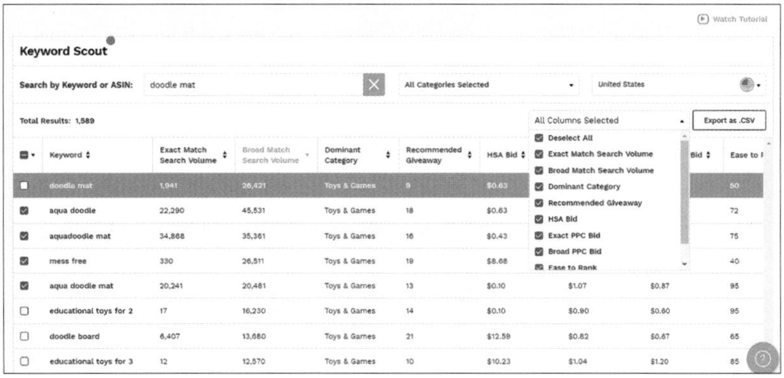

정글스카우트 웹앱의 해지를 원할 경우의 절차는 다음과 같습니다.

정글스카우트 웹앱 정지 및 해지

오른쪽의 ❶ 사람 모양을 클릭한 후 ❷ [Setting]을 클릭하고 ❸ 'Subscription'을 입력한 다음 [Renewal Period] 항목의 ❹ [Cancel]을 클릭하면 월정액을 해지할 수 있습니다. 나중에 필요할 때 최초 가입 시의 방식과 동일하게 재가입해 사용할 수 있습니다.

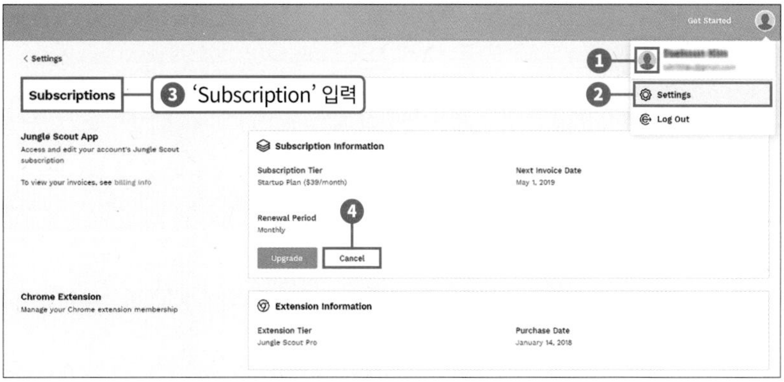

PLUS

추가 항목 소개

왼쪽에 있는 ❶ [More Tools]를 클릭한 후 ❷ [The Extension]을 클릭하면 나타나는 화면의 중간에 있는 [Kickstart Your Amazon Selling Journey!] 항목의 ❸ [JungleScout University]를 클릭하면 다음과 같이 무료로 이용할 수 있는 툴과 유용한 유·무료 교육 자료를 얻을 수 있습니다.

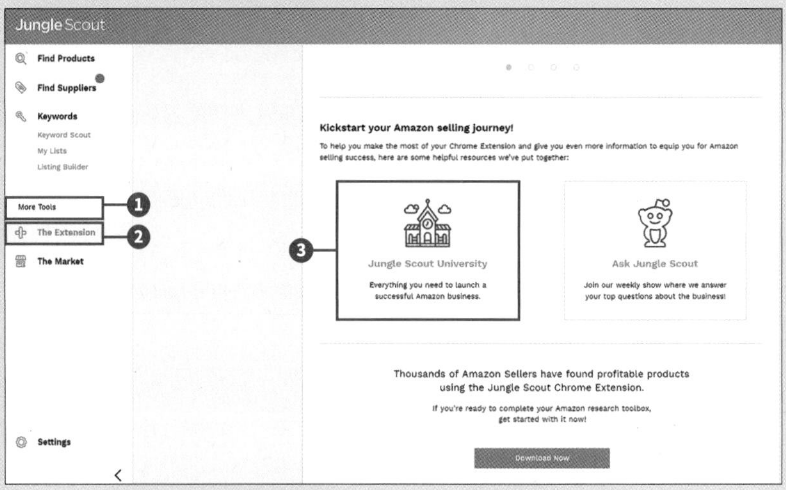

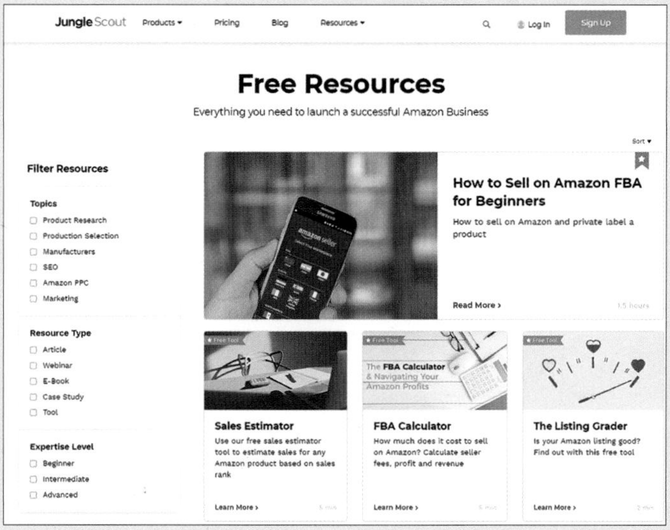

위 이미지는 아마존에서 특정 카테고리에서 특정 순위를 지정할 경우 한달 간의 판매량에 대한 정보를 보여 줍니다(예 베스트 아마존셀러 랭크 순위 500 / 아마존 미국 시장 선택 / 장난감 & 게임 카테고리를 지정한 후 [Calculate Sales]를 클릭한 결괏값인 2,430으로 장난감 & 게임 카테고리에서 500 등의 경우, 한 달에 2,430개를 판매한다는 결과를 보여 줍니다.)

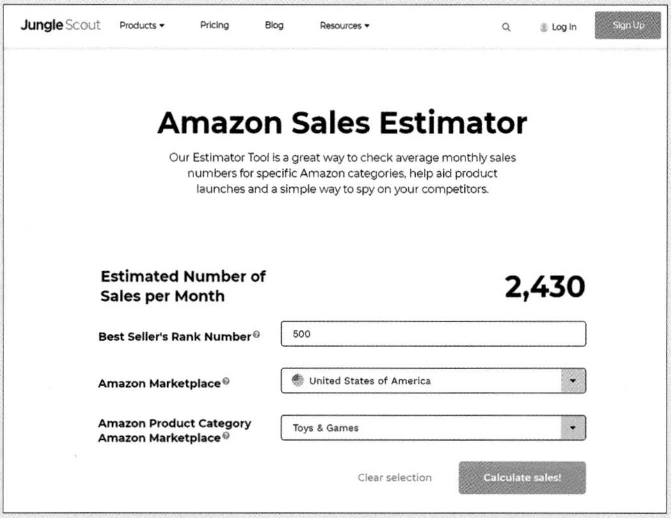

이 밖에도 정글스카우트 유·무료 콘텐츠를 활용해 아마존셀링에 큰 도움을 받으시길 바랍니다.

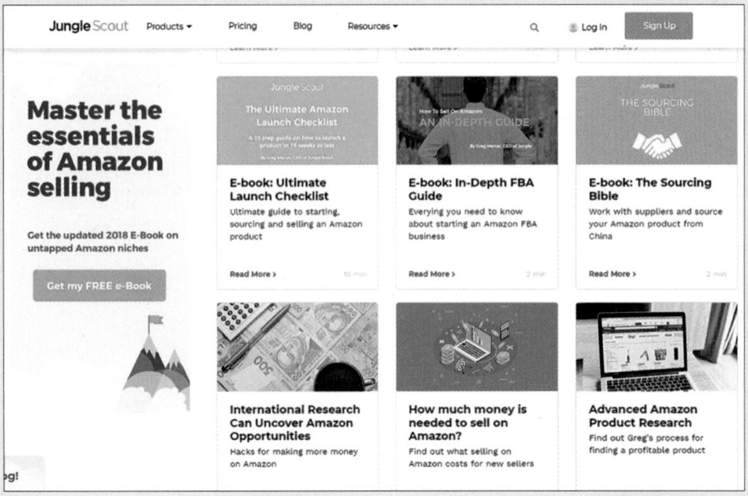

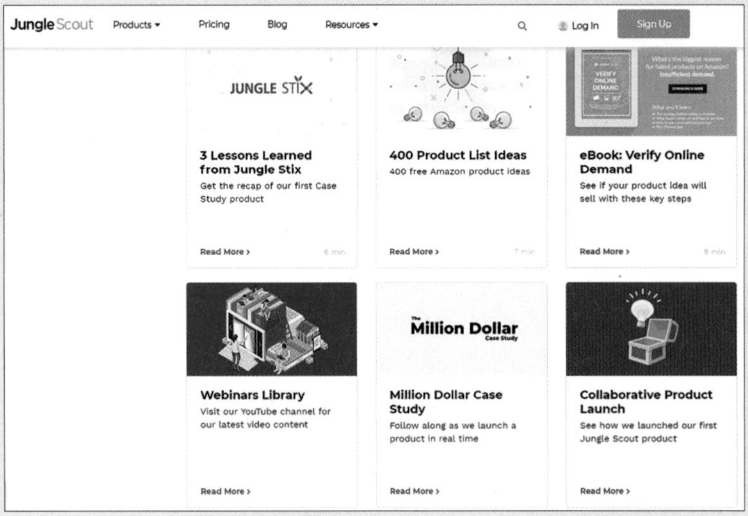

무작정 따라하기

JungleScout Chrome Extension을 활용해 경쟁력 있는 상품을 찾는 방법

JungleScout Chrome Extension은 1회 결제로 평생 사용할 수 있습니다. 라이트 버전과 프로 버전을 잘 비교해 구매하기 바랍니다. 구매 방법은 웹앱과 동일하므로 설명을 생략합니다. 평생 한 번만 결제하면 되기 때문에 나중에 해지할 필요가 없습니다.

JungleScout Chrome Extension에서 할인되는 링크는 네이버나 구글 검색창에서 '정글스카우트 할인'으로 검색하면 쉽게 확인할 수 있습니다.

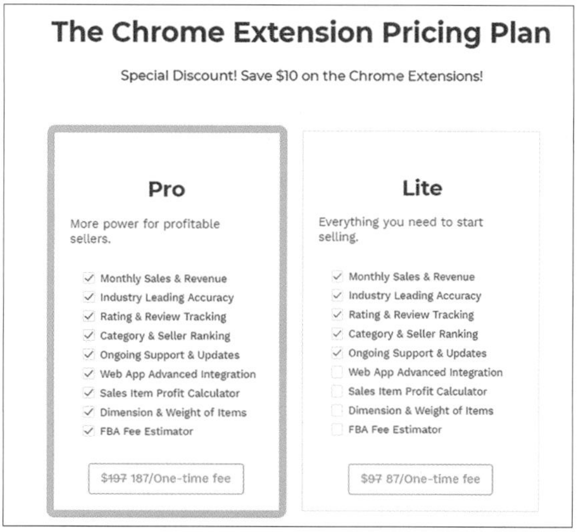

JungleScout Chrome Extension 버전에 가입하면 보는 확장 프로그램이 설치돼 있는 것을 볼 수 있습니다. 크롬 창의 오른쪽에 있는 ❶ ⋮ 을 클릭한 후 ❷ [도구 더 보기]를 클릭하고 ❸ [확장 프로그램]을 선택해도 설치 여부를 확인할 수 있습니다.

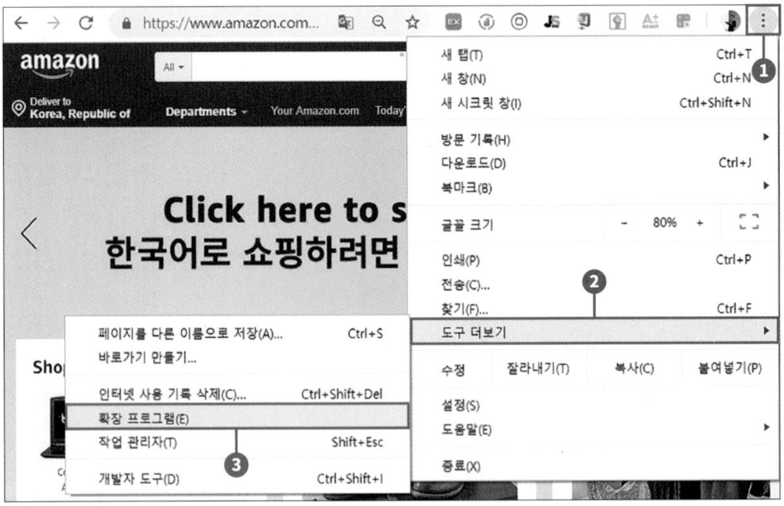

지금부터 jungleScout Chrome Extension을 활용해 경쟁 상품을 찾아보겠습니다. jungleScout Chrome Extension은 웹앱 버전과 달리, 아마존 화면에서 시작합니다.

① 아마존(www.amzon.com) 홈페이지에 접속합니다. 이때 아마존에 로그인돼 있다면 로그아웃하기 바랍니다. 왜냐하면 아마존에서 상품을 검색할 때 아마존이 로그인한 사람의 데이터를 기준으로 결괏값을 보여 줄 수 있기 때문에 반드시 로그아웃한 상태에서 검색해야 합니다. 로그아웃되면 'Hello, Sign in'으로 나타납니다.

② 검색 창에서 검색하고자 하는 카테고리를 선택한 후 'best seller 카테고리명'을 입력하고 오른쪽에 있는 돋보기를 클릭합니다.

- 카테고리: Home & Kitchen
- 검색어: best seller home kitchen 또는 best seller in home and kitchen

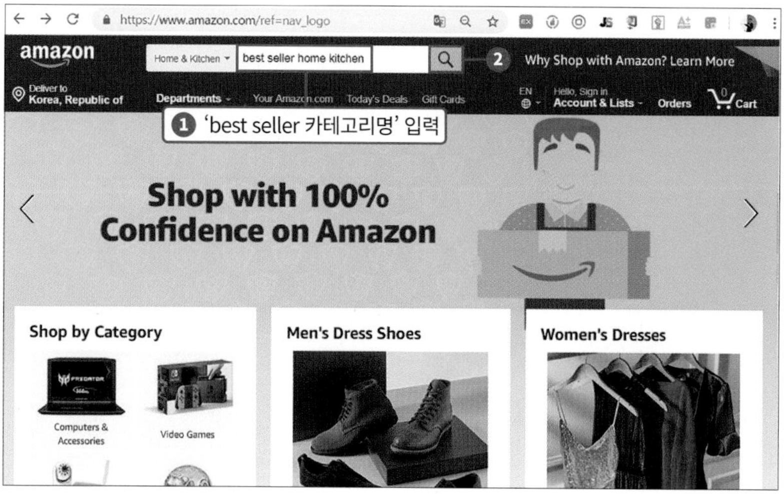

③ 검색 결괏값이 나타나면 스크롤을 내린 후 왼쪽 사이드 바에 검색하고자 하는 가격 범위를 입력하고 [Go]를 클릭합니다.

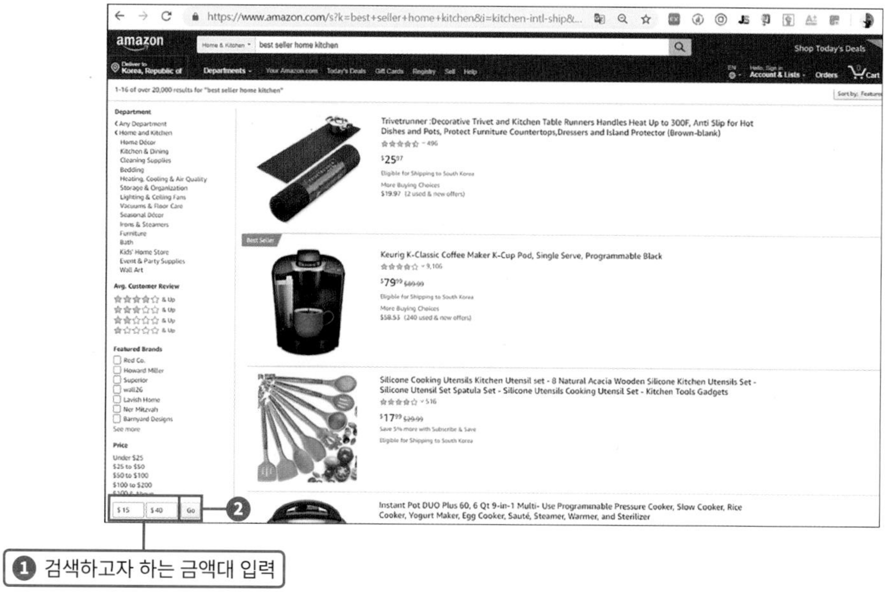

④ 페이지의 오른쪽 위에 있는 ❶ 정글스카우트 아이콘을 클릭한 후 정글스카우트 화면에서 왼쪽 위에 있는 ❷ ☰을 클릭하고 ❸ 'column'에서 필터링 조건에 ❹ 체크 표시를 합니다.

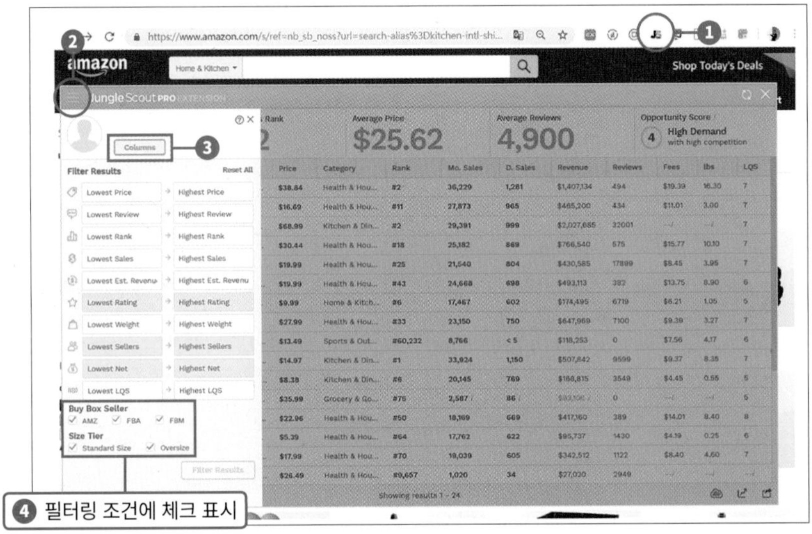

⑤ 'Display Preference'의 나타내고자 하는 항목에 체크 표시를 한 후 [Save]를 클릭하고 위쪽에 있는 [Go Back]을 클릭합니다.

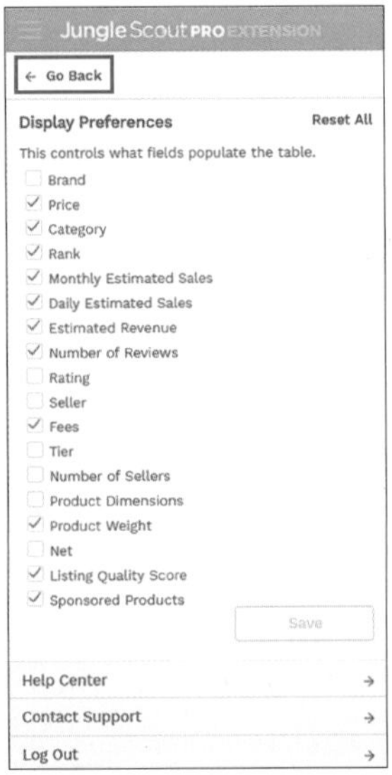

⑥ 최초 보이는 화면은 검색 첫 페이지의 결괏값이며 다음 페이지도 추출하기를 원하면 정글스카우트 화면의 아래 왼쪽에 있는 [Extract Next Page]를 클릭합니다. 그러면 페이지를 이동하지 않고도 다음 페이지의 결괏값까지 나타납니다.

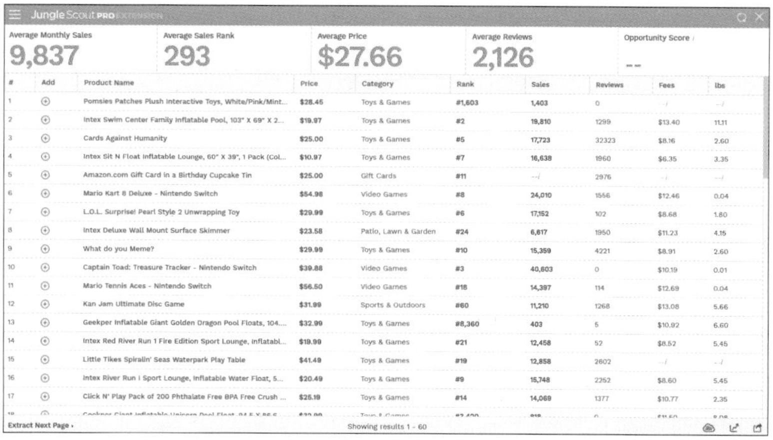

⑦ 페이지 추출을 어느 정도(최소 2~5 페이지 정도 추천) 마친 후 왼쪽 위에 있는 ❶ 을 클릭해 ❷ 'Filter Results'에 원하는 필터 항목을 입력하고 ❸ [Filter Results]를 클릭합니다.

예

- **가격 범위**: 15 ~ 40달러
- **리뷰 수**: 0 ~ 1,000
- **판매 랭킹**: 200 ~ 10,000
- **무게**: 0 ~ 3파운드

⑧ 80개의 결괏값에 필터값을 적용했더니 범위 안에 있는 상품이 12가지로 줄어들었습니다. 이렇게 페이지를 계속 추가한 후 다시 필터링하면 경쟁력 있는 상품을 찾아낼 수 있습니다. 1가지 기억해야 할 점은 'extract next page'를 통해 페이지를 추가할 경우 필터링된 값을 자동으로 보여 주는 것이 아니기 때문에 다음 페이지를 추가할 때마다 다시 필터 값을 적용해야만 반영된 결괏값이 나타난다는 것입니다. 또한 JungleScout Chrome Extension 버전은 이미지가 바로 나타나지 않기 때문에 상품 이름 위에 마우스 커서를 올려놓거나 상품을 직접 클릭해 확인해야 합니다.

JungleScout Chrome Extension을 활용해 경쟁 상품 추가를 통한 상품 수요 파악 및 경쟁력 분석하기

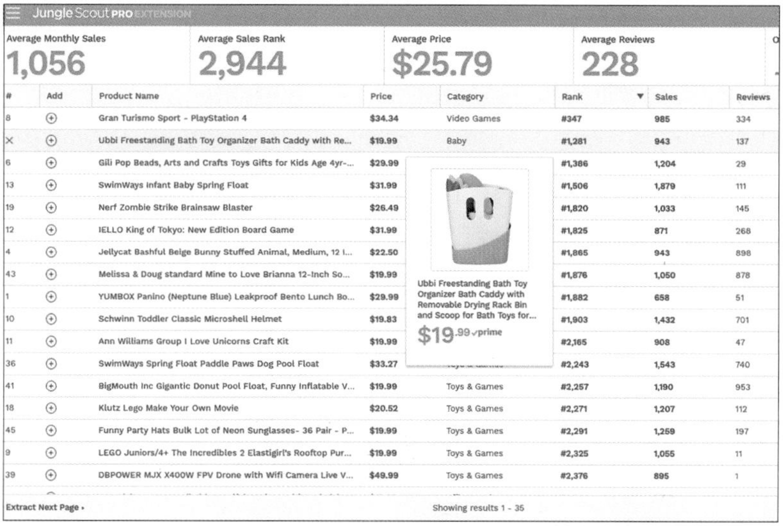

JungleScout Chrome Extension 버전에서도 이전 웹앱 버전과 마찬가지로 필터링한 후에 나온 상품을 정리한 후 경쟁 상품을 분석하기 바랍니다(JungleScout Chrome Extension과 JungleScout Pro Extension은 동일한 프로그램입니다).

예를 들어 위 결괏값에서 'Ubbi Freestanding Bath Toy Organizer…'라는 상품의 경쟁력을 파악하기 위해 상품을 선택한다면 다음과 같은 순서대로 진행해야 합니다.

① 'JungleScout Pro Extension'에서 추출한 상품을 클릭해 새로운 아마존 창에 보이는 상품의 메인 키워드를 찾습니다(상품의 메인 키워드는 'Bath Toy Organizer'라는 것을 알 수 있습니다.)

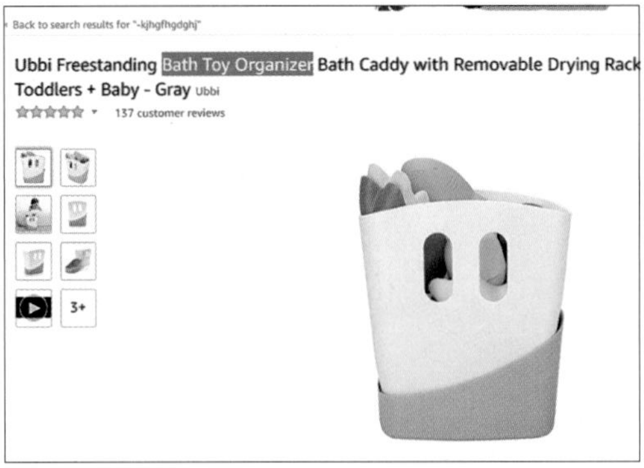

② 키워드를 복사해 새로운 아마존 창에서 ❶ 검색한 후 아마존 링크 주소 창 옆에 있는 ❷ 정글스카우트를 실행합니다(이때의 결괏값은 순전히 Bath Toy Organizer에 대한 결괏값입니다).

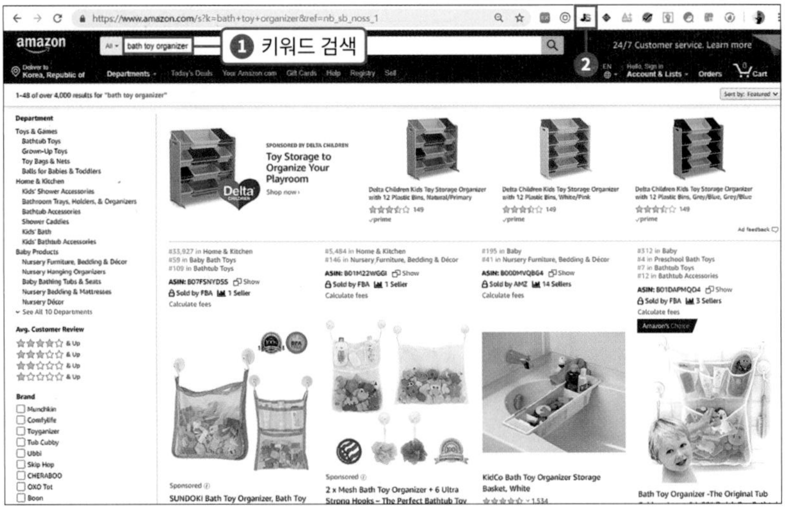

③ JungleScout 화면의 왼쪽 아래에 있는 [Extract next page]를 클릭해 2~3페이지를 추가로 불러옵니다.

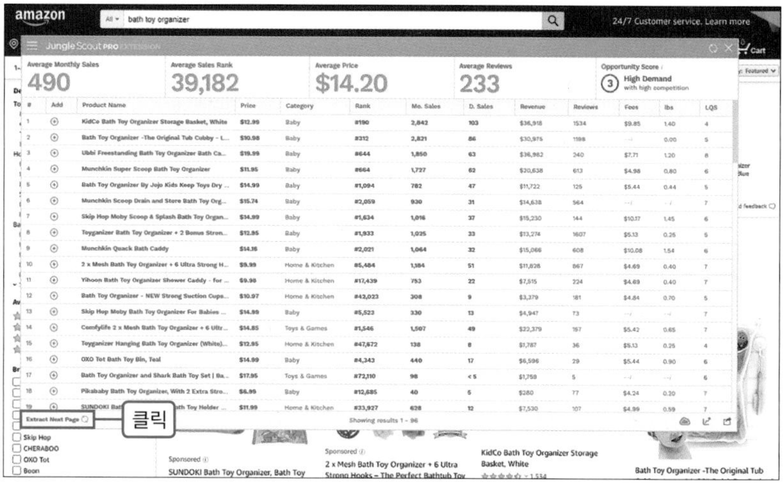

④ 결괏값에서 [Rank]를 클릭해 랭킹이 낮은 순으로 배열합니다. 보는 바와 같이 최초에 선택한 상품과 전혀 다른 상품이 나타나기도 합니다. 이때는 상품의 이미지를 클릭하거나 직접 상품을 클릭해 확인해 보고 다른 상품인 경우 경쟁 상품으로 선택하지 않습니다. 이렇게 분석한 상품들을 하나씩 분석해 정글스카우트 웹앱 버전에서 한 것처럼 엑셀 파일로 정리하고 이전에 제시한 기준대로 경쟁 상품을 선정합니다.

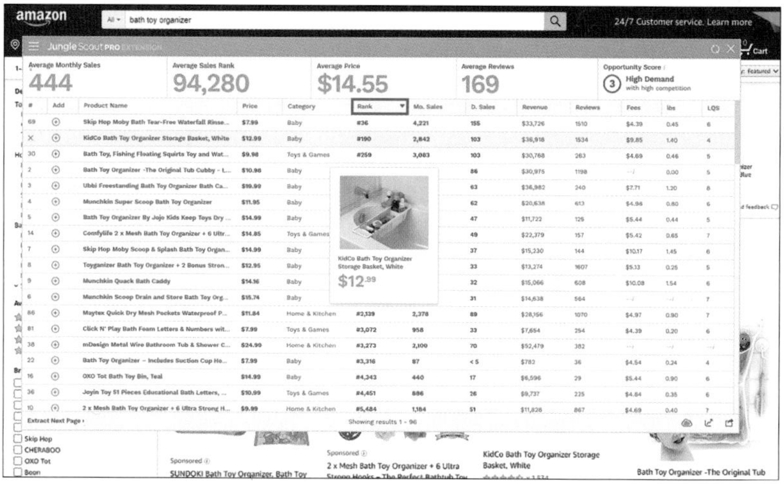

이처럼 여러 가지 경쟁 제품을 분석하고 판매하고자 하는 최종 상품 선정 과정이 매우 지루하고 인내와 끈기가 필요로 하는 만큼 이런 과정을 거쳐 선정한 상품은 여러분에게 좋은 수익을 안겨 줄 것입니다. 그러니 포기하지 말고 차근차근 진행해 보기를 바랍니다.

A	B	C	D	E	F	G	H	I	J	K	L	M	N	O	P
	Product URL	Reference	Alibaba url	Category	Price	BSR	URL 2	BSR 2	URL 3	BSR 3	Reviews	Reviews 2	Reviews 3	Estimated Cost	Estimated Profit Margin
	https://www.amazon.com/dp/B002TPRN	너무 큰 사이즈		AUTOMOT	$21.00	1942	https://www.amaz	1613	https://www.amazon.co	2222	73	83	103		$21.00
	https://www.amazon.com/dp/B00R6S0MEI			AUTOMOT	$21.97	2034	https://www.amaz	4325	https://www.amazon.co	12386	517	458	861		$21.97
	https://www.amazon.com/dp/B004VG6C	3m scotch와 비슷		AUTOMOT	$28.00	2703	https://www.amaz	2478		5643	124	182	137		$28.00
	https://www.amazon.com/dp/B01LAWO	foam cannon 동일		AUTOMOT	$18.99	4217	https://www.amaz	109	https://www.amazon.co	151	156	1991	578	$6.00	$12.99
	https://www.amazon.com/dp/B00I5YAD	t-bar water blade		AUTOMOT	$19.95	1935	https://www.amaz	7323	https://www.amazon.co	13123	387	14	96	$3.00	$16.95
set of wheel brushes	https://www.amazon.com/dp/B00L3KDU	https://www.alibaba.com/product-detail/new-des		AUTOMOT	$42.70	2217	https://www.amaz	1017	https://www.amazon.co	12292	306	94	6	$8.00	$34.70
key chain holder	https://www.amazon.com/dp/B06JOFJ	https://www.alibaba.com/product-detail/2017-ho		cellphones&	$22.93	390	https://www.amaz	1810	https://www.amazon.co	1552	2647	78	177	$2.50	$20.43
amazon choice자전거 키트 포함	https://www.amazon.com/Rechargeable-	waterproof Mini LED flashlight		tools & hon	$19.99	638	https://www.amaz	1006	https://www.amazon.co	1310	30	2765	1167	$3.50	$16.49
	https://www.amazon.com/dp/B0142IHKX	Motorcycle Cover lockhole			$19.95	256	https://www.amaz	360	https://www.amazon.co	710	141	1141	95	$1.00	$18.95
	https://www.amazon.com/dp/B01N8S73	Bamboo Deodorizer		automotive	$19.95	158	https://www.amaz	465	https://www.amazon.co	1938	363	10	552	$1.20	$18.75
	https://www.amazon.com/dp/B071WQH	car seat gap filler pocke		automotive	$16.95	303	https://www.amaz	1418	https://www.amazon.co	1835	248	29	75	$2.00	$14.95
	https://www.amazon.com/dp/B077LXC5	Rhinestone Premium Stainless Steel License P		automotive	$34.00	2667					35			$4.00	$30.00
	http://www.amazon.com/dp/B06WWRF8	waterproof suv cover		automotive	$39.99	1074					282			$10.00	$29.99
	http://www.amazon.com/dp/B071HFTRC	Garage Wall parking Protector		automotive	$24.95	1944					89			$1.50	$23.45
	http://www.amazon.com/dp/B000N478A	500ml wash bottles		automotive	$31.40	2147					15			$1.80	$29.60
	http://www.amazon.com/dp/B01N41FD1	Car Seat Organizer		automotive	$22.97	604					310			$4.00	$18.97

JungleScout Pro Extension을 이용해 관련 키워드 찾아보기

JungleScout Pro Extension 실행 창의 오른쪽 아래에 있는 ❶ 구름 모양(Associated Keyword)을 클릭하면 메인 키워드와 연관된 키워드와 그 횟수에 대한 결괏값을 볼 수 있고 오른쪽 위에 있는 ❷ [⤓]를 클릭하면 그 결괏값을 저장할 수 있습니다. 이 연관된 키워드들은 상품을 아마존에 리스팅(등록)할 경우에 유용합니다.

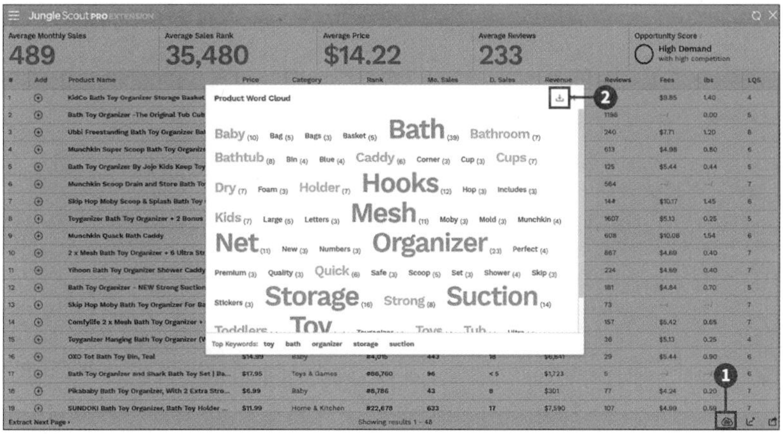

bath Toy Organizer 관련 키워드 결괏값

Words-Count 결괏값을 통해 관련 단어별 사용 횟수 등에 대한 정보를 확인할 수 있습니다.

	A	B	C	D	E	F	G	H	I	J	K	L	M	N	O	P	Q
1	Words	Count		Words	Count		Words	Count		Words	Count		Words	Count		Words	Count
2	accessorie	2		beach	3		children	2		dots	2		floating	3		hang	6
3	adhesive	6		bear	2		classic	2		drain	3		foam	5		hanging	12
4	ages	2		big	2		cleaner	4		drilling	2		free	3		henrietta	2
5	animal	3		bin	6		clever	2		dry	7		freestandi	2		high	2
6	animals	2		blue	5		closet	2		drying	5		frog	3		hippo	2
7	apart	2		bonus	2		collection	2		drying稿?3			fun	4		hold	2
8	babies	2		book	2		colored	2		duck	2		fyy	2		holder	23
9	baby	34		boon	2		comfylife	3		durable	2		game	4		home	2
10	bag	14		bottles	2		compartm	2		early	2		games	3		hooks	17
11	bags	3		bottom	2		corner	7		easy	2		gemem	2		hop	2
12	bag稿?3			boys	5		coxy	2		eco	2		gift	3		ideal	2
13	balls	3		bpa	2		cubby	3		educationa	3		gifts	2		ilearn	2
14	base.	2		brush	2		cup	2		elbow	2		girls	4		inc.	2
15	basket	9		caddy	17		cups	5		elbows	2		golden	2		included	3

JungleScout Pro Extension 결괏값 파일 다운로드

가장 오른쪽에 있는 화살표 모양을 클릭하면 다음과 같이 우리가 검색한 결괏값을 다운로드 방식에 맞게 다운로드할 수 있고 이 역시 필터링을 통해 정리할 수 있습니다.

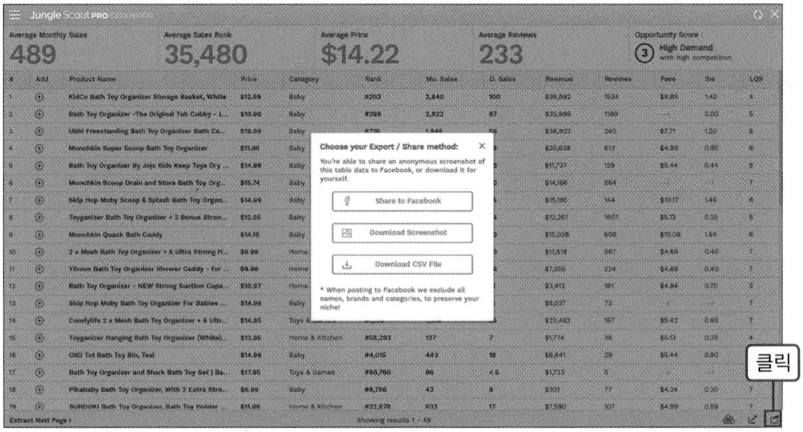

CSV 파일 다운로드 결괏값

Search term of Bath toy organizer 결괏값을 통해 각 제품의 정보를 확인해 볼 수 있습니다.

#	Product N	Price	D. S	Mo. Rever	Date First	Net	Rating N	Rating	Fees	Rank	Sellers	Category	Weight	ASIN	Link
2	KidCo S37	$21.95	53	$33,342	08/17/20	$8.20	12949	4.6	$13.75	2464	5	Baby	1.45 lbs	B000MVQ	https://www.amazon.com/KidCo-Organizer-Storage-Basket-White/dp/
30	iPlay iLearn	$23.99	51	$33,130	06/29/20	$14.60	1704	4.7	$9.39	3884	1	Toys & Ga	1 lbs	B07BSK77	https://www.amazon.com/iPlay-iLearn-Inflatable-Bouncing-Birthday/d
47	Baby Bath	$39.99	32	$41,630	11/21/20	$26.66	622	4.7	$13.33	3924	1	Baby	1.7 lbs	B081T544	https://www.amazon.com/Bath-Kneeler-Elbow-Pad-Rest/dp/B081T54
96	Over Door	$19.99	25	$14,793	08/12/20	$11.20	1203	4.6	$8.79	4801	1	Baby	1.21 lbs	B08FR51S	https://www.amazon.com/Over-Door-Hanging-Organizer-Storage/dp/
71	beiens Bat	$34.99	22	$35,690	05/09/20	$22.71	1211	4.7	$12.28	5305	1	Baby	1.75 lbs	B088CZYJ	https://www.amazon.com/beiens-Kneeler-Quickly-Kneeling-Organizer
40	INNOCHEI	$17.99	27	$15,291	11/07/20	$11.75	1421	4.6	$6.24	9007	1	Toys & Ga	0.3 lbs	B07FQ9PH	https://www.amazon.com/INNOCHEER-Stacking-Toddlers-Organizer-
55	Bath Toy S	$17.99	22	$13,241	05/31/20	$11.52	2824	4.7	$6.47	11126	1	Toys & Ga	0.7 lbs	B07R6BWI	https://www.amazon.com/Letters-Floating-Organizer-Catching-Toddle
89	Bessentials	$24.99	22	$20,742	09/09/20	$16.10	193	4.6	$8.89	11360	1	Toys & Ga	1.15 lbs	B098JWHS	https://www.amazon.com/BESSENTIALS-Magnet-Baby-Bath-Fishing/d
32	Bath Toys	$19.99	21	$16,512	09/26/20	$13.45	729	4.2	$6.54	11918	5	Toys & Ga	0.09 lbs	B08FY31R	https://www.amazon.com/Tracks-Bathtub-Toddlers-Shower-Children/
44	MoraBaby	$15.99	17	$6,732	08/15/20	$9.82	771	4.6	$6.17	14855	1	Toys & Ga	0.7 lbs	B08CC8SL	https://www.amazon.com/MoraBaby-Stacking-Organizer-Squirts-Float
53	JOJOOKID	$15.98	10	$5,114	06/19/20	$9.81	2637	4.7	$6.17	26514	1	Toys & Ga	0.45 lbs	B085X7DC	https://www.amazon.com/JOJOOKIDS-Pink-Bath-Toy-Organizer/dp/B
59	9 PCs Bath	$18.95	9	$2,918	08/06/20	$10.32	994	4.6	$8.63	28516	2	Toys & Ga	1.3 lbs	B07FPGL1	https://www.amazon.com/Toddlers-Waterfall-Squirter-Stacking-Organ
46	FUN LITTL	$23.99	9	$12,931	08/06/20	$14.60	789	4.8	$9.39	30973	2	Toys & Ga	1.6 lbs	B07FPCMS	https://www.amazon.com/Toddlers-Squirter-Organizer-Included-Stoc
48	GEMEM B	$15.99	4	$1,231	03/08/20	$9.82	16	4.3	$6.17	63714	1	Toys & Ga	0.52 lbs	B09PNF2R	https://www.amazon.com/GEMEM-Letters-Dinosaurs-Organizer-Todd
94	VKTCD 45	$17.99	4	$1,241	11/07/20	$11.52	59	4.7	$6.47	64317	1	Toys & Ga	0.67 lbs	B09BQ4L1	https://www.amazon.com/VKTCD-Toddlers-Bathroom-Squirter-Organ
19	Bath Toy S	$16.99	12	$5,454	12/02/20	$7.71	32	4.6	$9.28	71116	1	Home & K	1.43 lbs	B09MWDC	https://www.amazon.com/Bath-Toy-Storage-Organizer-Basket/dp/B0
23	Coxy Baby	$19.99	3	$940	03/18/20	$13.22	106	3.9	$6.77	87835	1	Toys & Ga	0.71 lbs	B08ZHGZ	https://www.amazon.com/Toy-Organizers-Storage-Tub-Storage/dp/B
57	6 Pieces 1	$22.95	2	$2,525	07/10/20	$13.08	534	4.5	$9.87	96242	2	Toys & Ga	1.9 lbs	B07FH7RD	https://www.amazon.com/Dinosaur-Figures-Playset-Perfect-Supplies/
36	Hanging B	$21.99	2	$1,275	01/01/20	$15.15	285	4.1	$6.84	96849	1	Toys & Ga	0.1 lbs	B083D54X	https://www.amazon.com/McDILS-Hanging-Organizer-Capacity-Bathr
24	MITCIEN E	$18.99	2	$1,747	08/03/20	$10.35	121	4.6	$8.64	106238	1	Toys & Ga	0.98 lbs	B097PK1S	https://www.amazon.com/MITCIEN-Organizer-Basketball-Catching-Pit
43	Young Da	$19.99	8	$3,438	10/19/20	$6.53	31	3.8	$13.46	106337	2	Home & K	1.43 lbs	B09JSD8Y	https://www.amazon.com/Young-Dance-Retractable-Accessories-Org
84	Foam Bath	$17.95	2	$790	11/28/20	$11.72	289	4.7	$6.23	109424	2	Toys & Ga	0.33 lbs	B01LYHYR	https://www.amazon.com/Educational-Bath-Toys-Boys-Girls/dp/B01L
80	Non-Toxic	$31.77	1	$2,923	10/08/20	$23.23	330	4.7	$8.54	136753	1	Toys & Ga	0.7 lbs	B07DSC43	https://www.amazon.com/Foam-Letters-Organizer-Storage-Girls/dp/B

잠깐만요

JungleScout Pro Extension을 이용해 구글 트렌드 분석하기

앞에서 설명한 구름 모양 옆의 도표 그래프를 클릭하면 다음과 같이 해당 상품의 구글 트렌드 분석 자료를 확인할 수 있습니다. 이를 통해 상품의 판매 지역, 판매 기간, 계절성 등을 판단할 수 있습니다. 우리가 상품을 1년 내내 판매하고자 하는 상품이나 계절적으로 판매할 상품을 선정하는 데 유용하게 활용할 수 있습니다.

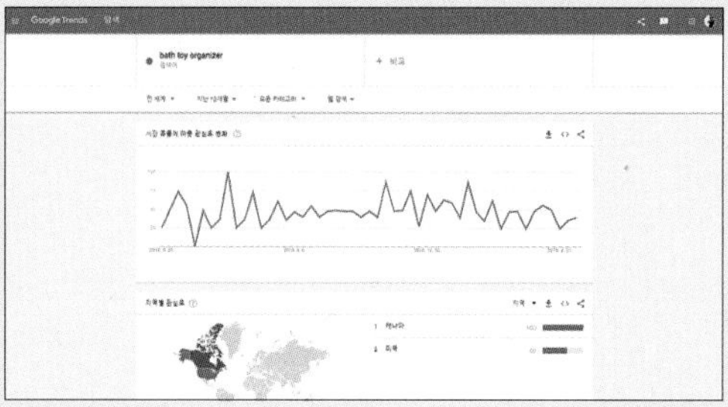

구글 트렌드를 통한 Bath toy organizer 결괏값

분석 시기를 달리해 결과를 확인할 수 있습니다.

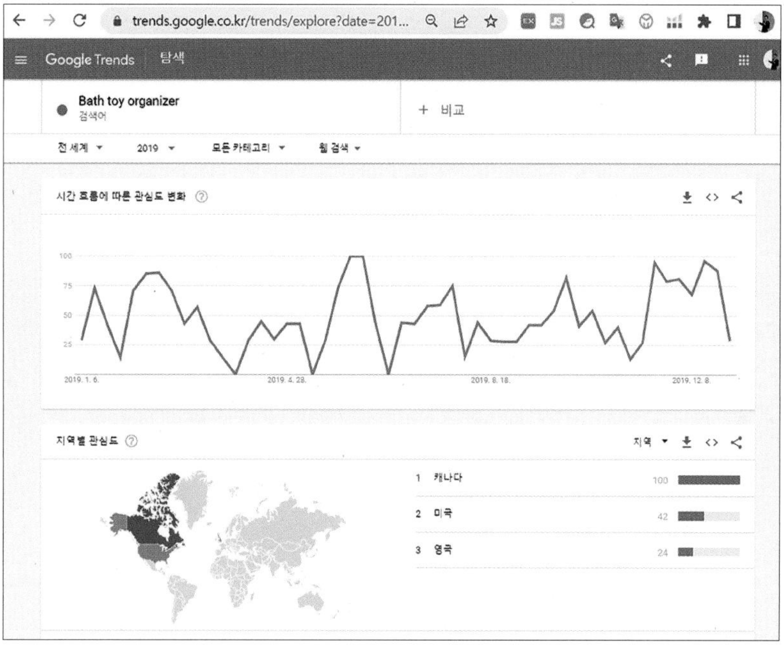

아마존에서 나의 상품을 판매하려면 당연히 나의 상품을 알리기 위해 상품 등록을 해야 합니다. 상품을 등록하는 데는 크게 다른 사람이 판매하는 기존 상품을 똑같이 판매하는 'Sell Yours' 방식과 '신규로 등록하는 방식'으로 나눌 수 있습니다. 셋째마당에서는 상품을 등록하는 방법과 함께 아마존에서 나의 상품이 잘 노출될 수 있도록 상품을 제대로 등록하는 방법과 아마존 창고로 상품을 배송하는 방법을 알아보겠습니다.

셋째 마당

상품 등록부터 배송까지

아마존셀러 무작정 따라하기

001 상품 등록하기

기존 상품 등록하기 - Sell Yours

아마존에 이미 등록돼 있는 상품을 등록하는 방법으로 'Sell Yours' 또는 'RA(Retail Arbitrage)'의 형태를 말합니다. 여기서 RA 방식은 기존에 있는 상품을 구매해 아마존에서 소매로 판매한 후 그 차액을 수익으로 얻는 형태를 말하며 온라인에서 구매한 후 아마존에서 판매하는 OA(Online Arbitrage)의 형태도 이에 속한다고 볼 수 있습니다. 'Sell Yours'의 경우 똑같은 상품을 아마존에 등록하는 것이기 때문에 판매하고자 하는 수량과 가격만 입력하는 간단한 과정으로 판매할 수 있습니다. 쉬운 과정이기 때문에 경쟁이 치열할 수밖에 없으며 노출이 잘되지 않고 수익도 적을 수밖에 없는 구조입니다.

Sell Yours로 상품을 등록하는 방법은 다음과 같습니다.

1. 아마존 검색 창에서 검색을 통해 판매하고자 하는 상품을 찾은 후 동일한 상품인지 확인하고 상품 페이지의 아래쪽에 있는 [Product Information] 항목에 있는 'ASIN 넘버(영문 숫자 코드)'를 드래그해 복사합니다.

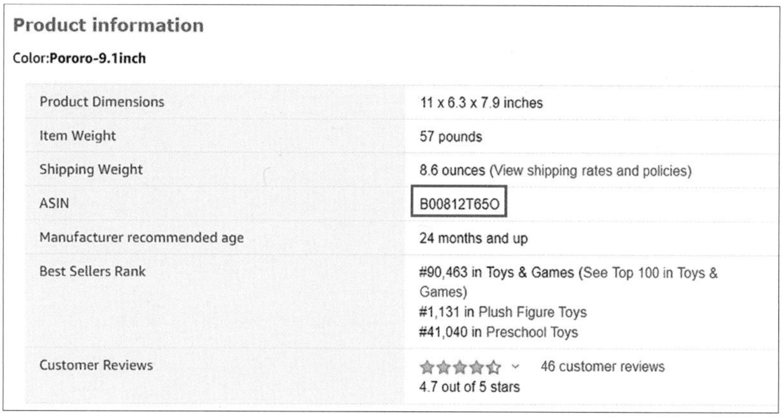
Product information

Color:**Pororo-9.1inch**

Product Dimensions	11 x 6.3 x 7.9 inches
Item Weight	57 pounds
Shipping Weight	8.6 ounces (View shipping rates and policies)
ASIN	B00812T65O
Manufacturer recommended age	24 months and up
Best Sellers Rank	#90,463 in Toys & Games (See Top 100 in Toys & Games) #1,131 in Plush Figure Toys #41,040 in Preschool Toys
Customer Reviews	46 customer reviews 4.7 out of 5 stars

2. 아마존셀러 센트럴에서 [Catalog]-[Add Products] 또는 [Inventory]-[Add a Product]를 클릭합니다.

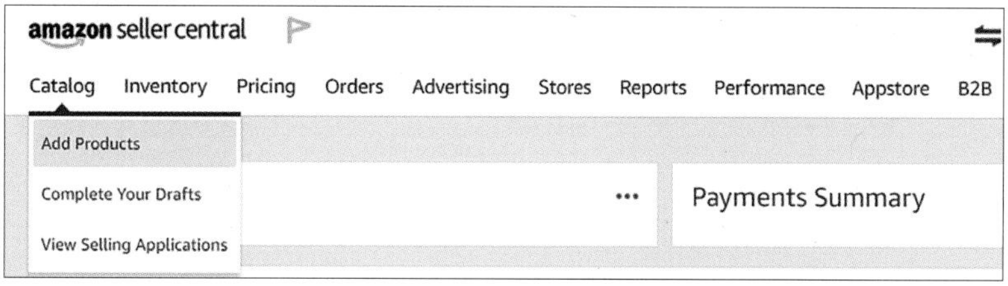

3. 'List a new product' 검색 창에 'ASIN 넘버(영문 숫자 코드)'를 붙여 넣기한 후 [Search]를 클릭합니다.

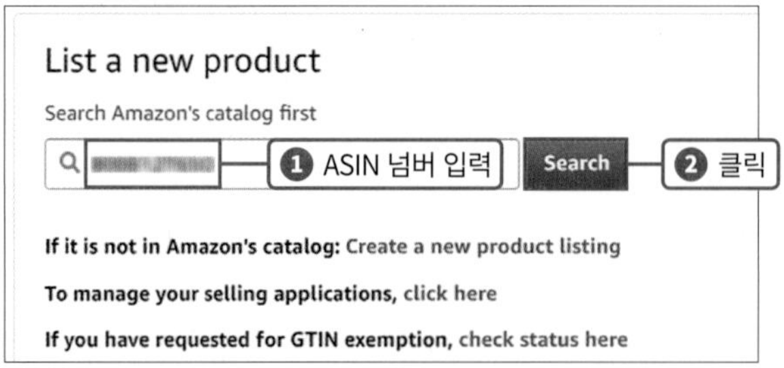

4. 검색 결과 해당 상품을 확인할 수 있습니다. 오른쪽에 있는 [Listing limitation apply]를 클릭하면 나타나는 [Sell Yours]를 클릭합니다. 간혹 'Request approval'이 나타날 경우, 카테고리 승인이 필요한 상품이기 때문에 관련 서류를 제출해야 합니다.

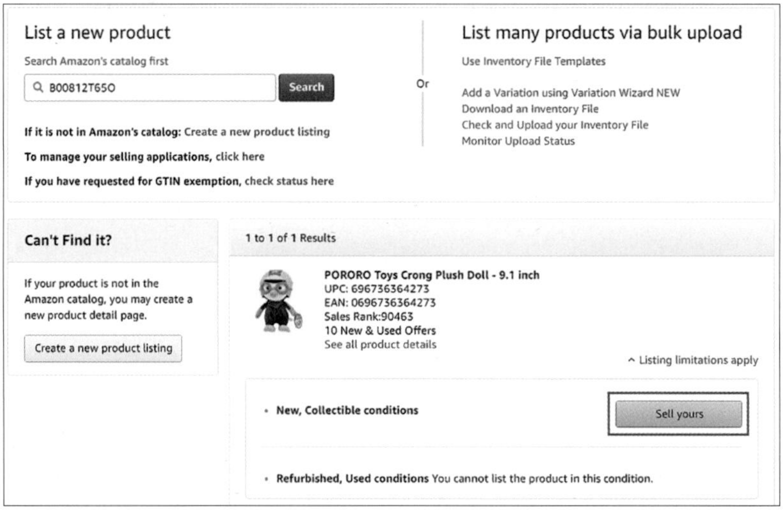

아래쪽에 있는 빨간색 * 표시는 반드시 선택해야 하거나 입력해야 하는 항목입니다. 화면 오른쪽에 있는 [Advanced View]를 클릭하면 나타나는 'Handling time'을 통해 배송 가능한 날짜를 설정한 후 입력합니다. 'Handling time'을 설정하지 않으면 기본 2일로 설정됩니다.

[Save and Finish]를 클릭하면 상품 등록이 완료됩니다.

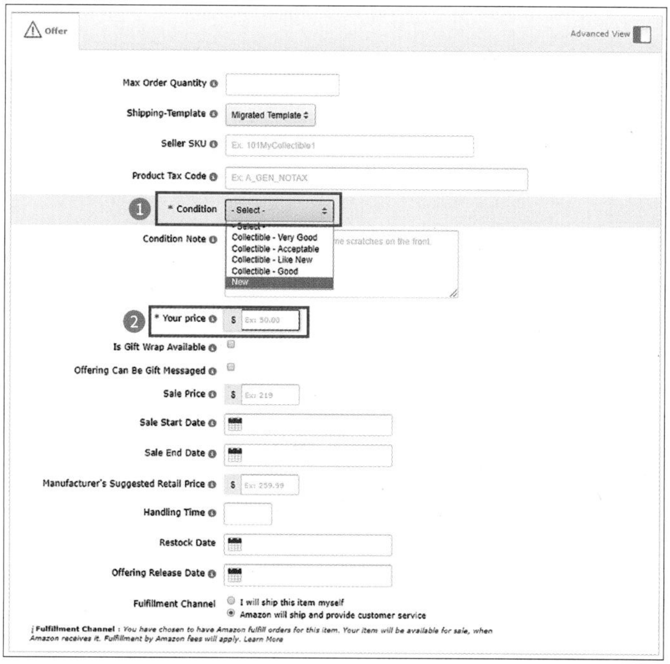

❶ **Condition**: [new]를 선택합니다.
❷ **Your Price**: 판매하고자 하는 가격을 입력합니다.

'Sell Yours'를 등록할 때는 반드시 상품 페이지의 내용을 확인해 동일한 상품인지를 판단하기 바랍니다. 간혹 기존 리스팅의 내용과 나의 상품의 차이로 인해 고객 클레임이 발생할 수도 있고 이는 곧 아마존셀러 퍼포먼스에 좋지 않은 영향을 미칠 수 있기 때문입니다. 바이박스를 차지한 아마존셀러가 임의로 내용을 수정하거나 상품 구성 등을 달리해 등록할 수 있기 때문에 위험 요소가 따를 수밖에 없는 구조입니다.

PLUS

바이박스

아마존에 상품을 등록하려면 아마존의 정책에 따라야 합니다. 아마존은 동일한 상품을 아마존 페이지에 중복 등록하는 것을 허용하지 않기 때문에 내가 판매하고자 하는 상품이 아마존에 이미 등록돼 판매되고 있는 상품과 동일하다면 나의 상품 페이지가 별도로 생성되지 않고 기존에 판매되고 있던 상품 페이지와 연결됩니다. 그리고 동일한 상품 중 1명의 아마존셀러만이 '바이박스(Buy Box)'를 차지하게 됩니다. 여기서 바이박스는 아마존 웹 페이지상에서 대표적인 상품이 된다는 것을 의미합니다. 동일한 다른 상품은 이 바이박스를 차지한 상품의 하위에 위치하게 되며 기본적으로 노출되지 않습니다.

예를 들어 '로보카 폴리'라는 장난감을 판매하는 아마존셀러가 36명이라면 그중 바이박스를 차지한 1명의 아마존셀러만이 아마존 웹 페이지에 노출되고 나머지 35명은 이 아마존셀러의 하위에 위치하게 됩니다.

다음 아마존 상품 페이지의 오른쪽에 'Add to Cart' 또는 'Buy Now'라는 항목이 포함된 박스가 바로 바이박스입니다. 'New(36) from $17.00'라는 항목에서 알 수 있듯이 바이박스를 차지한 아마존셀러를 포함한 총 36명의 아마존셀러가 최소 17달러의 판매가로 판매한다는 것을 알 수 있습니다. 또한 바이박스의 아래쪽에 있는 'Other Sellers on Amazon'에 2번째 아마존셀러부터 노출됩니다. 그마저도 36명이 모두 노출되지 않고 일부만 노출됩니다.

만약 여러분들이 고객이라면 일부러 다른 아마존셀러를 찾아 상품을 구매하지 않고 바이박스를 차지한 아마존셀러의 상품을 바로 구매할 것입니다. 바이박스의 획득 여부가 아마존셀러에게 중요한 이유는 바로 이 때문입니다.

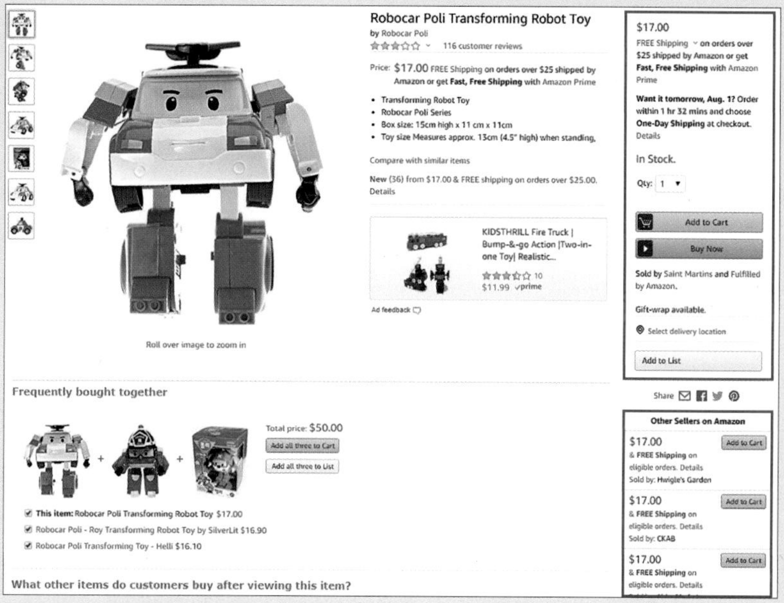

[Add to Cart]를 클릭해 상품을 구매할 수 있도록 해 주는 상품 상세 페이지 내의 기능을 말합니다. 아마존 웹 사이트가 기타 쇼핑몰과 차별화되는 점 중 하나는 바로 동일한 상품을 여러 명의 아마존셀러가 동시에 판매할 수 있다는 것입니다. 만약, 바이박스 획득 자격을 가진 1명 이상의 아마존셀러가 동시에 같은 상품을 판매할 경우, 이 아마존셀러는 바이박스를 획득하기 위해 경쟁해야 할 수도 있습니다. 아마존은 고객에게 최상의 쇼핑 경험을 제공하기 위해 아마존셀러가 바이박스 획득 자

격을 갖기 위한 최소한의 퍼포먼스 기준을 충족할 것을 요구합니다. 대부분의 경우 바이박스 획득은 매출 증가로 이어집니다.

아마존	타 온라인 쇼핑몰
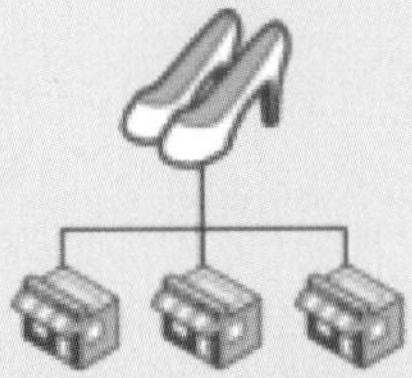	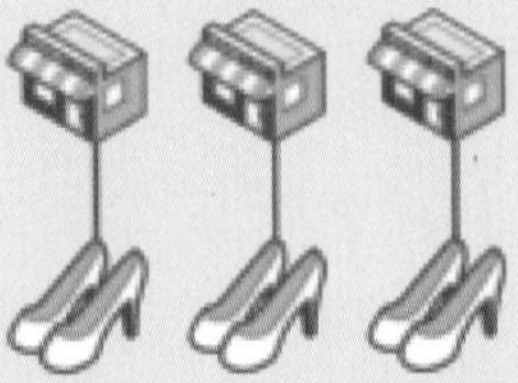
아마존에서는 똑같은 상품을 판매하는 셀러가 여러 명이라 하더라도 상품당 상품 상세 페이지는 단 1개만 존재	똑같은 상품이라 하더라도 해당 상품을 판매하는 셀러가 여러 명일 경우, 셀러 또는 셀러가 운영하는 스토어별로 각기 다른 상품 상세 페이지가 존재

바이박스를 차지하기 위한 조건은 다음과 같습니다. 기본적으로 Professional Seller여야만 하며 기존에 등록돼 있지 않은 새로운 상품일 경우, 아마존에서는 유일한 상품이기 때문에 자동으로 바이박스를 차지하게 됩니다. 이미 등록돼 있는 상품이라면 판매 가격, 아마존셀러 퍼포먼스, 리뷰, 아마존셀러 피드백, C/S, FBA 그리고 아마존 규정에 부합하는 리스팅 등을 종합적으로 판단해 아마존이 지정합니다. 물론 1명의 아마존셀러만 계속 바이박스를 차지하는 것은 아니며 기회가 순차적으로 주어집니다.

신규 상품 등록하기 - 단품

아마존에서 판매하고 있지 않은 새로운 상품을 등록하기 위한 것으로, 상품을 'Sell Yours'로 등록할 때와 마찬가지로 아마존셀러 센트럴에서 [Catalog]-[Add Products] 또는 [Inventory]-[Add a product]를 클릭합니다. 그런 다음 [List a new product] 항목의 아래쪽에 있는 [Create a new product listing]을 클릭합니다.

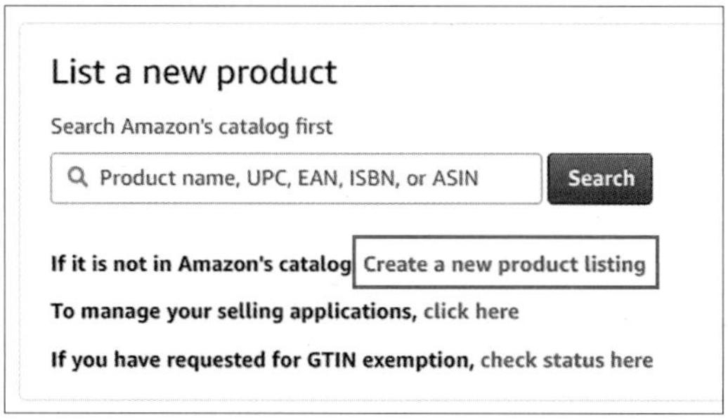

예를 들어 'laptop stand'를 신규 등록하는 데는 직접 검색어를 입력한 후 카테고리를 찾는 방법과 직접 카테고리를 찾아가는 방법이 있습니다. 먼저 직접 검색어를 입력한 후 카테고리를 찾는 방법은 다음과 같습니다.

'Search for your product's category' 검색 창에 'laptop stand'를 입력한 후 오른쪽에 있는 [Find category]를 클릭합니다. 다음과 같이 아마존에서 'laptop stand'가 등록된 메인 카테고리가 나타나면서 오른쪽 화면에 세부 카테고리가 순차적으로 나타납니다. 여기서 등록하고자 하는 상품과 연관된 세부 카테고리를 선택하면 됩니다.

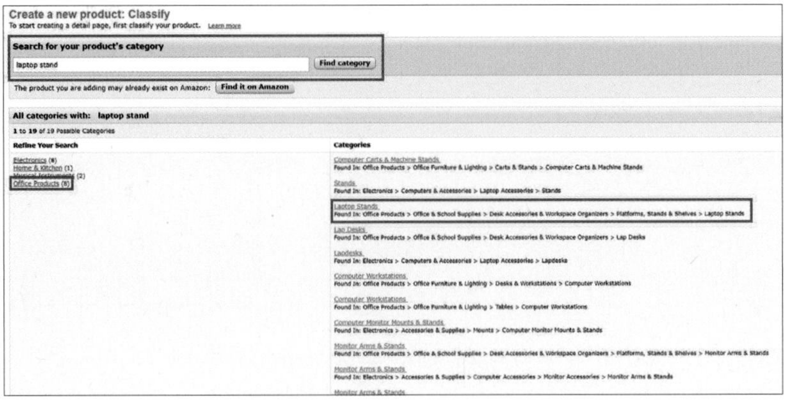

검색하지 않고 직접 카테고리를 찾는 방법은 다음과 같습니다.

[All Product Categories]-[Office Products]-[Office & School Supplies]-[Desk Accessories & Workspace Organizers]-[Platforms, Stands & Shelves]-[Laptop Stands]-[Select] 순으로 메인 카테고리부터 가장 아래쪽에 있는 sub category까지 순차적으로 진행합니다.

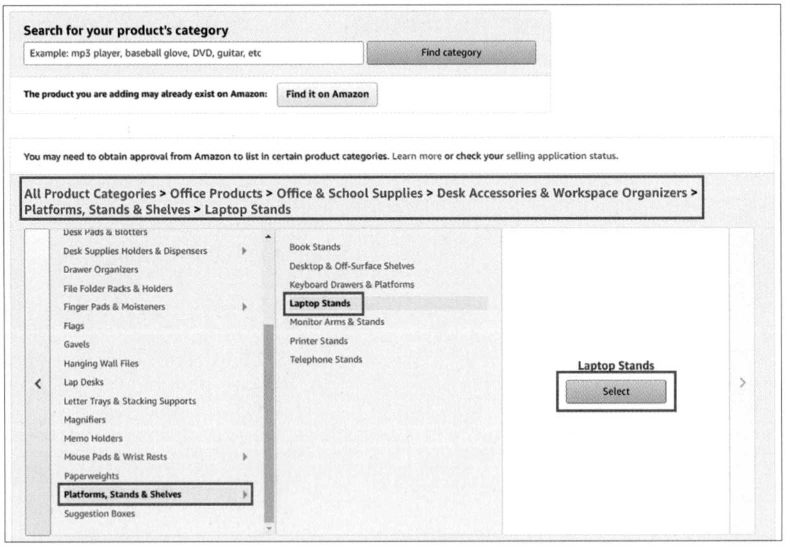

카테고리 선택을 완료하면 상품을 등록하는 화면이 나오는데, 이 부분부터는 매우 중요한 최적화 리스팅 방식으로, 다음 장부터 자세히 설명하겠습니다.

잠깐만요

아마존 상품 등록 주요 정책

아마존에서는 상품 등록 시 다른 판매자(셀러)가 판매하고 있는 상품과 똑같은 상품을 동일한 사진과 내용으로 등록할 경우, 같은 상품으로 인식하기 때문에 아마존 정책에 위반됩니다. 아마존 정책을 위반하는 경우에는 등록한 상품이 삭제되거나 아마존 계정이 정지될 수도 있기 때문에 비슷하거나 동일한 상품을 등록하는 경우에는 사진과 내용을 반드시 바꿔서 등록하거나 나만의 상품으로 개선해 등록해야 합니다.

아마존셀러
무작정 따라하기

002

효율을 높여 주는 최적화 리스팅

아마존에 판매할 새로운 상품을 등록하려면 아마존이 제시하는 규정을 준수해 리스팅해야 합니다. 여기서는 규정을 준수해 리스팅하는 것을 '최적화 리스팅'이라고 표현하겠습니다.

검색을 위한 최적화 리스팅

상품 이름 가이드라인

상품 이름(Title)은 '브랜드 + 상품 이름 + 재질 + 상품 유형 + 색상 + 사이즈 + 포장/수량' 순으로 정하는 것을 추천합니다. 최적화 리스팅을 위해 상품 상세 설명(Description) 및 블릿 포인트(Bullet Points, Key Feature)에는 다음 항목을 반드시 고려해 작성하기 바랍니다.

- 구매자가 궁금해할 만한 사항에 대한 상품의 세부 정보를 제시하십시오.
- 상품과 연관된 특징 및 이득을 제시해 구매자의 만족도를 높이십시오.
- 상품만의 장점과 함께 경쟁 상품과의 차별성 강조하면 구매자의 구매 욕구를 높일 수 있습니다.

키워드를 작성할 때는 표기할 수 있는 글자 수가 한정돼 있기 때문에 상품 이름, 상세 설명 그리고 블릿 포인트에 포함된 단어나 문구 등은 굳이 중복해서 넣을 필요가 없습니다.
키워드를 작성할 때는 띄어쓰기로 구분해야 하고 On sale, New product 등의 일시적인 상황 설명, 주관적인 표현(Good, Best, Amazing) 등은 고객에게 혼란을 줄 수 있으므로 사용할 수 없습니다.

최적화 리스팅 1단계 – Title(상품 이름)

상품 이름에 포함되는 개별 단어들은 그 자체로 검색 대상에 포함됩니다.

'실전 예시' Laura Ashley Sophia Collection 300-Thread Count Pillow Cases(Blue, Queen, Set of 2) vs Blue Pillow Cases

- 브랜드 이름(Brand Name) - Laura Ashley
- 상품 라인(Product line) - Sophia Collection
- 재질(Material) 또는 핵심 속성(Key Feature) - 300-Thread-Count
- 상품 유형(Product Type) – Pillow Cases
- 색상(Color) – Blue
- 사이즈(Size) – Queen
- 포장/수량 정보(Packaging/Quantity) - Set of 2

아이템 리스팅 시 상품 제목의 중요성

아마존에 상품을 등록할 때 상품 이름이 중요한 이유는 상품 이름에 포함되는 개별 단어들 자체로 검색 대상에 포함돼 상품 노출에 가장 큰 영향을 미치기 때문입니다. 상품 이름은 아마존 상품 페이지에서 고객이 이미지와 함께 가장 먼저 확인하는 곳이므로 읽기 쉽고 간결한 표현으로 시인성을 높일 필요가 있습니다.
상품 이름을 입력할 때는 흔히 '브랜드 이름', '상품 이름', '특징', '장점', '이득' 순으로 표현합니다. 또한 (–), (;), (:)와 같은 기호 등을 적절히 활용해 연관 키워드를 적절히 사용하기 바랍니다. 주관적인 표현이나 홍보성 문구 등은 아마존 규정에 어긋납니다.
상품평에 대한 가이드라인은 카테고리별로 조금씩 다르기 때문에 판매하는 상품이 속해 있는 카테고리의 상품 이름 가이드라인이 궁금하다면 아마존셀러 센트럴의 카테고리 스타일 가이드를 참고하기 바랍니다.

최적화 리스팅 2단계 - Image(이미지)

아마존에 상품을 등록할 때 이미지가 중요한 이유는 고객이 가장 먼저 확인하는 것이기 때문입니다. 따라서 전문적인 이미지와 호감이 가는 이미지를 통해 고객에게 어필해 나의 상품을 구매하도록 해야 합니다. 총 9개의 이미지 파일을 올릴 수 있고 메인 이미지의 경우, 반드시 흰색 바탕에 상품만 85% 이상을 차지해야 하며 로고나 문구, 워터마크, 포장된 이미지, 세일이나 무료 배송과 같은 홍보성 메시지를 넣을 수 없습니다. 메인 이미지 외에 추가로 등록할 수 있는 Sun Image는 위와 같은 제약이 없습니다. 전문적이고 선명한 사진을 위해 상품의 이미지는 1,000픽셀 이상이어야 아마존 상품 페이지에서 확대할 수 있습니다. 또한 여러 각도와 방향의 사진 이미지를 등록하면 고객의 마음을 사로잡는 데 도움이 됩니다.

최적화 리스팅 3단계 - Key Product Feature(Bullet Point, 상품의 주요 특징)

고객이 구매 시 고려할 만한 요소로는 상품의 규격, 사용 연령대, 상품 이용 또는 보관 시 유의 사항, 사용을 위한 숙련도, 내용물, 원산지 등에 대한 정보를 들 수 있습니다. 블릿 포인트를 작성할 때는 규칙을 지켜야 합니다. 만약, 블릿 포인트의 가장 첫 번째 정보가 원산지라면 모든 상품의 제일 첫 번째 블릿 포인트 정보도 원산지가 되도록 해야 합니다. 상품 이름 그리고 상세 정보에 나온 정보 중 중요한 정보가 있다면 블릿 포인트에 반복해 강조해야 합니다. 이 밖의 규칙은 다음과 같습니다.

- 모든 블릿 포인트의 맨 첫 글자는 대문자로 작성해야 합니다.
- 가급적 어구, 구절로 작성하고 마지막에 마침표는 하지 않습니다.
- 홍보, 프로모션 문구나 가격 정보를 포함시키는 것은 지양해야 합니다.

좋은 예

- Made in Korea
- 100% waterproof
- 100% breathable
- Available in Khaki, red or green
- Money-Back satisfaction guarantee

'Key Product Feature'는 아마존에서 흔히 블릿 포인트라고 하며 상품의 특징, 장점, 이득, 다른 상품과의 차별성 등에 관한 정보를 입력할 수 있습니다.

- 대문자로 시작하며 (-), (:), (:)과 같은 기호 대신 설명을 세미콜론(;)으로 구분해야 합니다.
- 5줄의 블릿 포인트에 각 200자씩 총 1,000자를 채울 수 있고 다양한 연관 키워드를 활용해 검색이나 노출에 영향을 미쳐야 합니다.
- 단어를 단순히 나열하는 것이 아니라 구어체 중심의 상품 설명을 통해 고객의 상품 구매에 영향을 미쳐야 합니다.
- 가격 정보와 같은 홍보성 문구는 지양해야 합니다.

최적화 리스팅 4단계 - Product Description(상품 상세 설명)

잘 쓰인 상품 상세 설명은 고객으로 하여금 상품을 구매하고 사용할 때의 경험을 상상할 수 있도록 해 줍니다. 여러분이 고객이 됐다고 상상해 봅시다. 고객은 어떤 감촉이나 느낌을 원할까요? 여러분의 상품을 사용하면서 얻게 될 경험과 혜택을 종합한 정보를 상세 설명에 제공하면 고객의 상상력을 자극할 수 있습니다(오프라인 상점에 방문했을 때 구매를 자극했던 요소들을 떠올려 보세요).

- **예시 1**: A rugged microphone for sound professionals.
- **예시 2**: Washable canvas pants with faux suede trim on the back.

다음과 같이 잘 쓰인 상세 설명은 구매를 촉진합니다.

- **예시 1**: In the tradition of the SM58®, the Beta 58A dynamic microphone has become a top choice among vocalists and touring sound professionals. The Shure Beta 58A is a high-output supercardioid dynamic vocal microphone designed for professional sound reinforcement and project studio recording. It maintains a true supercardioid pattern throughout its frequency range. This insures high gain-before-feedback, maximum isolation from other sound sources, and minimum off-axis tone coloration. The Beta 58A has a shaped frequency response that is ideal for close-up vocals. The superb performance of this microphone is not affected by rough handling, because of rugged construction, proven shock mount system, and hardened steel mesh grille help protect it from damage. Typical applications for the Beta 58A include lead vocals, backup vocals, and speech.

• **예시 2**: Cut for active wear, these pure cotton canvas pants might be the most durable and comfortable trousers you'll ever wear. Washable faux suede trim on back pockets and D-ring add durability and extended wear. Available in brown, green, khaki, or stone. Washable. Imported.

상품의 주요 특징을 5줄에 모두 설명하지 못한 세부적인 설명을 통해 고객의 구매 의지를 자극할 수 있습니다. 최대 2,000자 범위 내로 상품 사용법, 사양, 규격, 패키징 등을 포함할 수 있고 문장을 길게 쓰기보다는 전달하고자 하는 내용을 구분해 설명하길 추천합니다. [Product Description] 항목은 다른 곳과 달리, Html 코드를 이용해 저장해야만 원하는 대로 보여집니다. 이 사항은 상품 등록에서 구체적으로 설명하겠습니다.

| 잘못된 또는 불필요한 키워드 입력의 예 |

상품명	잘못된/불필요한 키워드	이유
Diamond Flower 24K White Gold Ring	Diamond, Gold, ring	상품명에 있는 동일한 단어가 키워드로 사용됐음
Nike Tennis Shoes	Adidas, Puma, Underarmour	상품과 관련 없는 타사의 브랜드명 언급
Popcorn Maker	Ice Cream, Cone, Bakery, Snack, etc.	상품과 관련이 없는 인기가 많은 키워드를 의도적으로 삽입함
Bamboo Serving Trays with Handles – Set of 3 Bamboo Trays That Nest – Large, Medium and Small Trays	Great, Good Quality, Nice, Best Seller, 2022, Amazing, etc.	주관적인 표현은 키워드 입력 시 금지사항임
Colors	Colors, color, Colors, colors, etc.	단수, 복수, 대문자, 소문자 등은 아마존에서 자동 인식하므로 굳이 넣을 필요 없음
MS290 Chain Saw	MS-290, Ms290, ms-290	기호에 따른 변형은 자동 인식하므로 불필요함

아마존은 여러 가지 키워드 항목을 통해 아마존셀러가 상품과 관련된 부가적인 정보를 포함할 수 있도록 하고 있습니다. 그리고 이 키워드 항목 중에 가장 중요한 것이 바로 Search Term, 즉 검색어를 설정하는 것입니다. 이 [Search Term] 항목에 넣는 키워드는 고객에게 노출되지 않으며 상품 등록 시 의무사항은 아닙니다. 상품 이름, 주요 설명(Bullet Points), 상세 설명(Product Description)에는 포함시킬 수 없지만, 상품과 관련 있는 키워드를 입력하면 나의 상품의 노출도를 향상시킬 수 있고 중복된 단어를 넣어도 검색 결과는 동일하기 때문에 상품 이름, 주요 설명, 상세 설명에 포함하지 않은 검색어 등의 키워드를 입력하기 바랍니다. 과거에는 5줄을 넣을 수 있었지만, 현재는 1줄에 250자를 넣을 수 있고 띄어쓰기로 구분합니다. 키워드 작성 시 주의해야 할 사항은 다음과 같습니다.

- 경쟁사 상품 이름, 브랜드 등 나의 상품과 관련이 없는 키워드는 아마존 규정에 위배됩니다. 만약, 이런 정보를 입력해 상품 리스팅할 경우, 계정이 정지될 수도 있습니다.
- 이미 상품 이름, 블릿 포인트, 상품 상세 설명 등에 입력한 중복된 정보를 넣어도 검색 결과에 영향을 미치지 않습니다. 따라서 중복된 단어를 피하고 추가로 검색에 도움이 될 만한 연관 검색어를 입력하십시오.
- 키워드와 키워드 사이는 콤마(,)가 아닌 띄어쓰기로 구분해야 합니다.
- 신상품(New), 세일 중(on sale), 가격 정보 등을 포함해서는 안 됩니다.
- 사람들이 자주 틀리는 철자나 단어를 포함해서는 안 됩니다.
- 축약어, 동의어, 대체어 등은 키워드에 포함할 수 있습니다.

아마존은 검색 결과를 제공할 때 여러분이 제공한 모든 키워드를 사용하지 않을 권한이 있습니다. 이는 검색의 효율성을 제고하고 잠재적인 검색 결과 조작, 관련 없는 검색 키워드, 공격적이거나 불법적인 단어 사용, 그 외의 다른 위험을 제거하기 위한 것입니다.

아마존셀러
무작정 따라하기

003 최적화 리스팅 실습하기

Vital Info 단계

우선 기본적인 상품 등록 단계인 'Vital Info'에서 진행할 상품 등록에 대해 알아보겠습니다.

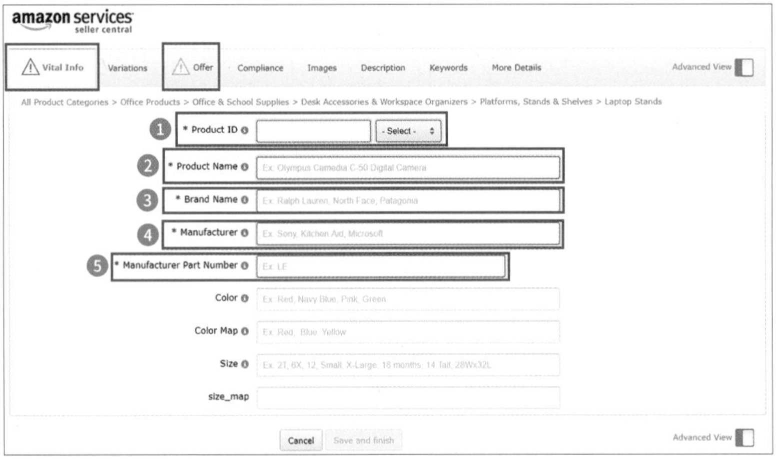

❶ **Product ID**: 상품의 바코드를 입력합니다. 보통 'UPC 바코드' 또는 'EAN 바코드'를 입력합니다. 바코드에 대한 내용은 다음과 같습니다(바코드 발급하기는 211쪽 참조).

- ASIN(Amazon Standard Item Number): 10자리로 구성된 아마존 자체 상품 식별 번호를 말합니다. 상품 리스팅 시 아마존셀러 고유의 상품 식별 번호인 SKU를 입력해 제출하면 개별 SKU마다 ASIN이 새로 부여되거나 기존에 존재하는 ASIN이 매칭됩니다.
- GTIN(Global Trade Item Number): 국제 거래 단품 식별 코드를 말합니다.
- UPC(Universal Product Code): 북미의 도서가 아닌 모든 상품군에서 30년 이상 사용된 주요 상품 식별 번호(바코드)를 말합니다. 통상 12자리이지만, 정기 간행물의 경우 8자리로 구

성됩니다.

- EAN(European Article Number): 미국 외의 국가에서 사용되는 표준 상품 식별 번호로, 13 또는 14자리이며 한국은 'EAN 바코드'를 기준으로 합니다.
- ISBN(International Standard Book Number): 국제 표준 도서 번호로, 전 세계에서 생산되는 도서에 부여된 고유 번호를 말합니다.
- SKU(Stock Keeping Unit): 상품 관리, 재고 관리를 위한 최소 분류 단위로, 아마존셀러가 본인의 재고 관리를 위해 자체적으로 부여한 고유 번호를 말합니다. 만약, 기존에 아마존에서 판매되고 있는 상품을 판매하려고 할 경우, 아마존은 아마존셀러가 상품 리스팅 시 입력한 이 SKU 번호를 이용해 적절한 상세 페이지와 해당 SKU를 연동합니다.

❷ **Product Name**: 상품 이름을 입력하는 곳으로, 보통 '브랜드 이름 + 상품 이름 + 재질 + 상품 유형 + 색상 + 사이즈 + 포장/수량' 등의 순으로 입력합니다.

❸ **Brand Name**: 브랜드의 이름을 입력합니다.

❹ **Manufacturer**: 제조업체의 이름을 입력합니다.

❺ **Manufacturer Part Number**: 제조사의 상품 번호를 입력하는 곳으로, 임의로 입력해도 무방합니다.

현재 아마존에서 직접 판매 중인 상품 중 하나의 예시를 바탕으로 상품 등록 과정을 살펴보겠습니다.

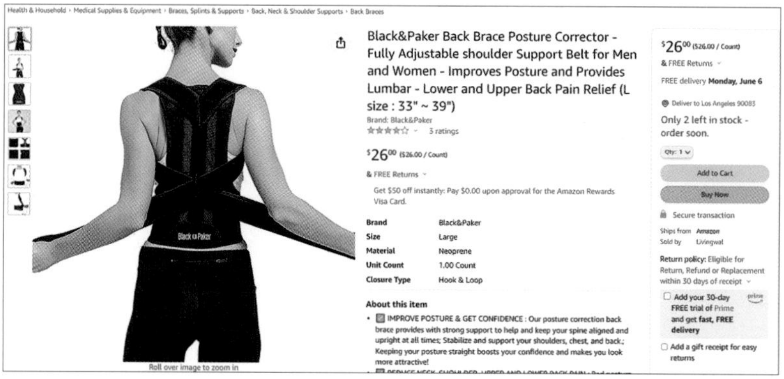

실제 판매 중인 상품의 Vital Info 작성 예시입니다. 'Vital Info'의 필수 입력 사항은 카테고리별로 다를 수 있습니다. *가 없는 항목은 필수 입력 사항이 아니므로 원할 경우에만 입력합니다.

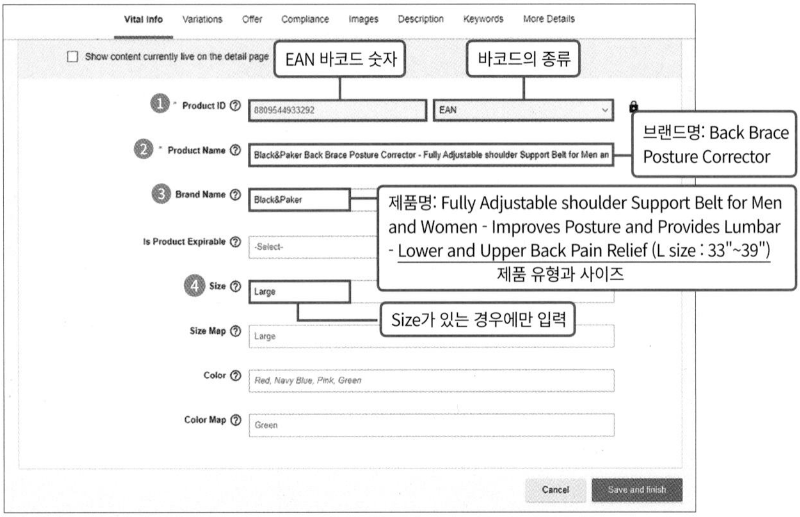

Offer 단계

판매할 상품의 수량, 가격, 판매 조건(신상품, 중고 상품), 운송 방식 등에 대한 정보를 입력합니다.

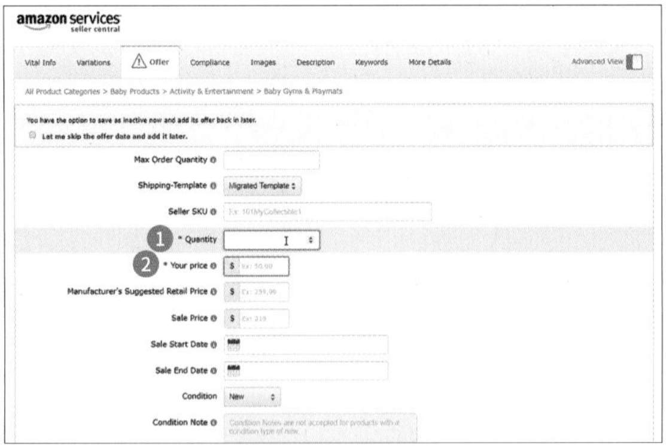

❶ **Quantity**: 판매할 상품의 수량을 입력합니다.
❷ **Your Price**: 판매하고자 하는 가격을 입력합니다.

이 밖의 사항은 필수가 아니므로 필요한 경우에만 입력합니다.

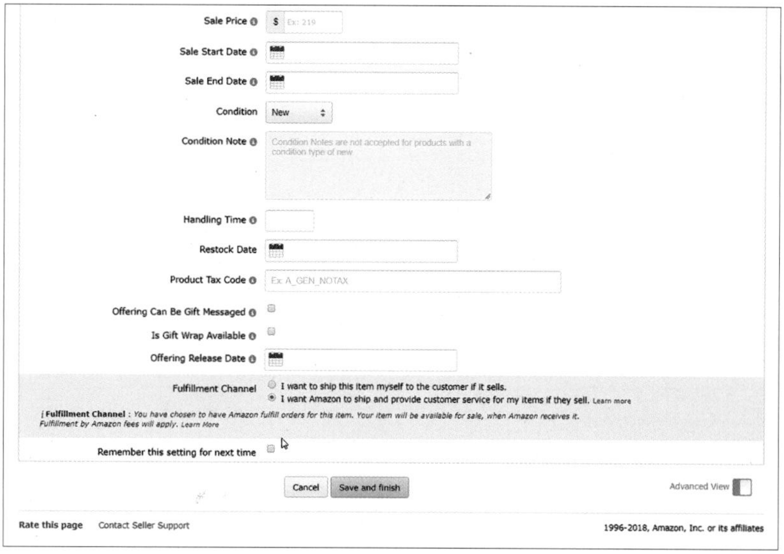

다음은 실제 판매 중인 상품의 Offer 예시입니다.

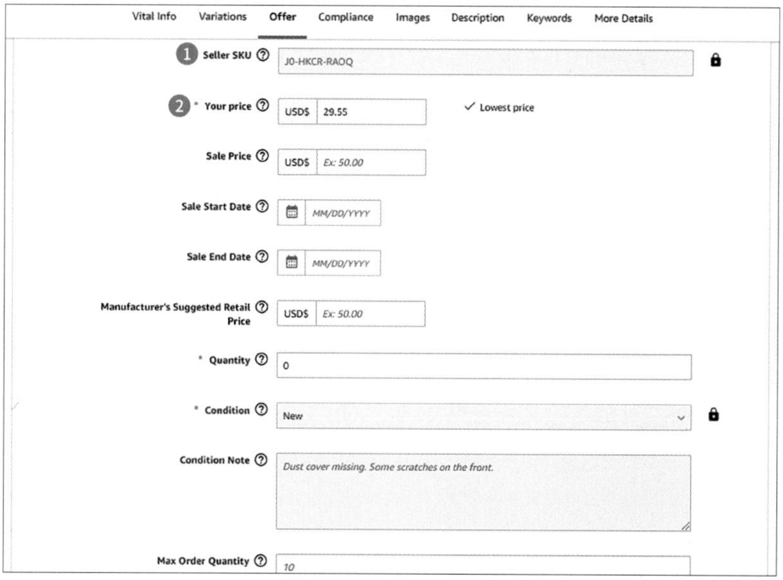

❶ **Seller SKU** : Back B&P L
Seller에게만 보이는 사항으로 자신이 알아보기 위한 코드라고 생각하면 됩니다. 입력하지 않아도 무방하며 자동 생성됩니다.

❷ **Standard Price**: USD$ 26.00
판매하고자 하는 가격을 입력합니다. 수시로 변경할 수 있습니다.

Image 단계

상품 이미지 정보를 넣습니다. Main Image 1장과 Sub Image 8을 포함한 총 9개의 사진 자료를 첨부할 수 있습니다. 가급적 9장 모두 첨부하기 바랍니다.
다음은 실제 판매 중인 상품의 이미지 예시입니다.

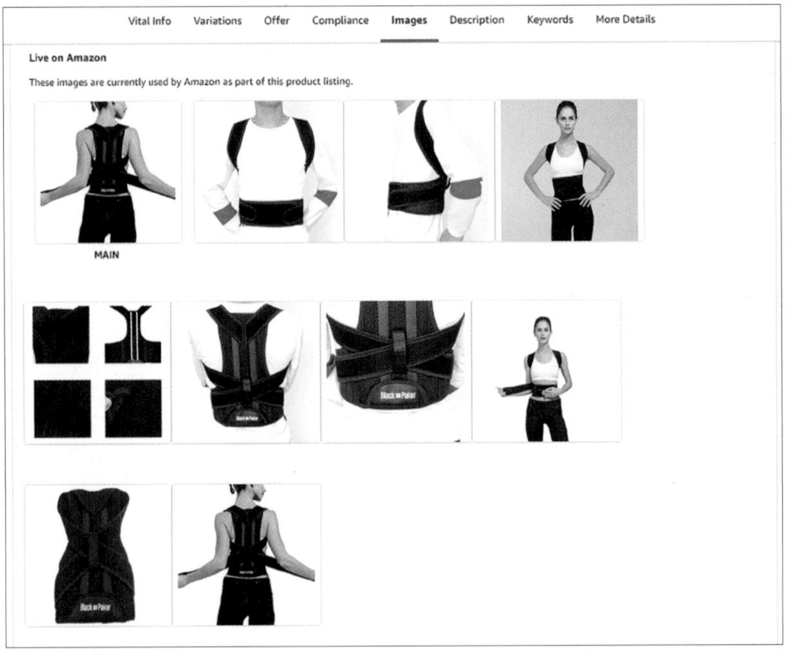

등록한 이미지는 Main부터 등록한 순서대로 아마존 상품 페이지에서 확인할 수 있으며 언제든지 순서를 바꾸거나 수정할 수 있습니다.

Description 단계

상품의 특징, 장점, 상세 설명 등을 입력하는 곳으로, 상품과 관련된 위험 요소도 입력할 수 있습니다. 이 항목을 입력하지 않아도 상품 리스팅은 가능하지만, 최적화 리스팅에 반드시 필요한 부분이므로 채우는 것이 좋습니다. 검색과 노출에 영향을 미치므로 가급적 많이 입력하기 바랍니다.

다음은 실제 판매 중인 상품의 Description-Product Description 예시입니다.

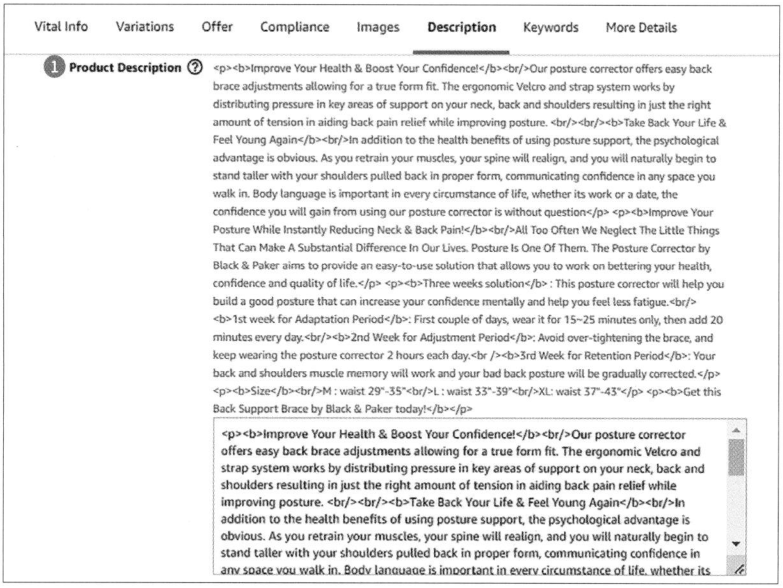

❶ **Product Description**: 상품의 추가적인 설명을 하는 곳으로 보통 2,000자까지 작성할 수 있고 상품의 사용법, 사양, 규격 등에 대한 정보도 입력할 수 있습니다. 위 예시처럼 HTML(Hypertext Markup Language)을 활용해 입력하면 다음과 같이 아마존 페이지에서 확인할 수 있습니다. 여기서 HTML은 웹 문서를 만들기 위해 사용하는 웹 언어의 한 종류를 말합니다. 기본적으로 알아 두면 좋은 HTML 코드는 다음과 같습니다.

〈p〉 **텍스트** 〈/p〉: 문단이 나눠진 '텍스트' 생성
〈b〉 **텍스트** 〈/b〉(= 〈strong〉〈/strong〉): 강조 표시가 된 '텍스트'
〈br〉: 줄바꿈

HTML 코드를 이용하지 않은 상태에서 아무리 문단을 나누고 텍스트를 강조하고 줄바꿈을 해도 실제 아마존 상품 페이지에서는 길게 표현될 뿐입니다. 위 HTML 코드에 따른 아마존 상품 페이지는 다음과 같습니다. 강조하고 싶은 것과 문단을 나누고 줄바꿈을 하면 시인성이 높아

져 고객이 상품을 구매하는 데 많은 도움이 됩니다.

아마존 상품 페이지에 노출되는 화면

HTML로 입력된 사항이 아마존 상품 페이지에서 강조 문구, 줄바꿈, 문단 나눔 등이 적용돼 표현됩니다.

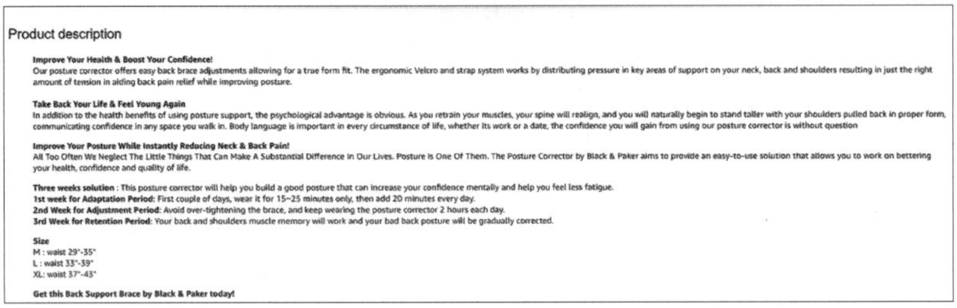

다음은 실제 판매 중인 상품의 Description – Key Product Features (bullet points) 예시입니다.

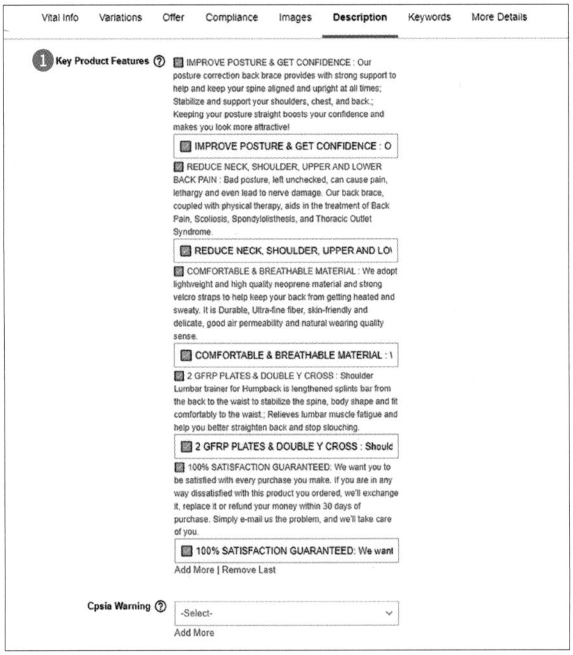

❶ **Key Product Feature**: [add more]를 클릭해 최대 5칸까지 상품의 장점과 특징, 핵심적인 설명 등을 입력합니다. 경우에 따라 '이모지'를 활용할 수도 있습니다. 구글에서 '이모지'라고 검색하면 활용할 수 있는 이모지를 확인할 수 있습니다.

| 구글에서 특수 문자 이모지를 검색한 결과 |

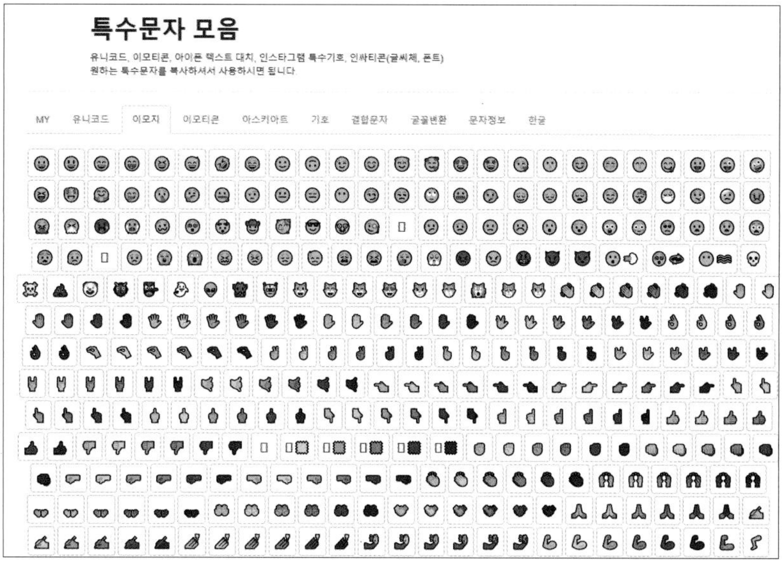

출처: https://wepplication.github.io/tools/charMap/#emoji

Keywords 단계

지금까지 키워드를 활용해 상품 제목과 [Key Product feature(Bullet point)], [Product Description] 항목에서 표현하지 못한 단어(키워드)들을 넣을 수 있는 곳으로, 항목 중 가장 중요한 것은 [Search Term] 항목입니다. 'Search Term'에 입력할 수 있는 키워드의 글자 수는 미국 아마존을 기준으로 한 줄에 250바이트입니다. 그 밖의 항목들은 작성한다고 해도 검색과 노출에 영향을 미치지 않습니다.

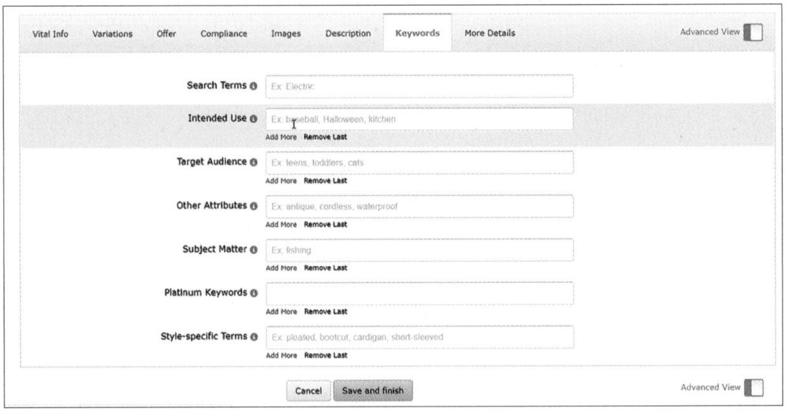

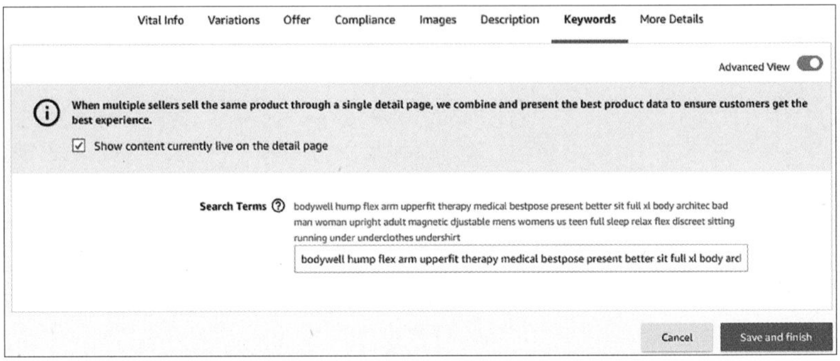

More Details 단계

More Details란에는 카테고리와 상품에 따라 다양하게 입력하는 화면이 나타나므로 모든 것을 입력할 필요는 없습니다. 추천하는 항목은 아이템 무게, 사이즈, 포장 시 무게, 사이즈 등이고 이때 단위는 판매하고자 하는 아마존 시장에 맞게 단위를 변환해야 합니다. 우리나라의 경우 무게는 KG 또는 gram, 길이는 m, cm에 익숙하지만 미국의 경우 무게는 파운드(lb) 또는 온스(oz), 길이는 피트(ft)나 인치(in)에 익숙하기 때문에 고객의 입장에서 표기하는 것이 좋습니다. 단위가 익숙하지 않은 사람은 인터넷 검색 창에서 단위 환산이라고 검색하면 쉽게 찾아볼 수 있습니다. 포장 시 무게와 사이즈 등을 입력하면 아마존셀러 센트럴을 통해 판매 수수료와 FBA 수수료를 짐작할 수 있습니다. 다만 실제 FBA 수수료는 아마존 창고에 입고돼 측정된 결과로 바뀔 수 있습니다.

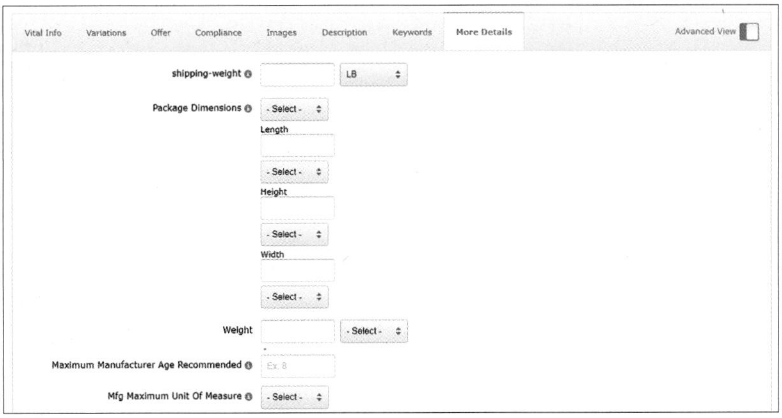

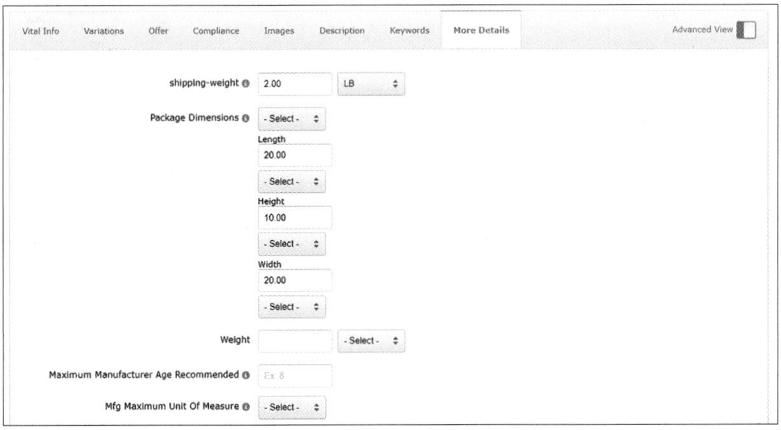

다음은 실제 판매 중인 상품의 More Details 예시입니다.

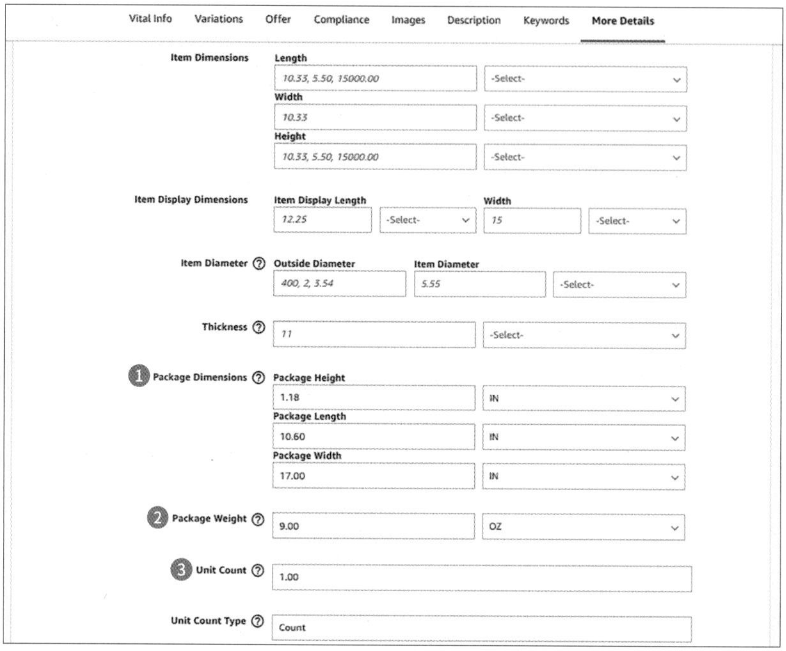

❶ **Package Dimensions**: 포장 시 높이(Height), 가로(Length), 세로(width) 등에 관한 사항을 기입하고 inch, centimeter 등 단위를 설정합니다.
❷ **Package Weight**: 포장된 제품의 실제 무게를 기입하고 단위를 설정합니다.
❸ **Unit Count**: 포장 시 단위 수량을 기입합니다.

PLUS

바코드 발급하기

EAN 바코드

EAN 바코드는 대한상공회의소 유통물류진흥원(코리안넷)에서 발급받을 수 있습니다. 회원 가입 후 바코드 등록 교육 2시간을 이수해야 하고 입회비는 20만 원, 3년 회비는 30만 원이며 바코드는 무제한 발급(3년마다 갱신)할 수 있습니다. 한 번 등록한 바코드는 다른 상품으로 재사용이 불가능하므로 색상, 사이즈, 스타일 등이 다른 경우에는 각 상품별로 등록해야 합니다.

UPC 바코드 구매하기

Ebay.com에 접속한 후 검색 창에 'UPC code'로 검색하면 구매할 수 있지만, 요즘에는 워낙 재활용 바코드나 사용할 수 없는 바코드가 많기 때문에 별로 추천하지는 않습니다.

구글에서 'amazonupcbarcode'를 검색하면 나타나는 웹 사이트에서 구매하길 추천합니다. 그중 한 곳을 소개해 드리겠습니다.

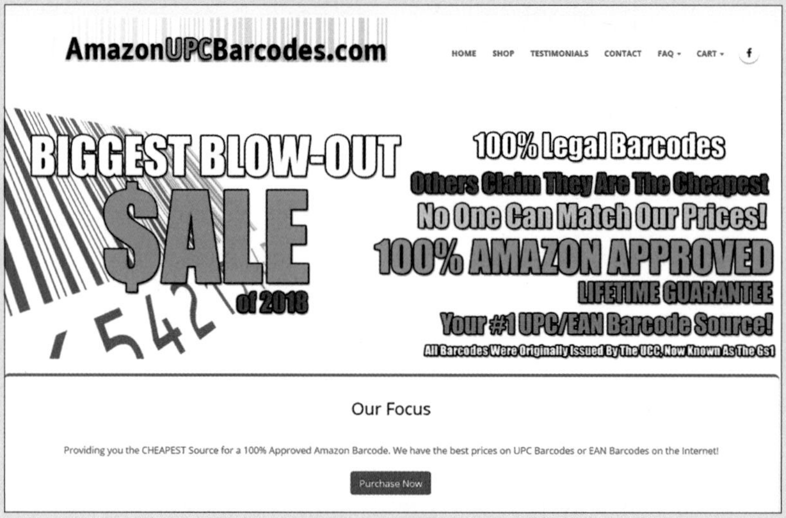

- 100% 승인된 amazon barcode에 대한 최고의 소스 제공, 인터넷상의 UPC barcode & EAN barcode에 대해 가장 좋은 가격 제시
- 갱신 수수료가 없고, 한 번 구입 후 평생 보증
- 주문 후 수시간 내에 amazon barcode 이메일 전송
- 매 구매 시 모든 디지털 이미지가 포함된 txt. pdf 및 zip 파일, 정품 인증서 소유권 제출
- 바코드 250개 – 12.99달러부터

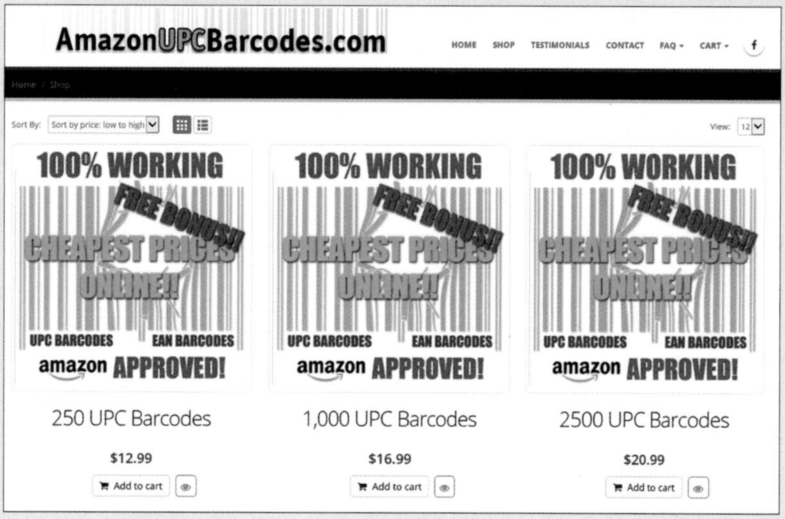

|다운로드한 바코드 번호 결괏값|

GTIN	바코드타입	상품구분
88095	GTIN-13	단품
88095	GTIN-13	단품
88095	GTIN-13	단품
88095	GTIN-13	단품
88095	GTIN-13	단품
88095	GTIN-13	단품
88095	GTIN-13	단품
88095	GTIN-13	단품
88095	GTIN-13	단품
88095	GTIN-13	단품
88095	GTIN-13	단품
88095	GTIN-13	단품
88095	GTIN-13	단품
88095	GTIN-13	단품
88095	GTIN-13	단품
88095	GTIN-13	단품
88095	GTIN-13	단품
88095	GTIN-13	단품
88095	GTIN-13	단품
88095	GTIN-13	단품
88095	GTIN-13	단품
88095	GTIN-13	단품
88095	GTIN-13	단품
88095	GTIN-13	단품
88095	GTIN-13	단품
88095	GTIN-13	단품
88095	GTIN-13	단품
88095	GTIN-13	단품
88095	GTIN-13	단품

PLUS

옵션 상품 등록하기

하나의 상품에 상품 종류에 따라 사이즈, 디자인, 사이즈, 색깔, 향 등의 옵션 상품을 추가할 경우, [Variations] 항목을 이용해 옵션 항목을 선택해 입력할 수 있습니다. 옵션 상품은 다른 상품과 달리, 다양성이 있기 때문에 차별성과 경쟁력이 있을 수 있지만, 어떤 옵션 상품이 판매하는데 도움이 될지는 알 수 어렵기 때문에 초보 아마존셀러에게는 추천하지 않습니다. 이해를 돕기 위해 다음 이미지를 살펴 보겠습니다.

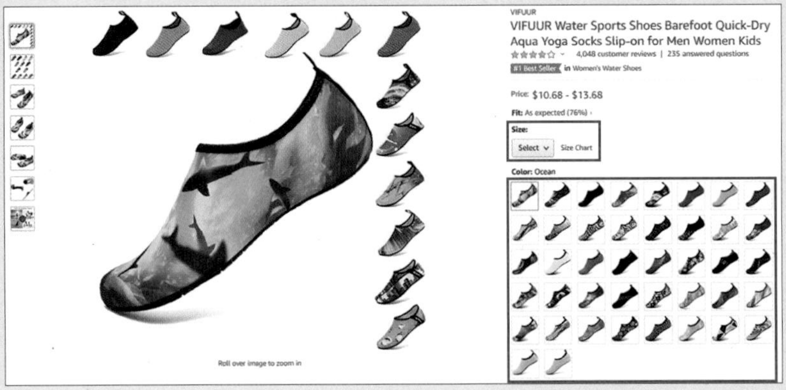

사이즈에 따라 많은 옵션이 있다는 것을 확인할 수 있고 하나의 페이지에서 다른 옵션 상품을 확인할 수 있기 때문에 하나의 아마존 페이지에서 옵션 사항을 볼 수 있도록 'Variation'을 통해 옵션을 설정합니다.

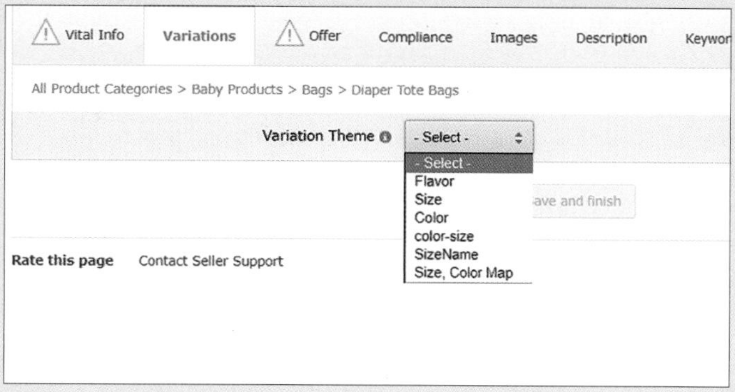

다음 예시는 색깔을 옵션으로 설정한 것으로, 2가지 색깔에 따라 각각의 바코드를 입력해야 하며 상품의 가격과 양도 개별적으로 입력할 수 있습니다.

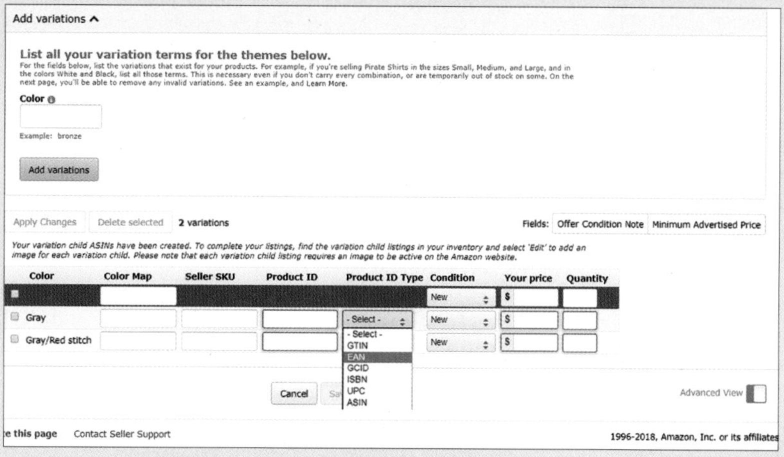

이렇게 등록한 옵션은 아마존셀러 센트럴 화면에서 단품과 달리 표현되는데, 전체 옵션 상품을 대표하는 'Parent' 목록과 이 'Parent' 목록의 화살표를 클릭하면 보이는 옵션별 'Child' 목록을 확인할 수 있습니다. 옵션 상품별로 가격과 수량, 설명, 이미지 등을 수정할 수 있습니다.

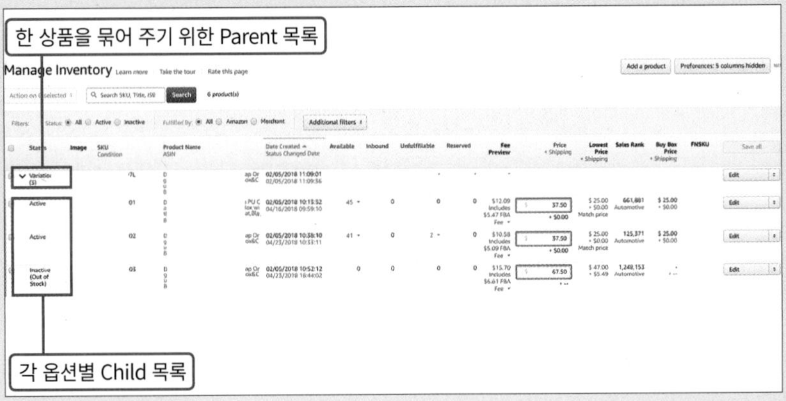

초보자라면 옵션 상품에 주의!

아마존에서 상품을 판매하는 초보자라면 가급적 옵션 상품은 피하는 것이 좋습니다. 그 이유는 필자 역시 옵션 상품을 통해 판매의 다변화를 모색했고 'Amazon Choice'까지 선택됐지만, 결과적으로는 실패했기 때문입니다.

다음은 아마존에서 'Car Seat Leather Storage Box', 'Car Seat Organizer', 'Car Seat Gap filler', 'Car Seat Gap Catcher with Coin Organizer and Cup Holder' 등의 상품 이름으로 등록돼 많은 아마존셀러가 판매하고 있는 상품입니다.

다음은 이 상품을 실제로 차량에 설치한 것입니다. 필자의 치명적인 실수는 이 상품을 왼쪽, 오른쪽, 세트의 3가지 옵션으로 나눠 출시한 것입니다. 여러분들이라면 이 상품의 왼쪽, 오른쪽이 구분되는지요? 다음은 왼쪽과 오른쪽을 모두 장착한 사진입니다.

만약 구매자가 위 이미지처럼 세트로 구매하지 않고 왼쪽 또는 오른쪽 중 1가지 상품만 구매했다면 실제 상품을 차량에 장착하기 전까지는 구매한 상품이 왼쪽에 맞는지, 오른쪽에 맞는지 구별하기 어려울 것입니다. 세트 상품에는 별 문제가 없었지만, 왼쪽 또는 오른쪽 중 1가지 상품만 구매한 고객이 상품을 잘못 선택하거나 상품 설치를 잘못하는 등의 문제가 발생했고 구매자들로부터 엄청난 양의 반품 폭탄을 맞아야 했습니다. 결국 판매는 많았지만, 반품으로 인한 엄청난 손해를 입었습니다. 알리바바에서 상품을 소싱해 검수업체를 통한 검수를 진행하는 과정에서도 검수업체 직원들의 실수로 왼쪽, 오른쪽 상품에 바코드가 잘못 부착돼 결과적으로 왼쪽, 오른쪽 상품이 바뀌는 문제까지 발생했습니다. 그리고 이렇게 문제가 있는 상품이 아마존 창고에 그대로 입고돼 판매되면서 매우 힘든 시기를 맞이해야만 했습니다.

PLUS

추천 상품 검색 툴

Helium 10

현재까지 아마존 상품 검색 툴 중 단연 최고라 여겨질 만큼 강력한 툴입니다. 이 툴은 아마존에서 경쟁력 있는 상품을 판매하기 위한 것으로, 아마존셀러에게 필요한 거의 모든 정보를 분석할 수 있습니다. 주요 기능으로는 필터링을 통한 상품 분석, ASIN을 이용한 경쟁 상품 분석, 상품 트렌드 파악, 키워드 분석을 활용한 데이터, 경쟁력, 인기도 파악 등이 있습니다. 각 기능은 다음과 같습니다.

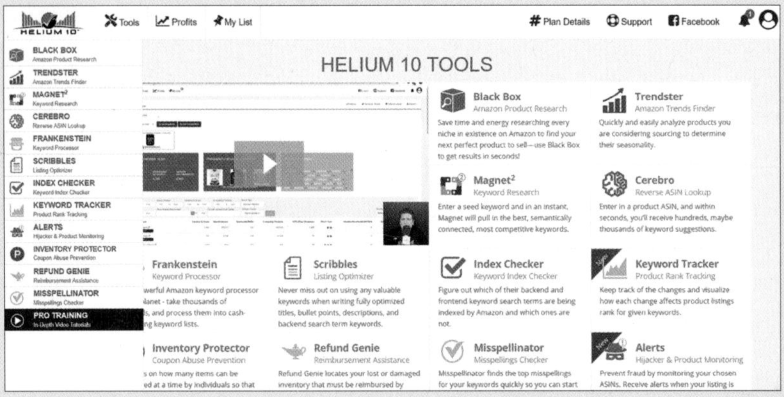

BLACK BOX(Amazon Product Research)

정글스카우트의 기능과 동일하게 원하는 필터링을 통해 경쟁 상품을 조사할 수 있는 기능입니다. 아마존에서 틈새 시장을 조사해 원하는 경쟁 상품을 찾는 데 많은 도움이 됩니다.

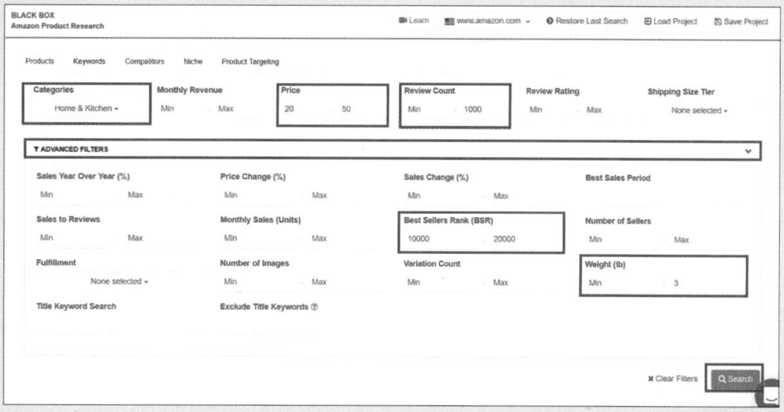

BLACK BOX를 제대로 활용하려면 가장 먼저 카테고리를 설정한 후 판매 가격과 리뷰 수를 설정하고 [Advanced Filter]의 드롭다운 메뉴를 클릭해 필터 기능을 확장한 후 BSR의 범위를 설정해야 합니다. 그런 다음, 범위를 상품 무게(Weight)까지 설정하고 아래쪽에 있는 [Search]를 클릭하면 다음과 같은 결과를 볼 수 있습니다. 오른쪽 위에 있는 [Sort by] 항목의 드롭다운 메뉴를 클릭하면 원하는 조건으로 재배열할 수 있습니다. 또한 아래쪽에 있는 'Sellers ~Review' 중 원하는 항목을 클릭하면 상품을 내림차순이나 오름차순으로 볼 수 있습니다.

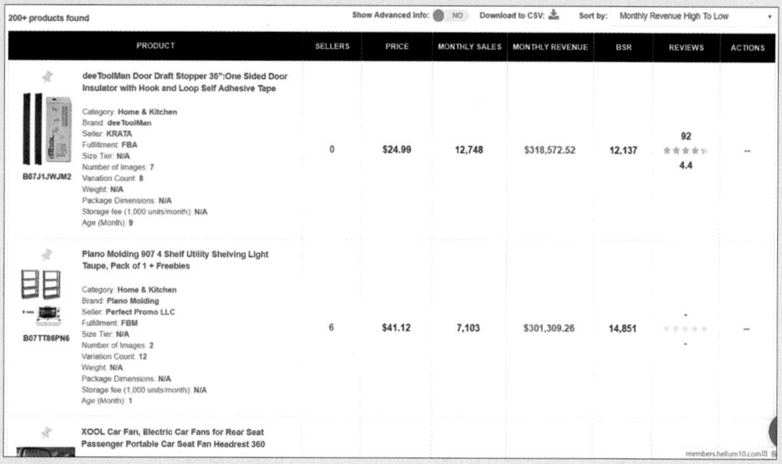

CSV 파일로 다운로드하면 다음과 같이 경쟁 상품들의 자세한 결괏값을 확인할 수 있습니다.

	A	B	C	D	E	F	G	H	I	J	K	L	M	N	O	P	Q	R	S	T	U	V	W	X
1	ASIN	Title	Category	Brand	Fulfillmen	Size Tier	Number (	Variation	Weight	BSR	Price	Monthly !	Net Price	Monthly I	Review C	Reviews F	Sellers	Last Year	Sales Yea	Sales Tre	Price Trer	Best Sales	Sales to Reviews	
2	B07J1JWJ	deeToolMan D	Home &	deeToolM	FBA	N/A	7	8		12137	24.99	12748	21.24	318573	92	4.4	0	42117		0		Jul, 2019	138.57	
3	B07TT86P	Plano Molding	Home &	Plano Mo	FBM	N/A	2	12		14851	41.12	7103	34.95	301309	-1	-1	6	21772	1766	92	-29	Jul, 2019	-1	
4	B07DJ2KZ	XOOL Car Fan,	Home &	XOOL	FBA	Large Sta	9	2	1.66669	10800	23.59	9083	13.98	214268	78	4.1	1	38791		52	-9	Jul, 2019	116.45	
5	B07QFWB	Arctic Portable	Home &	GREATSSI	FBA	Large Sta	6	2	1.90038	14784	48.99	4236	36.38	207522	348	4.1	0			94	18	Jul, 2019	12.17	
6	B07VRVP!	Arctic Portable	Home &	GREATSSI	FBA	N/A	8	2		16010	48.99	3533	40.65	173082	336	4.1	0					Aug, 2019	10.51	
7	B079NV4I	iRobot Authent	Home &	iRobot	FBA	N/A	1	2		13506	40.5	2709	34.42	109715	919	4.6	0	35692	8	48		Aug, 2018	2.95	
8	B019OH9	iRobot Authent	Home &	iRobot	FBA	Large Sta	1	2	0.39904	13506	42.95	2427	33.23	101813	919	4.6	6	34584	1	1	2	Aug, 2018	2.64	
9	B079KBN!	Brita Tap Wate	Home &	Brita	FBA	Large Sta	9	0	0.74957	17525	20.99	2456	14.56	98215.4	136	3.6	4	42472		-79	-2	Mar, 2019	18.75	
10	B07NPDY!	100% Cotton 1	Home &	Rajlinen	FBA	N/A	7	175		13519	48.99	1950	41.64	95530.5	208	4.7	0					Jul, 2019	9.38	
11	B07VGX5(	100% Cotton S	Home &	Rajlinen	FBA	N/A	7	175		12649	48.99	1950	41.64	95530.5	208	4.7	0					Jul, 2019	9.38	

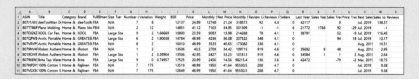

이제 이렇게 분석한 상품 중 경쟁력이 있다고 판단되는 상품을 선택해 그 상품의 메인 키워드만 찾습니다. 그런 다음, 다시 'Black Box'를 리셋하고 [Advanced filter] 항목에 있는 [Title Keyword Search] 항목에만 입력한 후 [Search]를 클릭해 해당 키워드를 통한 상품만 분석합니다.

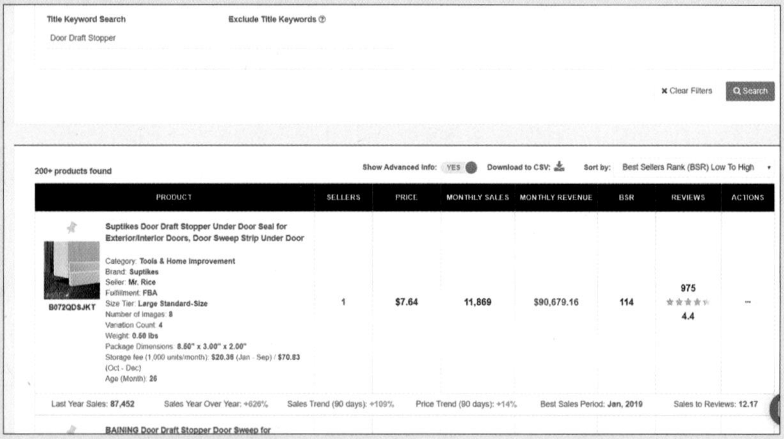

이 결괏값을 바탕으로 경쟁 아마존셀러 수, 경쟁 상품들의 가격, BSR, 리뷰 수 등을 종합적으로 판단해 상품을 선정하면 됩니다. 이렇게 선정된 상품들은 국내 도매업체 또는 중국의 알리바바에서 원가, 배송비 등을 조사합니다. 이때에도 샘플 확인을 통해 상품의 품질과 가격 경쟁력 등을 종합적으로 판단하는 것이 중요합니다.

TRENDSTER(Amazon Trends Finder)

아마존에서 현재 판매 중인 상품의 계절성과 그 정보를 파악해 소싱하고자 하는 상품의 트렌드를 쉽고 빠르게 분석해 경쟁 상품을 선택할 수 있습니다.

MAGNET2(Keyword Research)

아마존 상품의 키워드를 조사할 수 있는 기능으로, 'Seed Keyword'라는 상품의 키워드를 입력하면 연관된 키워드의 볼륨량(검색량) 및 순위, 경쟁 상품, 광고 ASIN 등 관련 키워드 및 통계 정보를 확인할 수 있습니다.

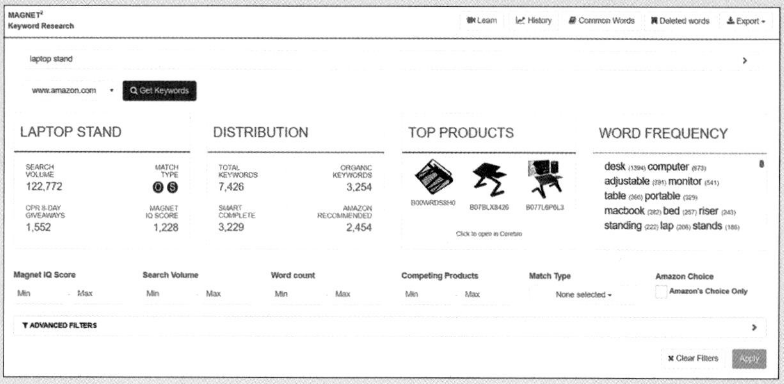

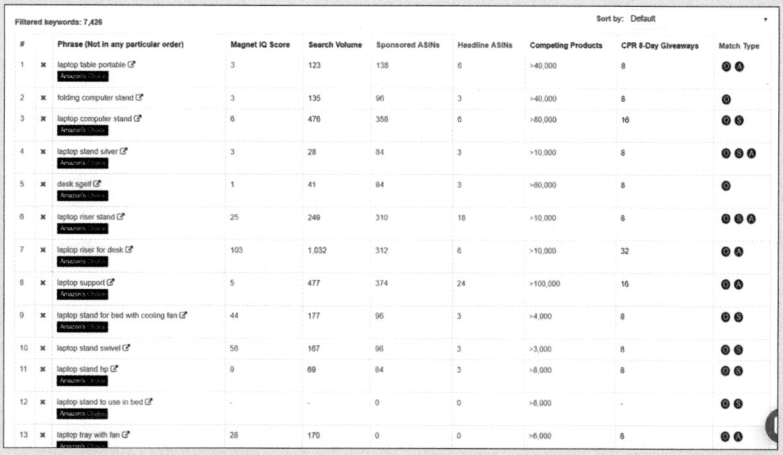

Filtered keywords: 7,426

Sort by: Default

#		Phrase (Not in any particular order)	Magnet IQ Score	Search Volume	Sponsored ASINs	Headline ASINs	Competing Products	CPR 8-Day Giveaways	Match Type
1	×	laptop table portable Amazon's Choice	3	123	138	6	>40,000	8	O A
2	×	folding computer stand	3	135	96	3	>40,000	8	O
3	×	laptop computer stand Amazon's Choice	6	476	358	6	>80,000	16	O S
4	×	laptop stand silver Amazon's Choice	3	28	84	3	>10,000	8	O S A
5	×	desk sgelf Amazon's Choice	1	41	84	3	>80,000	8	O
6	×	laptop riser stand Amazon's Choice	25	249	310	18	>10,000	8	O S A
7	×	laptop riser for desk Amazon's Choice	103	1,032	312	6	>10,000	32	O A
8	×	laptop support Amazon's Choice	5	477	374	24	>100,000	16	O A
9	×	laptop stand for bed with cooling fan Amazon's Choice	44	177	96	3	>4,000	8	O S
10	×	laptop stand swivel	56	167	96	3	>3,000	8	O S
11	×	laptop stand hp Amazon's Choice	9	69	84	3	>8,000	8	O S
12	×	laptop stand to use in bed Amazon's Choice	-	-	0	0	>8,000	-	O S
13	×	laptop tray with fan	28	170	0	0	>6,000	8	O A

CEREBRO(Reverse ASIN Lookup)

경쟁 상품의 ASIN을 입력하면 수백 개의 추천 키워드를 경쟁 상품 정보와 함께 제공받을 수 있습니다.

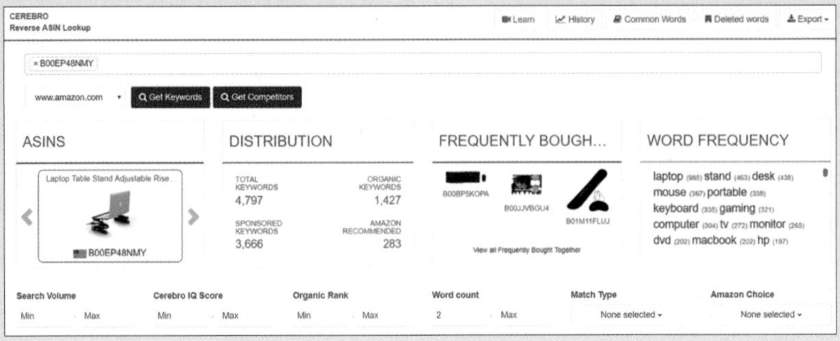

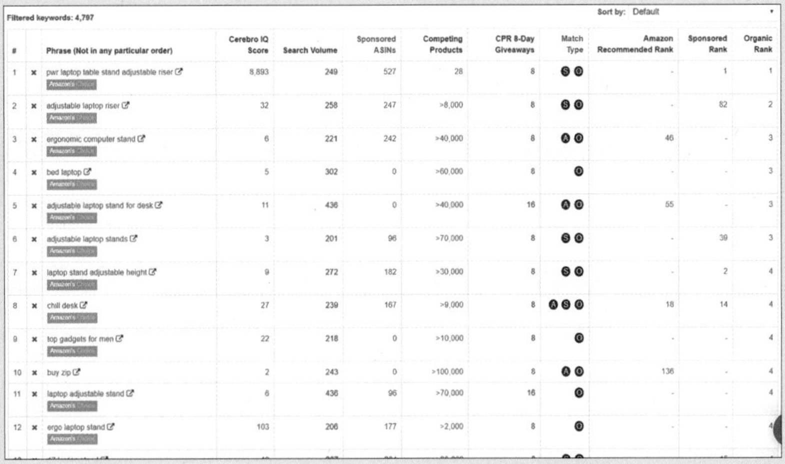

Filtered keywords: 4,797 Sort by: Default

#		Phrase (Not in any particular order)	Cerebro IQ Score	Search Volume	Sponsored ASINs	Competing Products	CPR 8-Day Giveaways	Match Type	Amazon Recommended Rank	Sponsored Rank	Organic Rank
1	×	pwr laptop table stand adjustable riser Amazon's Choice	8,893	249	527	28	8	S O	-	1	1
2	×	adjustable laptop riser Amazon's Choice	32	258	247	>8,000	8	S O	-	82	2
3	×	ergonomic computer stand Amazon's Choice	6	221	242	>40,000	8	A O	46	-	3
4	×	bed laptop Amazon's Choice	5	302	0	>60,000	8	O	-	-	3
5	×	adjustable laptop stand for desk Amazon's Choice	11	436	0	>40,000	16	A O	55	-	3
6	×	adjustable laptop stands Amazon's Choice	3	201	96	>70,000	8	S O	-	39	3
7	×	laptop stand adjustable height Amazon's Choice	9	272	182	>30,000	8	S O	-	2	4
8	×	chill desk Amazon's Choice	27	239	167	>9,000	8	A S O	18	14	4
9	×	top gadgets for men Amazon's Choice	22	218	0	>10,000	8	O	-	-	4
10	×	buy zip	2	243	0	>100,000	8	A O	136	-	4
11	×	laptop adjustable stand Amazon's Choice	6	436	96	>70,000	16	O	-	-	4
12	×	ergo laptop stand Amazon's Choice	103	206	177	>2,000	8	O	-	-	4

Frankenstein(Keyword Processor)

대량의 키워드를 빠르게 처리해 검색량의 데이터, 경쟁 정도, 인기도 등을 나타내며 중복 단어 제거 기능을 이용해 아마존셀러 센트럴의 Product Name(Title), Bullet Point(Product Key Feature). Product Description, Search Term(Backend Keyword)에 관련된 키워드를 사용해 리스팅하는 기능입니다.

SCRIBBLES(Listing Optimizer)

최적화 리스팅 기능으로, 중요한 키워드를 Product Name(Title), Bullet Point(Product Key Feature). Product Description, Search Term 등에 한 번에 작성할 수 있고 이모지를 추가할 수도 있습니다.

INDEX CHECKER(Keyword Index Tracking)

아마존에서 고객이 주로 검색하는 키워드와 아마존셀러가 설정한 키워드가 어느 정도 연관성을 갖고 검색 결과에 노출되는지를 파악할 수 있는 기능입니다.

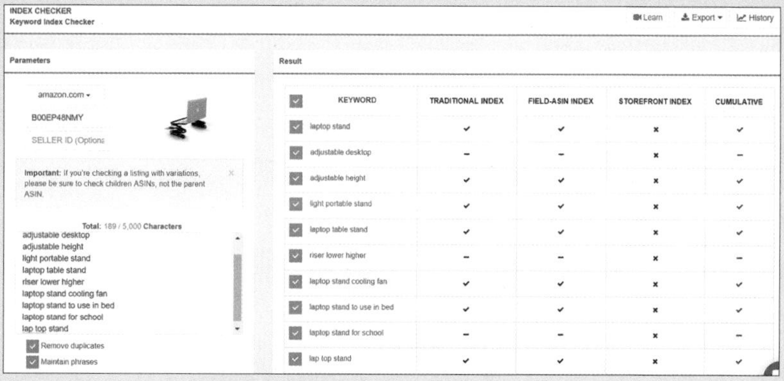

KEYWORD TRACKER(Product Rank Tracking)

키워드별 검색량과 상품의 순위를 추적할 수 있는 기능입니다.

ALERTS(Hijacker & Product Monitoring)

특정 ASIN을 모니터링해 나의 정보를 도용당하거나 예기치 못한 일이 발생했을 때 알림을 설정해 관리할 수 있는 기능입니다.

INVENTORY PROTECTOR(Coupon Abuse Prevention)

쿠폰 프로모션 중 재고가 사라지지 않도록 개인이 한 번에 구매할 수 있는 품목 수에 대한 제한을 설정할 수 있는 기능입니다.

REFUND GENIE(Reimbursement Assistance)

아마존에서 상환해야 하는 손실 또는 손상된 재고를 찾는 데 도움이 되는 기능입니다. 특히, 아마존 FBA 창고에서 재고가 손상되거나 분실된 경우, 상세한 보고서가 신속하게 생성되므로 아마존에서 환불받아야 하는 내용을 바로 수집하고 손실을 보상받을 수 있습니다.

MISSPELLINATOR(Misspellings Checker)

키워드에 대한 맞춤법 오류를 빠르게 찾아 상품 리스팅 시에 적용할 수 있는 기능입니다.

Xray

JungleScout Chrome Extension 버전과 유사한 기능으로, 경쟁 상품의 거의 모든 정보를 한 번에 확인할 수 있습니다.

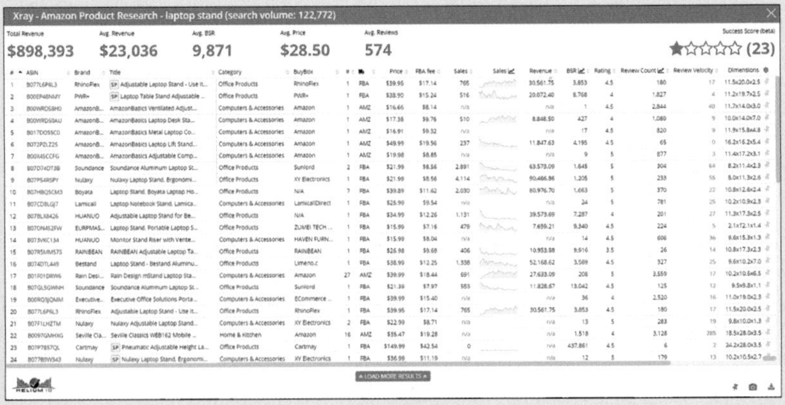

ASIN Grabber

Xray 기능의 축약판으로 보면 됩니다.

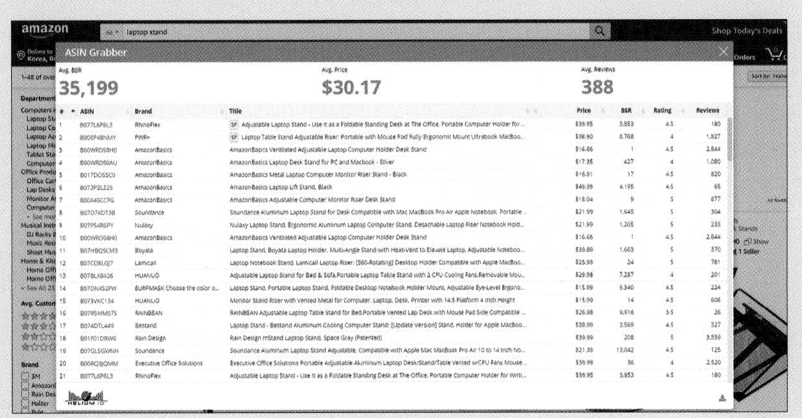

MerchantWords

판매 키워드 찾아 내기

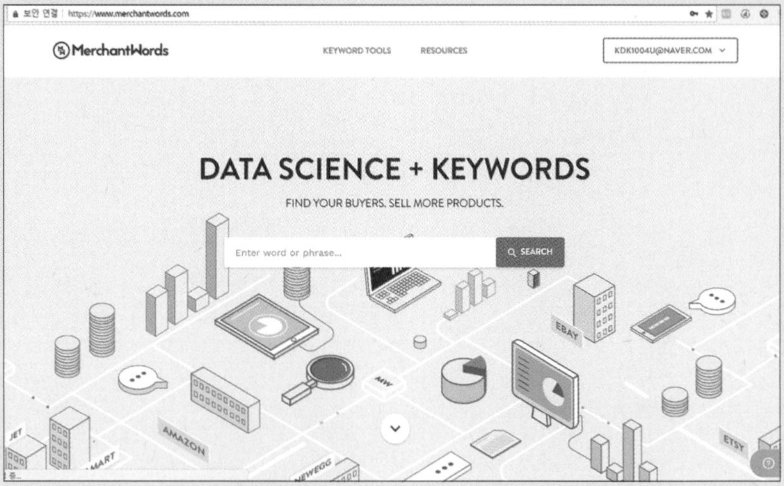

MerchantWord를 활용하면 아마존 상품 리스팅 시 활용할 키워드 및 키워드 볼륨량을 확인할 수 있습니다. 구글에서 'merchantword 할인 쿠폰'을 검색하면 최대 70%까지 할인되는 코드를 구할 수 있습니다. 로그인한 후 'baby play mat'를 검색해 보면 아마존 시장별로 고객들이 얼마나 많은 검색을 하는지와 연관 키워드를 확인해 볼 수 있습니다.

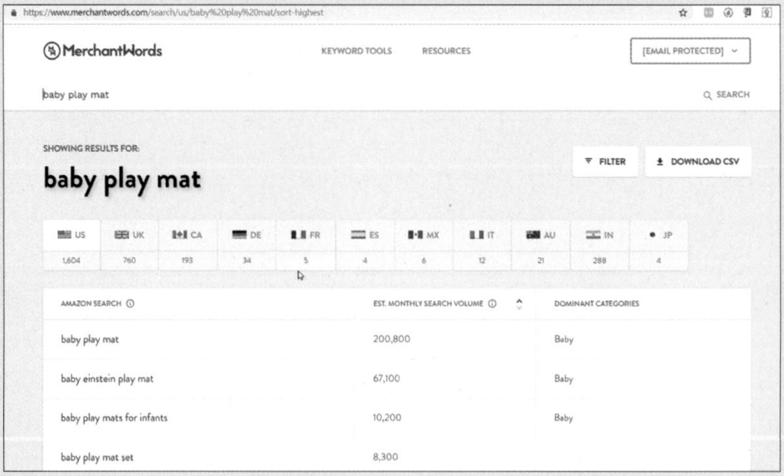

여기서 나온 키워드의 결괏값을 상품 리스팅, 백엔드 키워드(Search Term), 광고에 적용하는 경우에도 활용할 수 있습니다. 이때 주의해야 할 점은 다른 상품의 브랜드 이름까지 결괏값으로 보여지기 때문에 Search Term에 관련된 키워드를 활용할 때는 타사의 브랜드 이름을 반드시 제거한 후에 입력해야 한다는 것입니다.

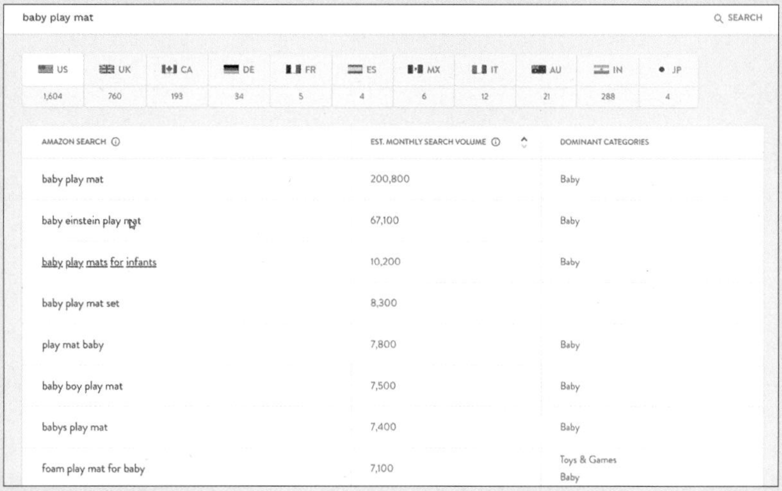
baby play mat
SEARCH
US 1,604
UK 760
CA 193
DE 34
FR 5
ES 4
MX 6
IT 12
AU 21
IN 288
JP 4
AMAZON SEARCH
EST. MONTHLY SEARCH VOLUME
DOMINANT CATEGORIES
baby play mat 200,800 Baby
baby einstein play mat 67,100 Baby
baby play mats for infants 10,200 Baby
baby play mat set 8,300
play mat baby 7,800 Baby
baby boy play mat 7,500 Baby
babys play mat 7,400 Baby
foam play mat for baby 7,100 Toys & Games Baby

EST.MONTHLY SEARCH VOLUME

아마존에서 고객들이 월 평균 검색량을 나타내는 것으로, 검색량을 기준으로 검색어, 상품 상세 설명, 주요 특징 등을 설명할 때 포함시키거나 검색어를 이용해 광고를 진행하는 경우에도 도움이 됩니다. 다만 검색량이 높은 검색어는 광고비도 높게 책정될 수 있습니다.

브랜드 이름이 사용 중인 경우

타사의 브랜드 이름을 사용하는 경우, 판매가 자동으로 중지될 수 있고 브랜드 이름이 포함된 부분을 수정하거나 삭제해야만 다시 판매할 수 있습니다. 아마존에서는 대개 브랜드 이름이 포함된 문제에 대해 직접적인 안내 없이 단순히 수정하라고만 하는데, 이 경우에는 수정이 필요한 사항에 대해 'Get Support(지원 요청)'를 통해 문의하면 안내를 받을 수 있습니다. 필자도 검색어에 있는 내용을 몇 번 수정해도 계속 거절된 적이 있는데, 직접 문의를 해서 특정 브랜드 이름을 알게 됐고 그 명칭을 삭제하고 나서야 다시 판매를 할 수 있었습니다.

아마존셀러
무작정 따라하기

004

아마존의 배송 시스템 FBA 사용하기

FBA 시스템 세팅

아마존 FBA 시스템을 이용하려면 FBM에서 FBA로 변환해야 합니다. 그런 다음, 상품을 아마존 FBA 창고에 입고시켜야만 FBA를 이용해 상품을 판매할 수 있습니다.

1. 아마존셀러 센트럴 대시보드에서 [Inventory]-[Manage Inventory]를 클릭합니다.

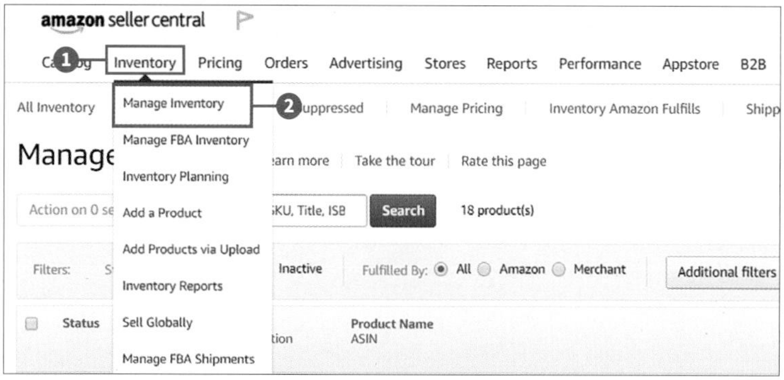

2. 만약 보낼 상품이 1개라면 해당 상품 리스팅의 오른쪽에 있는 [Edit]-[Change to Fulfilled by Amazon]을 클릭하거나 왼쪽에 있는 FBA 변환 설정 대상 상품을 선택해 체크 표시를 합니다. 상품에 체크 표시를 하기 전에는 'Action on 0 selected'가 비활성화 상태였지만, 'Action on 3 selected'처럼 체크 표시된 상품의 숫자가 표기되면서 화살표를 누를 수 있게 활성화됩니다.

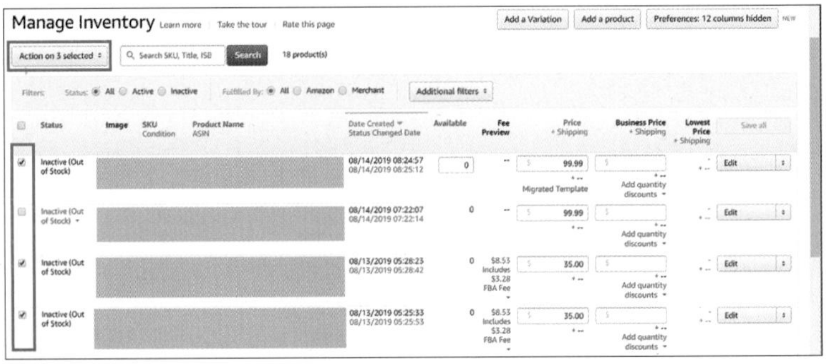

3. 'Action on 3 selected' 오른쪽의 드롭다운 화살표를 클릭하면 나타나는 항목 중 [Change to Fulfilled by Amazon]을 클릭해 FBA로 변환합니다.

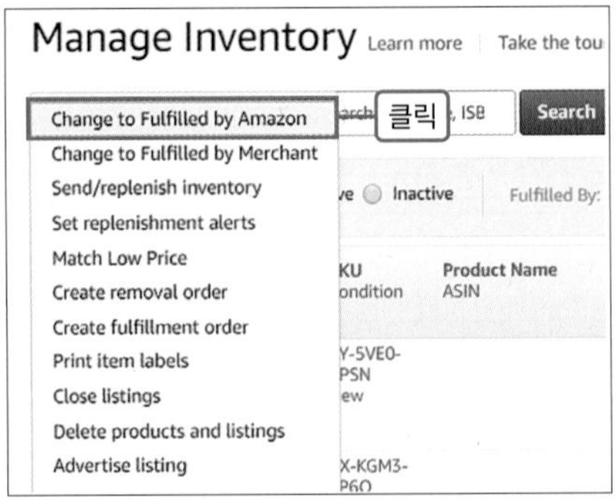

4. 선택된 항목을 보여 주면서 선택된 상품들을 FBA로 변환해 진행할 것인지를 묻는 화면이 한 번 더 나타납니다. 선택된 상품들을 확인한 후 맞으면 [Yes, Continue]를 클릭합니다.

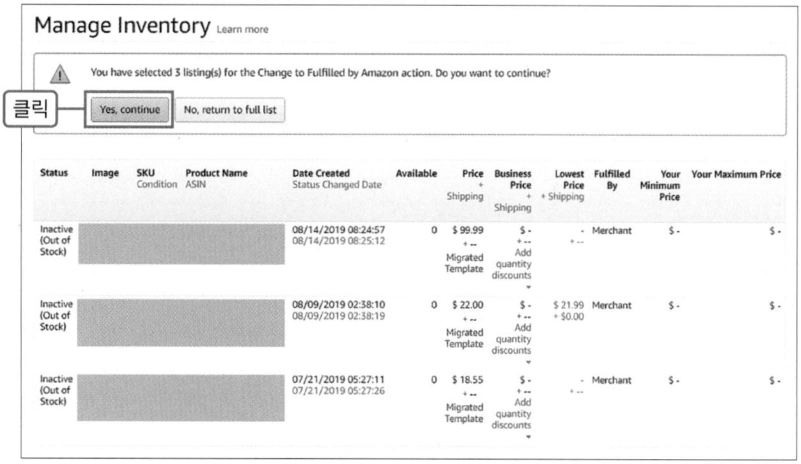

5. 처음으로 FBA 설정을 진행할 경우, FBA 라벨 서비스 이용 여부에 대한 질문이 나타납니다. 이때 'Accept Label Service'를 선택하면 아마존에서 직접 아마존 바코드 부착을 진행합니다. 이때는 상품 1개당 0.2달러의 수수료를 부과합니다. 이 서비스는 굳이 아마존에 의뢰하지 않아도 본인이 직접 아마존 바코드를 부착하거나 공급업체에 부탁하면 대부분 추가 비용 없이 진행할 수 있습니다. 검수업체나 포워딩 업체를 통해서도 가능합니다. 이 경우, [Decline Label Service]-[Review Selection]을 클릭하면 됩니다.

6. 바코드 유형은 'Amazon Barcode'를 선택합니다. FBA 설정만 전환하는 경우, [Convert Only]를 클릭합니다. 나중에 아마존 FBA 창고로 보내려면 위 방법과 같이 [Manage Inventory] 항목에서 상품을 선택한 후 [Send/replenish Inventory]를 클릭하면 됩니다. FBA 설정 전환

후 상품을 아마존 FBA 창고로 바로 보낼 경우에는 [Convert & Send Inventory]를 클릭합니다.

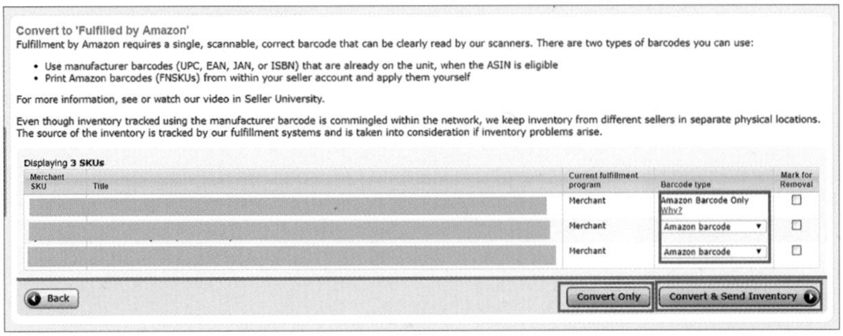

7. 아마존 규정에 따라 신규 리스팅 또는 기존 리스팅을 FBA로 변환할 때는 리스팅에 대한 추가 정보를 요구합니다. 그 대표적인 예가 바로 배터리 유무와 위험물 여부입니다. 아마존셀러가 직접 발송하는 경우에는 상관없지만, 아마존 FBA 창고에 집하해 보관하고 고객에게 배송 또는 반품을 받는 과정에는 상품의 안정성이 보장돼야 하기 때문에 이런 절차를 거치게 됩니다. 이 과정을 거치지 않으면 FBA 시스템을 이용하기 어렵기 때문에 반드시 거쳐야 하는 과정이라고 생각하면 됩니다. 상품 옆의 요구 정보인 [Add dangerous goods information]을 클릭합니다.

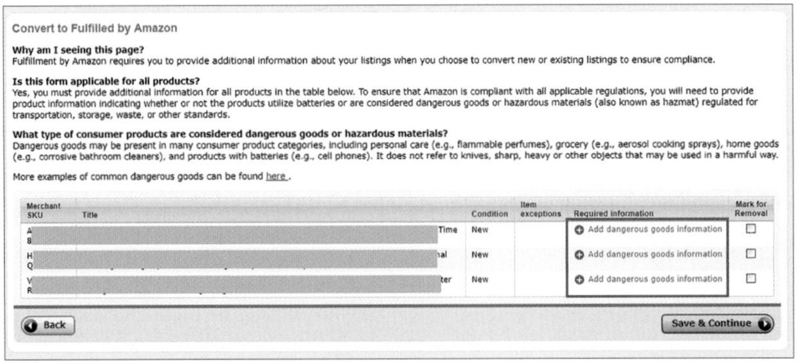

8. 상품별로 배터리 관련 상품과 위험물 정보에 대해 해당하지 않으면 [No]를 클릭한 후 [Submit]을 클릭합니다. 만약, 해당하면 [Yes]를 클릭해 관련 정보를 입력한 후 [Submit]을 클릭하세요. 배터리 유무는 보통 충전해서 사용하는 리튬이온 배터리와 일반 알카라인 배터리에 대한 정보를 요구하는데, 이 과정에서 잘 진행되지 않는 경우도 있기 때문에 초보 아마존셀러라면 가급적 배터리가 없는 상품을 선택하기 바랍니다. 특히, 리튬이온 배터리는 몇년 전 스마트폰 배터리 폭발 사고가 있었기 때문에 매우 민감한 사항이기도 합니다.

위험물은 보통 소비자 상품 카테고리 상품이 해당하며 퍼스널 케어(가연성 향수), 식료품(에어로졸 요리용 스프레이) 및 가정 용품(부식성 화장실 클리너)이 이에 포함됩니다.

위험물에서 요구하는 서류는 보통 상품의 안전 보건 자료인 SDS(Safety Data Sheet)이고, 물질 안전 보건 자료인 MSDS(Material Safety Data Sheet)를 첨부해도 됩니다.

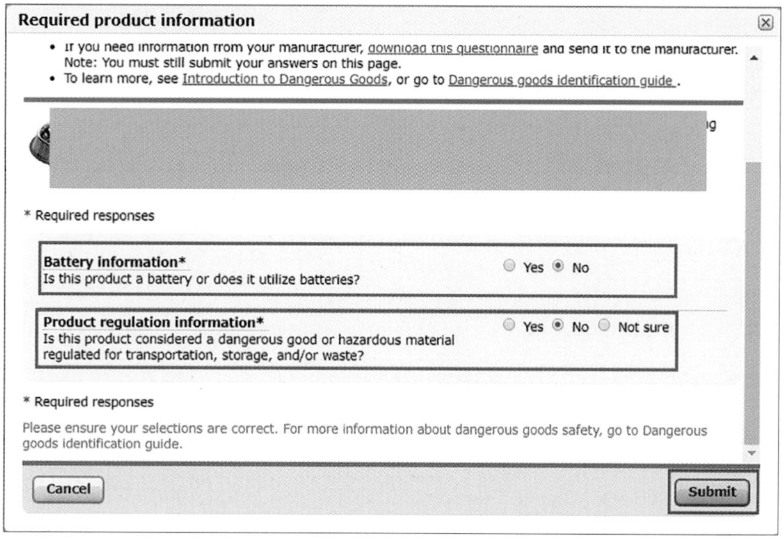

FBA 배송 계획 세우기

Send/replenish Inventory

1. 아마존 FBA 창고에 발송할 상품이 준비되면 배송 계획 설정 단계에 들어갑니다.

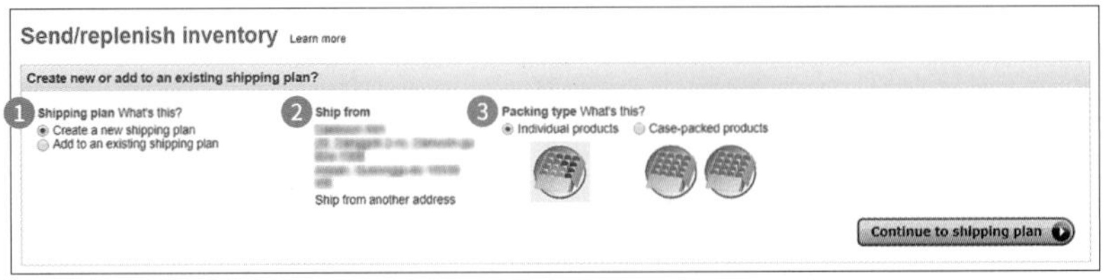

❶ **Shipping plan**: FBA 배송 신규 설정 시 [Create a new shipping plan]을 클릭합니다. 기존 상품에 추가로 배송 계획을 설정할 경우에는 [Add to an existing shipping plan]을 클릭합니다.
❷ **Ship from**: 이전에 저장한 발송 정보를 확인한 후 발송 주소를 변경할 때는 [Ship from another address]를 클릭해 신규 발송 정보를 입력하면 됩니다.
❸ **Packaging type**: 여러 가지 상품을 한 박스에 함께 보내는 경우에는 [Individual products], 동일한 상품을 보내는 경우에는 [Case – packed products]를 선택합니다.

2. [Continue to shipping plan]을 클릭해 다음 단계로 이동합니다.
이 과정이 처음이라면 [Create a new address] 항목을 클릭해 다음과 같은 상품의 발송 정보를 입력해야 합니다. 이때 *를 반드시 입력해야만 진행이 완료됩니다.

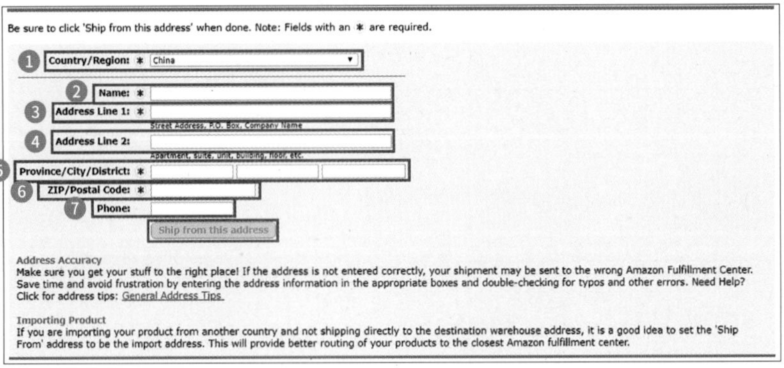

❶ **Country/Region**: 발송하는 국가를 설정합니다. 최초 미국으로 설정이 돼 있으므로 미국 외 지역이면 반드시 관련 지역으로 변경하기 바랍니다.

❷ **Name**: 발송자 이름을 입력합니다.
❸ **Address Line 1**: 발송 주소를 입력합니다.
❹ **Address Line 2**: Address Line 1에서 주소를 모두 입력하지 못한 경우, 추가 주소를 입력합니다.
❺ **Province / City / District**: 도시와 지역 정보 등을 입력합니다. 3가지 항목 모두 입력해야 진행됩니다.
❻ **Zip / Postal code**: 우편번호를 입력합니다.
❼ **Phone**: 발송자의 전화번호를 입력합니다.

위 단계를 완료하면 [Ship from this address] 항목이 활성화됩니다. 주소 정보를 확인한 후 클릭합니다.

Set Quantity

1. 아마존 FBA 창고에 보낼 상품의 수량 및 상품이 담기는 박스의 수량을 입력합니다.

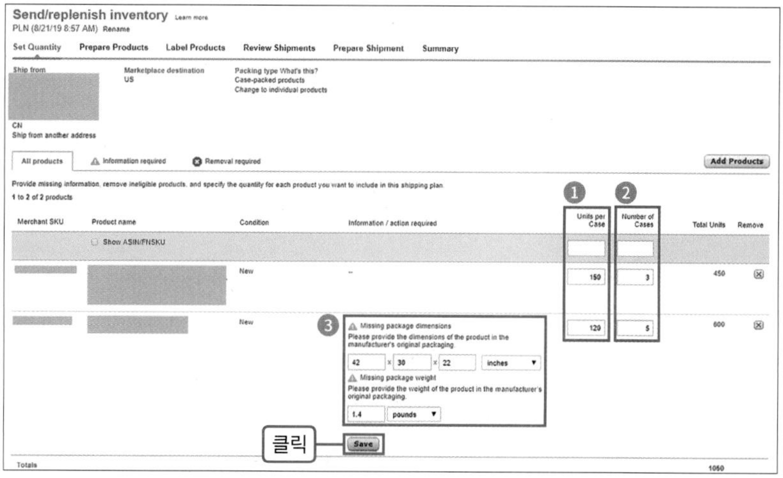

❶ **Units per Case**: 한 상자에 들어가는 상품의 수량을 입력합니다.
❷ **Number of Cases**: 상품이 들어간 개별 박스 수량을 입력합니다.
❸ 상품 등록(Listing) 시 [More Detail] 항목에서 개별 상품에 대한 사이즈와 무게를 입력하지 않은 경우, 개별 상품에 대한 정보를 입력해야만 합니다.

Prepare Products

상품 포장을 준비하는 주체를 결정합니다. 상품을 아마존 FBA 창고로 보내는 경우 개별 포장이 이뤄져야만 하는데, 이때 개별 포장을 누가 할 것인지를 결정하는 단계입니다. 보통 상품 포장은 공급업체에서 진행되므로 'Merchant'를 선택합니다. 'Amazon'을 선택하면 별도의 수수료가 발생합니다.

사전 포장과 관련된 사항은 [Prep Guidance]-[Choose Category]를 클릭하면 확인할 수 있습니다. 발송하는 상품이 'Perp Category'에 해당하지 않는다면 [No Prep Needed]를 클릭합니다. 참고로 사전 포장을 해도 아마존에서 고객에게 배송할 때 아마존 전용 포장 박스에 담겨 배송됩니다.

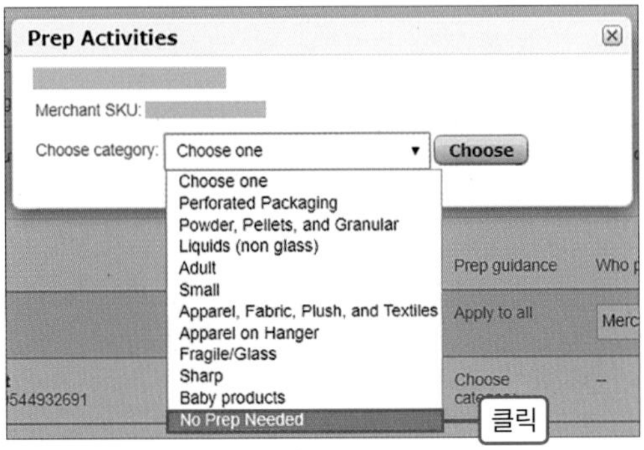

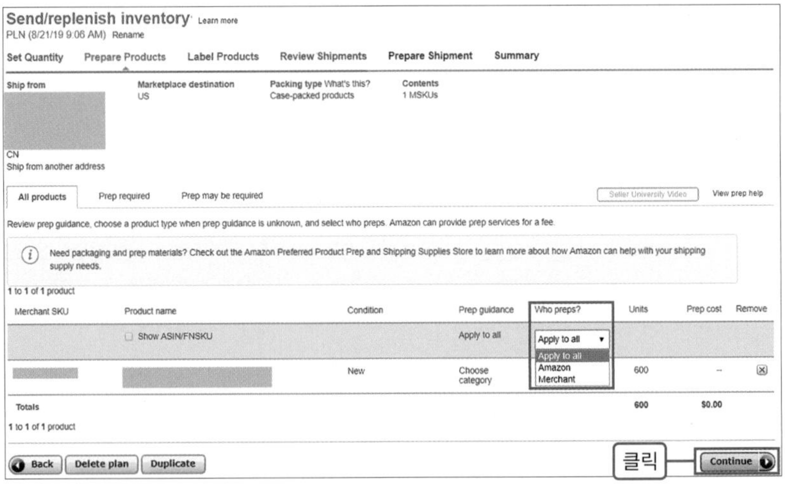

Label Products

아마존 FBA 창고에 상품을 입고하려면 아마존 바코드 또는 FNSKU라는 아마존에서 관리하기 위한 별도의 바코드를 부착해야만 하는데, 이 아마존 바코드를 개별 상품에 누가 부착할 것인지를 묻는 단계입니다. 요즘에는 제조업체 또는 검수업체에서 이런 서비스를 제공해 주기 때문에 'Merchant'를 선택합니다. 'Amazon'을 선택하면 별도의 수수료가 발생합니다.

아래쪽에 있는 A4 용지에 들어가는 라벨 수를 선택한 후 [Print labels for this page]를 클릭하면 다음과 같은 아마존 바코드를 다운로드할 수 있습니다. 이 바코드를 제조업체 또는 검수업체에 전달하면 됩니다. 간혹 신규 업체의 경우, 바코드를 부착해야 한다는 사실을 인지하고 있지 못하기 때문에 아마존 바코드 부착에 관해 협의한 후 부착하기 바랍니다.

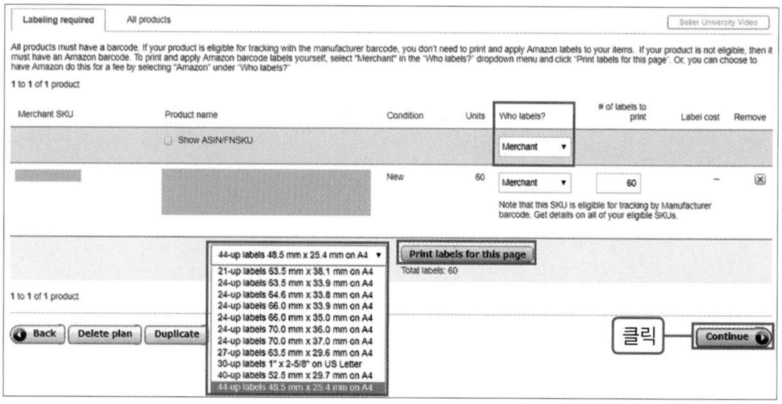

상품 바코드는 상품을 등록한 후 상품별 [Edit]-[Print item labels] 단계에서도 미리 출력할 수 있습니다. 이때는 반드시 FBA 설정(Change to Fulfilled by Amazon)을 완료해야 합니다. 출력하고자 하는 바코드의 개수도 임의로 설정할 수 있습니다.

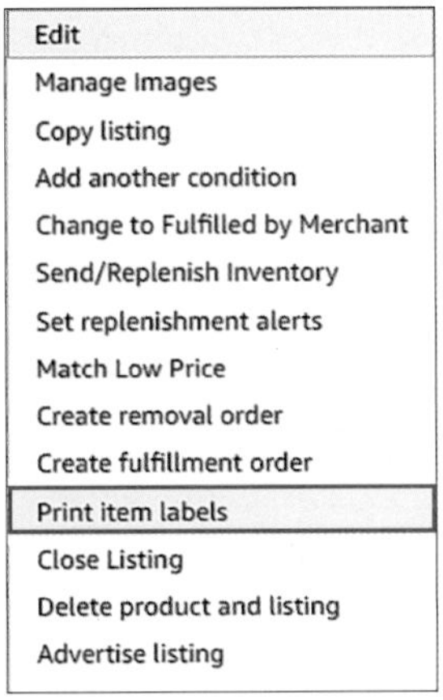

Review Shipments

상품을 발송할 아마존 FBA 창고의 주소를 확인한 후 배송 계획을 확정하는 단계입니다.

왼쪽에 있는 'Shipment name'은 미국 현지 날짜와 시간으로 표시됩니다. 아마존셀러가 직접 본인이 원하는 표현 방식으로 수정할 수 있습니다. 다음 화면은 텍사스주 달라스에 위치한 FTW1 창고로 지정됐습니다. 바로 옆에 있는 [View Shipment contents]를 클릭하면 상품 발송 정보를 확인할 수 있습니다.

상품이 1가지 또는 소량인 경우, 보통 1개의 아마존 창고가 지정되며 2가지 이상이거나 수량이 많으면 여러 창고로 나눠 발송해야 할 수도 있습니다. [Approve & continue]를 클릭해 배송 계획을 승인합니다.

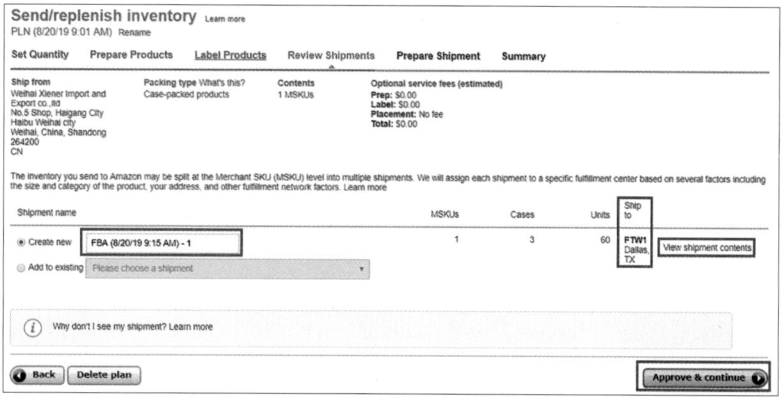

참고로 아마존이 지정한 여러 창고로 나눠 발송하는 것을 1개의 창고로 지정해 발송하고 싶다면 별도의 수수료가 발생하므로 추천하지 않습니다. 굳이 1개의 창고로 지정하려면 [Setting]-[Fulfillment by Amazon Settings]-[Inbound Settings]-[Inventory Placement Options: Distributed Inventory Placement(default setting)]를 [Edit]-[Inventory placement service]로 변경하면 됩니다.

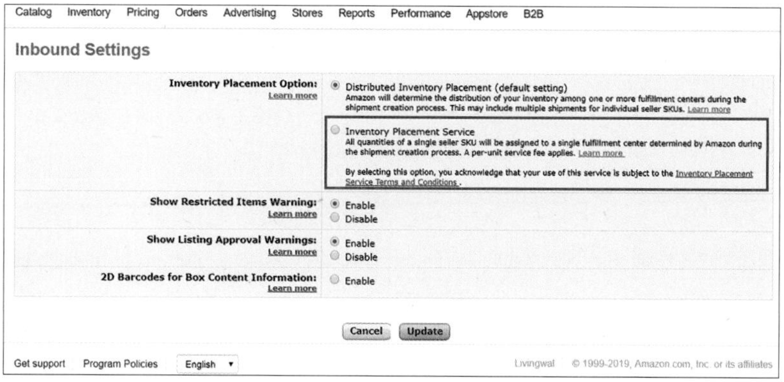

Prepare Shipment 배송 준비

Shipping service

배송 방법, 배송업체 등에 대한 정보를 입력할 수 있습니다.

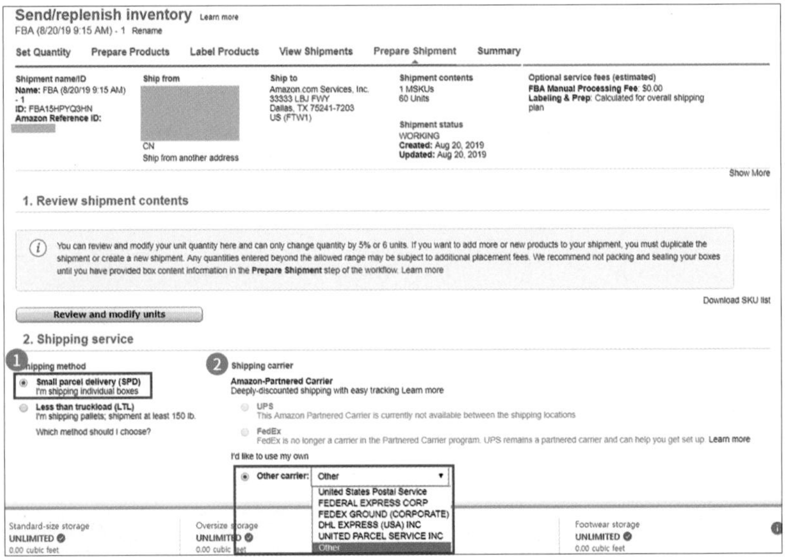

❶ **Shipping method**

- Small parcel delivery(SPD): 일반적인 박스로 배송할 경우에 해당합니다.
- Less than truckload(LTL): 팔렛트 포장이나 150lb 이상 대량으로 보낼 경우에 선택합니다. 팔렛트 발송 시 상품이나 포장 상자 등이 팔렛트의 바깥으로 튀어 나오면 안 되기 때문에 주의해야 합니다.

❷ **Shipping carrier** : 배송사를 선택하는 단계로, 미국 외의 지역에서 발송 시 'Other carrier'로 자동 설정됩니다. 드롭다운 화살표를 누르면 배송사를 설정할 수 있습니다. 필자는 제조업체 또는 검수업체를 통해 배송하기 때문에 'Other'를 선택합니다.

Shipment packing

아마존으로 발송하는 상품이 어떻게 포장해 발송할 것인지를 설정합니다. 예를 들어 모든 상품이 1개의 박스 안에 들어갈 경우, 'Everything in one box'를 선택하고 상품이 1개의 박스가 아닌 여러 박스에 나눠 담기는 경우, 'Multiple boxes'를 선택합니다.

참고로 아마존 FBA 창고에 박스로 발송하는 경우, 한 박스당 무게는 50lb(약 22.68kg)를 초과할 수 없고 사이즈도 한 면의 길이가 25inch(약 63.5cm)를 초과할 수 없습니다. 이 기준은 성인 남성이 박스를 들거나, 이동하거나, 옮기거나, 장소에 놓을 때 무리가 없는 기준이라고 생각하면 됩니다.

다음은 'Multiple box'를 선택한 경우로, 박스당 수량이 다른 경우에는 [Another box configuration]을 클릭해 박스 개수와 박스당 상품의 수량을 입력할 수 있습니다. 또한 박스당 무게와 사이즈도 입력합니다. 왼쪽 아래에 'Number of boxes left: 497'로 표기된 이유는 한 상품당 박스는 500개가 기준이기 때문이며 현재 3박스를 보내는 것으로 설정됐기 때문에 남은 박스 수량인 497이라는 숫자가 표기된 것입니다. 이 단계에서 [Save for later]를 클릭하면 관련 정보를 저장할 수도 있습니다.

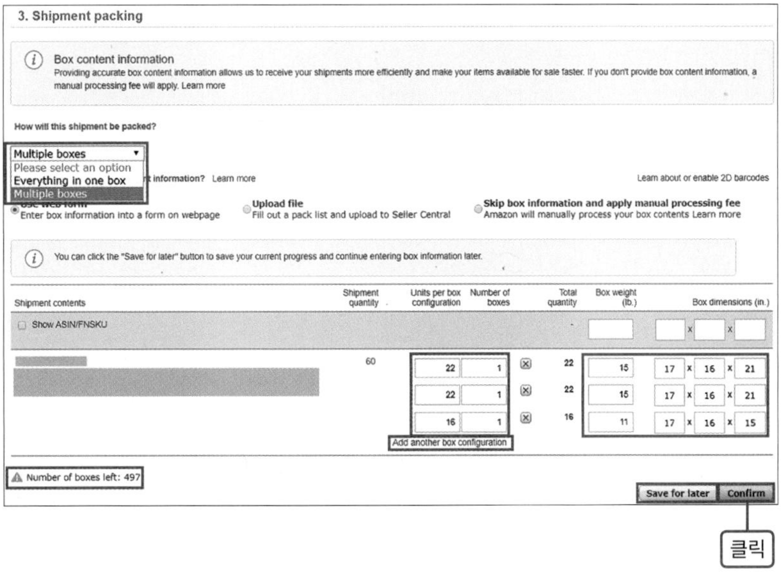

Shipping labels

상품이 담긴 박스에 부착할 발송 라벨을 부착하는 단계입니다. #of boxes paper type에서 '3-1/3"×4"(US Letter)'를 선택한 후 [Print Box labels]를 클릭하면 다음과 같은 발송 상자에 부착할 배송용 바코드가 생성됩니다. 이 바코드 역시 아마존셀러가 직접 발송하지 않는 경우에는 상품을 발송할 제조업체, 공급업체 또는 검수업체에 전달하면 됩니다. 발송하는 박스가 3개라면 배송용 바코드 역시 3개가 생성되는데, 가급적 박스별로 동일한 바코드를 여러 면에 부착해야 훼손을 방지할 수 있습니다.

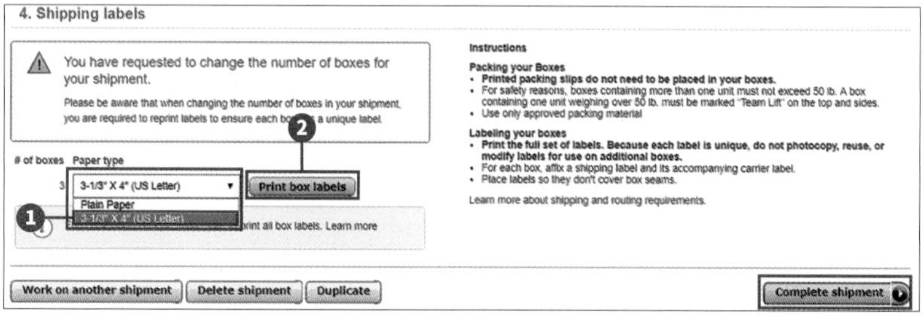

바코드별로 상품의 수량과 박스 숫자가 입력되는 것을 확인할 수 있고 발송지를 중국으로 설정할 경우에는 발송 정보가 중국어로 표기됩니다. 만약, 한국에서 발송할 경우에는 영어로 표기됩니다.

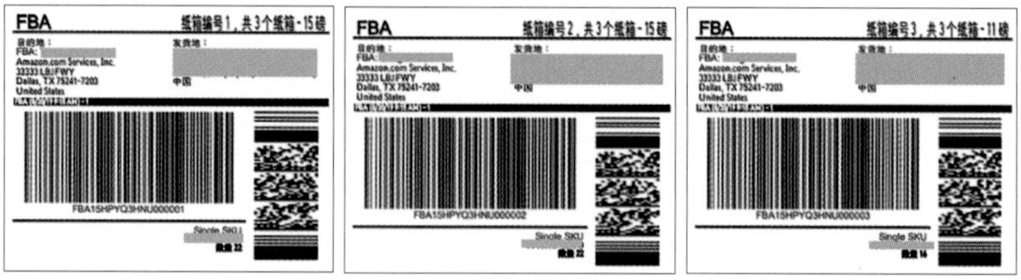

Summary

상품을 발송한 후 발송 정보를 기록하는 단계입니다.

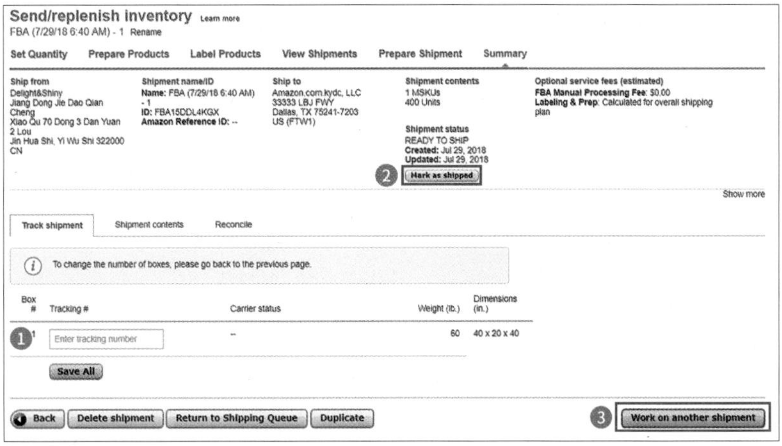

❶ Tracking No.(송장 번호)를 입력합니다.
❷ [Mark as shipped]를 클릭하면 'ready to ship'에서 'Shipped'로 변경돼 적용됩니다.
❸ [Work on another shipment]를 클릭하면 전반적인 배송 계획이 끝납니다.

배송이 완료된 후 아마존 창고에 상품이 입고되는 상황을 살펴보면 하루에 모든 상품이 등록되지 않는다는 것을 알 수 있습니다. 아마존에는 매일 수만 가지의 상품이 입고되기 때문에 하루에 처리할 수 있는 양이 한정돼 있습니다. 상품의 양에 따라 약 2주 정도면 모든 상품이 입고된 상태를 확인할 수 있습니다. 1개의 상품이라도 입고되면 바로 판매할 수 있기 때문에 너무 조급하게 생각해서는 안 됩니다.

아마존에서 판매할 상품을 직접 생산하지 않는다면 판매할 상품을 어디서든 구해야만 합니다. 이를 위해서는 이미 전 세계 대부분의 상품을 생산하고 판매하는 세계 최대의 제조업 국가인 중국을 통해 구할 수 있고 그중에서도 온라인을 통해 쉽게 접근할 수 있으며 상품을 저렴하게 구할 수 있는 알리바바를 이용할 수 있습니다. 넷째마당에서는 세계 최대의 온라인 제조 플랫폼인 알리바바를 통해 아마존에서 판매할 나만의 상품을 찾는 방법을 알아보겠습니다.

넷째 마당

알리바바에서 나만의 상품 찾기

아마존셀러 무작정 따라하기

001 알리바바를 활용해 나만의 상품 찾기

알리바바 회원 가입하기

알리바바 회원 가입은 크롬의 검색 창에 'www.alibaba.com'을 입력한 후 다음 순서대로 진행하면 됩니다.

1. [Join Free]를 클릭합니다.

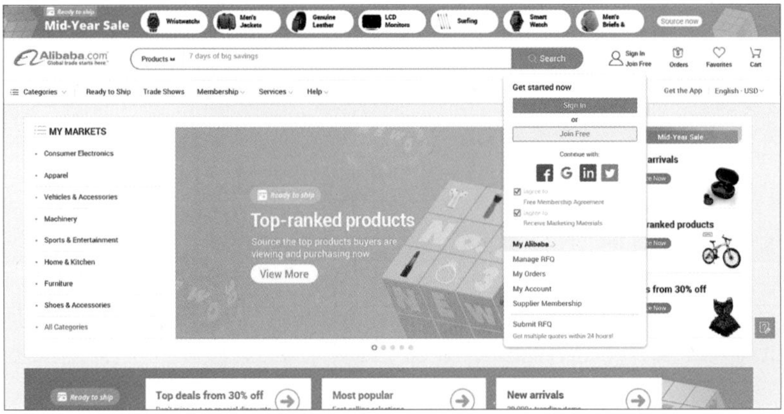

❶ **Email**: 아이디로 사용할 E-mail 주소를 입력합니다.
❷ **Verification**: 마우스를 오른쪽 끝까지 드래그한 후 인증 문자를 입력하고 [Submit]을 클릭합니다.

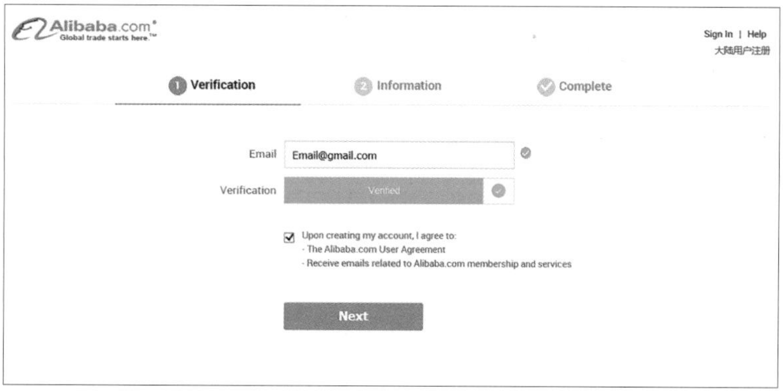

2. 'Upon creating my account, I agree to'에 체크 표시를 한 후 [Next]를 클릭합니다(참고로 체크 표시를 하지 않으면 가입이 진행되지 않습니다).

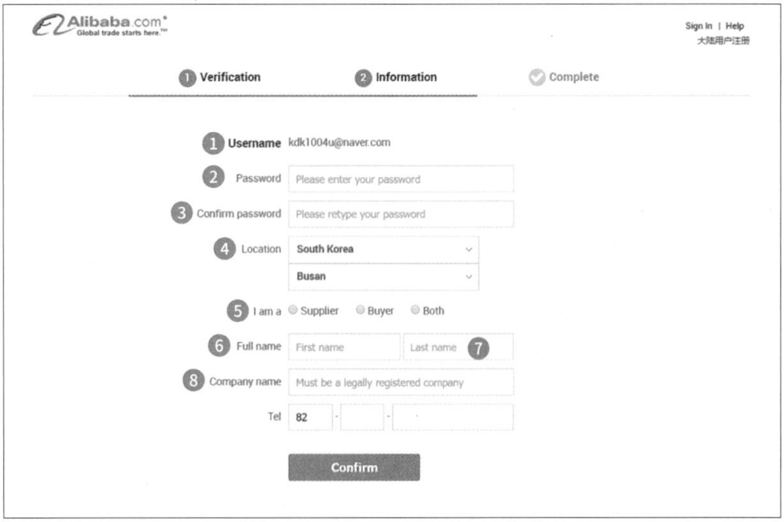

❶ **Username**: 등록한 E-mail 주소를 확인(자동 완성)합니다.
❷ **Password**: 사용할 비밀번호 입력합니다.
❸ **Confirm password**: 비밀번호 다시 입력합니다.
❹ **Location**: 'South Korea'를 선택한 후 해당 도시를 선택합니다.
❺ **I am a**: 공급자, 구매자 또는 공급자이면서 구매자 여부 체크 표시를 합니다.
❻ **Full name First name**: 이름을 영문으로 입력합니다.
❼ **Full name Last name**: 성을 영문으로 입력합니다.
❽ **Company name**: 회사 이름의 경우, 법적인 회사 이름을 원하고 있지만, 회사 이름을 자신이 직접 지정해 입력해도 무방합니다.

3. 자신이 등록한 E-mail에서 24시간 안에 [Complete]를 클릭해 본인 여부를 최종 확인합니다.

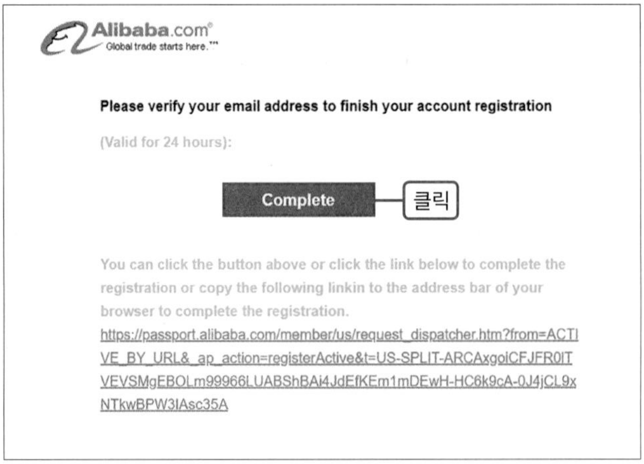

4. 이후 다시 알리바바 화면으로 돌아오면 개인 매니저가 지정됐다는 메시지가 나타납니다. [OK]를 클릭해 이후 절차를 진행합니다.

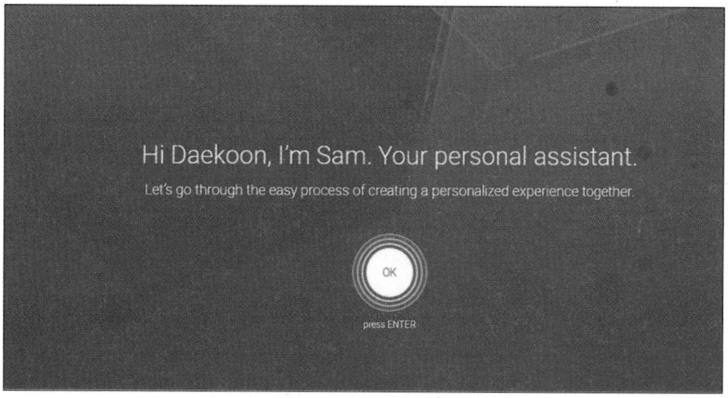

5. 등록이 완료됐다는 문구가 나타나면 [Personalize Now]를 클릭합니다.

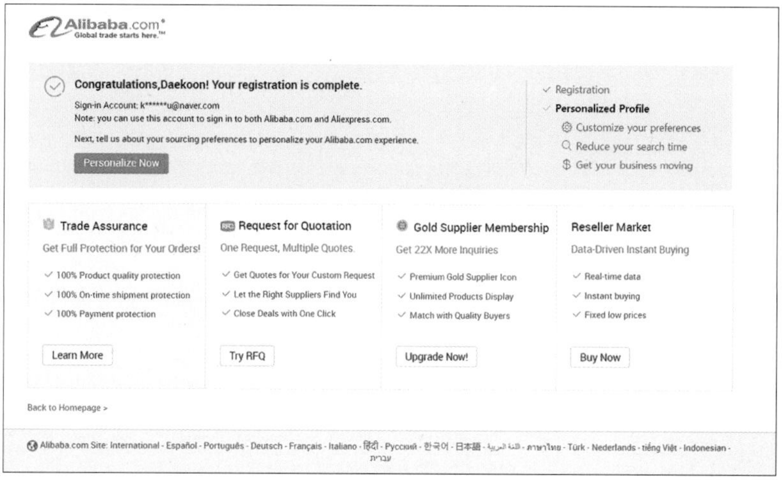

6. 이후 진행되는 설문조사는 자신의 상황에 맞게 선택하면 됩니다. 다음은 임의로 선택한 예시입니다.

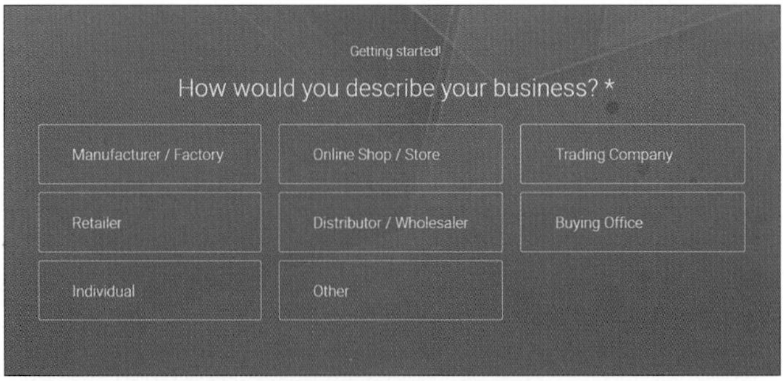
Getting started!
How would you describe your business? *
Manufacturer / Factory
Online Shop / Store
Trading Company
Retailer
Distributor / Wholesaler
Buying Office
Individual
Other

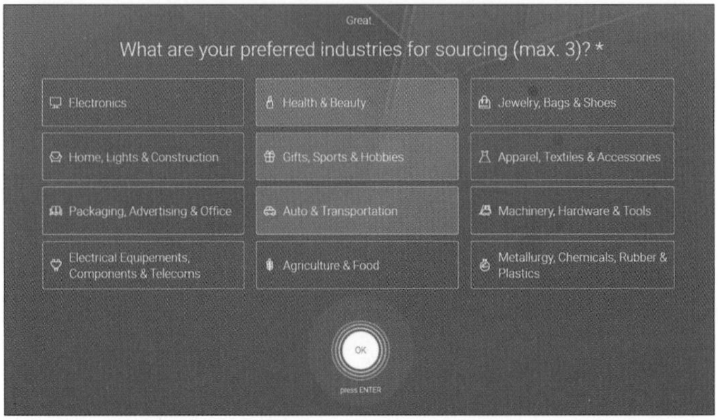
Great
What are your preferred industries for sourcing (max. 3)? *
Electronics
Health & Beauty
Jewelry, Bags & Shoes
Home, Lights & Construction
Gifts, Sports & Hobbies
Apparel, Textiles & Accessories
Packaging, Advertising & Office
Auto & Transportation
Machinery, Hardware & Tools
Electrical Equipements, Components & Telecoms
Agriculture & Food
Metallurgy, Chemicals, Rubber & Plastics
OK
press ENTER

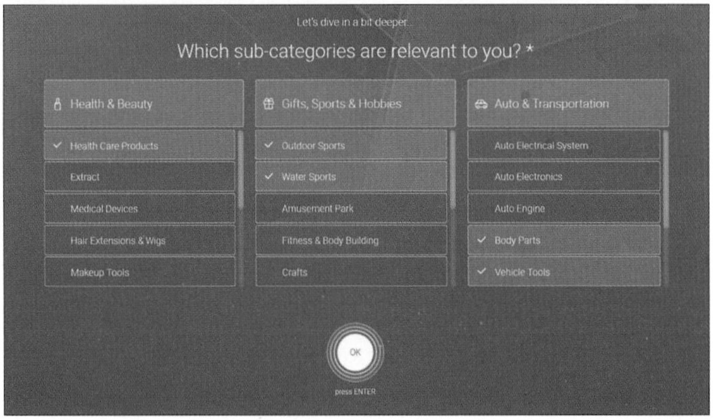
Let's dive in a bit deeper...
Which sub-categories are relevant to you? *
Health & Beauty
Gifts, Sports & Hobbies
Auto & Transportation
Health Care Products
Outdoor Sports
Auto Electrical System
Extract
Water Sports
Auto Electronics
Medical Devices
Amusement Park
Auto Engine
Hair Extensions & Wigs
Fitness & Body Building
Body Parts
Makeup Tools
Crafts
Vehicle Tools
OK
press ENTER

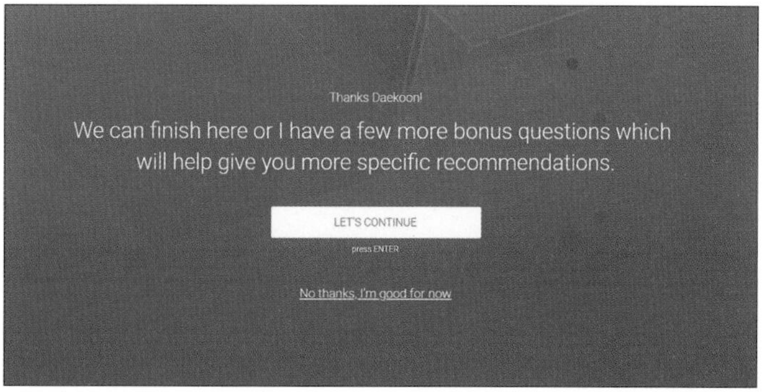

7. 다음과 같이 [Bonus] 항목이 나타나면 [Skip this question]을 클릭한 후 바로 알리바바에 로그인합니다. 원하는 사람은 보너스 설문에 응하기 바랍니다.

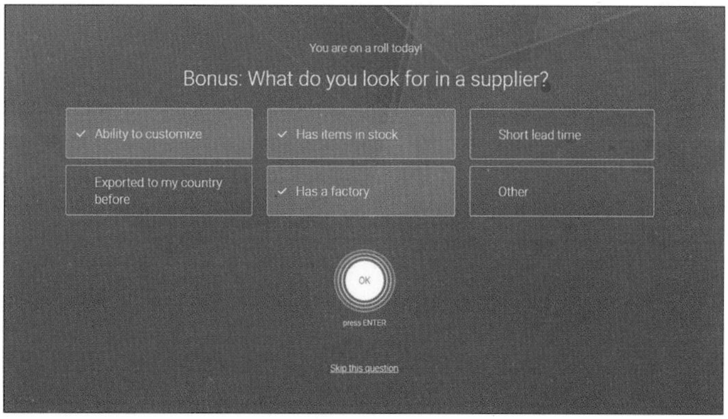

알리바바에서 판매할 물품 찾기

이제 본격적으로 알리바바 웹 사이트에서 아마존에서 판매할 상품을 검색해 보겠습니다. 알리바바 웹 사이트에서 검색하는 방법은 크게 키워드 검색 방식과 이미지 검색 방식이 있고 상품과 공급처로 나눠 검색하는 방법도 있습니다. 여기서는 'Water Doodle Mat' 키워드 검색 방식을 예로 들어 설명하겠습니다.

1. 알리바바 검색 창에 해당 메인 키워드인 'Water Doodle Mat'를 입력한 후 [Search]를 클릭합니다.

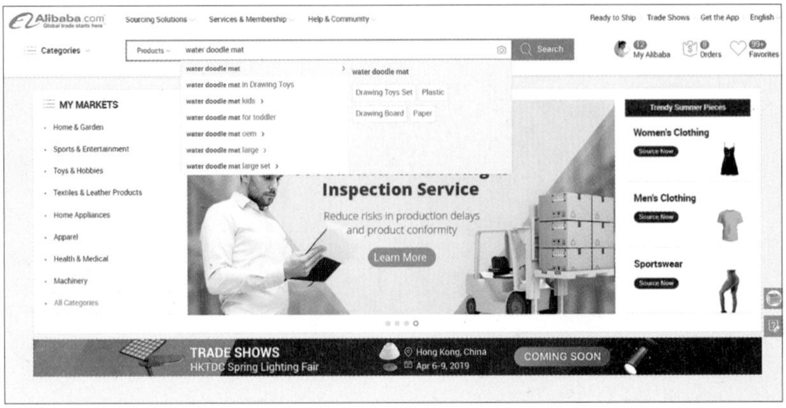

2. 상품 페이지의 하트를 클릭하면 오른쪽 위에 있는 'Favorite'(즐겨찾기)에 포함됩니다.

'Filter Results by'에는 상품별로 노출되는 항목이 다릅니다. 따라서 여러분이 원하는 항목을 필터링해 선택할 수 있습니다.

참고로 [supplier type]을 클릭하면 'Trade Assurance'(알리바바에서 거래를 보증하는 업체)와 'verified supplier'(인증된 공급업체, 이전의 Gold Supplier)에 체크 표시를 한 경우, 신뢰성이 더 높고 검증된 공급업체들을 볼 수 있습니다. 그리고 이 필터를 적용한 만큼 나타나는 결괏값이 확연히 줄어듭니다.

판매하고 싶은 상품과 유사한 상품을 찾아 상품을 클릭한 후 [Contact Supplier](공급업체 문의하기)를 클릭해 위에서 제시한 공급업체로부터 얻어야 할 정보를 내용에 맞게 입력하면 됩니다.

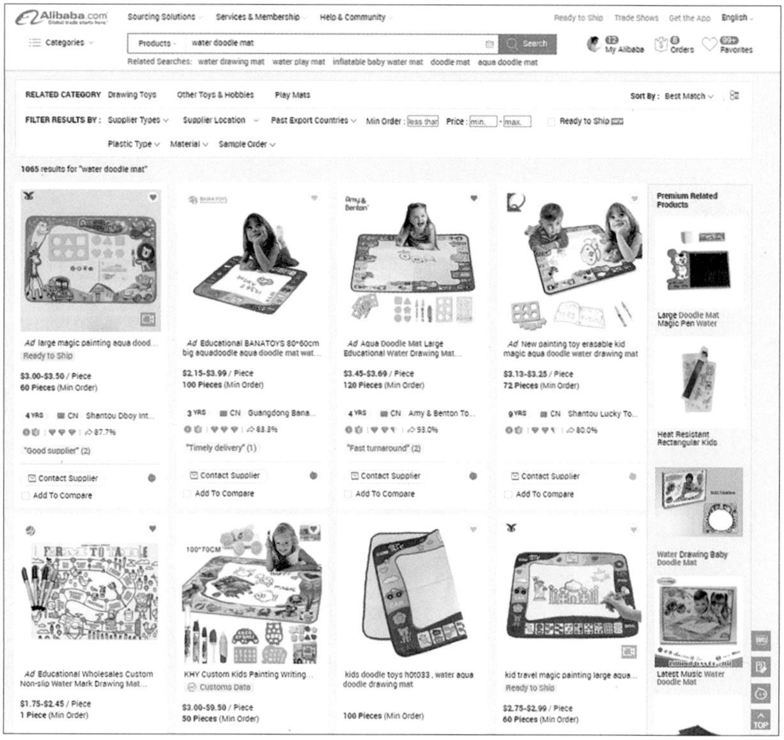

공급업체에 요청할 영문 템플릿은 부록을 참조하기 바랍니다. 다음은 필자가 이전에 보냈던 예시입니다.

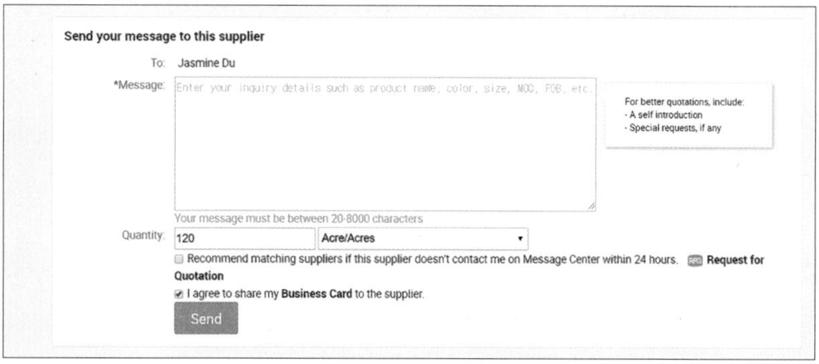

공급업체로 보낸 메일 예시

Dear Manager
I am '본인 이름' and the owner'or 직책' of '회사 이름', a company specializing in products for '관련된 상품'. We are currently looking to expand our product line and I'm interested in your '상품 이름 / 링크주소'

Could you provide me with the following below information?

- Are you able to provide custom packaging?
- What is the standard production time for each order?
- What is the price per unit(including packaging) at the following MOQs:
- < 100 pcs:
- 101 ~ 500 pcs:
- 501 ~ 1000 pcs:
- > 1000 pcs:

Could you provide me a sample for this Item?

I appreciate your time and look forward to hearing from you soon so that we can move forward with our next order.

Regard,
'이름 / 직위'
회사 이름

영문 템플릿의 내용은 똑같이 적지 말고 본인의 상황에 맞게 정보를 수정해 보내야 합니다. 자칫 모두 똑같은 메시지로 문의하면 우리를 전문적인 판매자로 인식하지 못할 수도 있기 때문입니다.

제조업체 또는 공급업체 찾기

아마존에서 판매할 상품을 선정한 후 상품을 공급할 공급업체 또는 제조업체를 찾는 방법을 알아보겠습니다. 필자는는 1가지 상품에 대해 최소 5군데 이상의 공급업체에 문의합니다. 공급업체로부터 제공받아야 할 정보는 다음과 같습니다.

- 상품 가격
- 샘플 요청
- MOQ(최소 주문 수량)
- 상품 판매 가능 여부
- 상품 개선 가능 여부
- 내 브랜드 적용 가능 여부
- 생산 기간

브랜드 적용이나 패키징 변경, 설명서 첨부 등 세부적인 사항은 업체를 선정한 후에 진행하면 됩니다. 필자는 공급업체나 제조업체를 보통 중국의 알리바바에서 찾습니다. 물론 여러분들은 국내 제조업체 또는 도매처에서 공급받아도 무방합니다. 국내에서 직접 제조하는 제조업체와 달리, 국내 도매처의 상품들은 대개 중국에서 온 것들이며 내 브랜드를 적용하기 어려운 단점이 있습니다. 따라서 중국의 알리바바에서 상품을 공급할 업체를 찾는 것을 추천합니다. 여기서는 알리바바에서 공급업체를 찾는 방법을 기준으로 설명하겠습니다.

공급업체를 통합 관리하는 방법

알비바바에서 검색한 후에 나온 상품과 업체들의 정보에서 상품별로 '하트'를 볼 수 있습니다. 이곳을 클릭하면 알리바바의 오른쪽 위에 있는 'favorite'이라는 곳에 체크 표시된 업체들이 모두 포함됩니다.

위쪽에 있는 [Favorite]를 클릭해 선택된 업체들 중 문의하고자 하는 업체를 선택한 후 왼쪽 위에 있는 [Contact Supplier]를 클릭합니다.

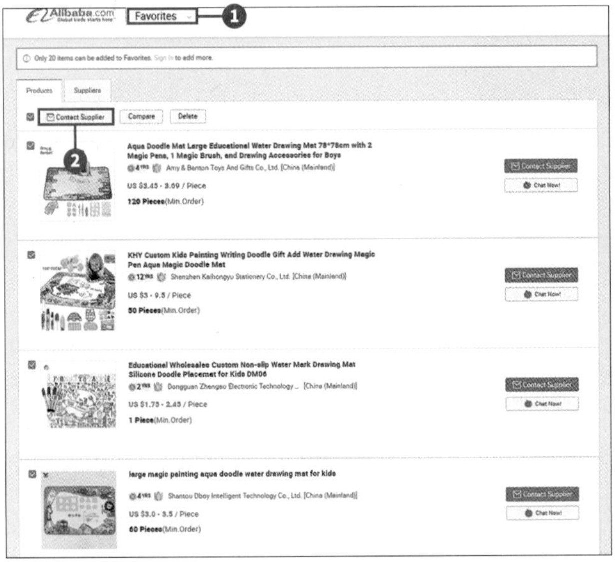

다음과 같이 한 번에 관련 내용을 보낼 수 있는 창이 나타나므로 이곳에 담당자를 지정하지 않고 요청 사항을 의뢰하면 됩니다. 이런 방식으로 유사한 상품에 대해 연락하면 이후에 알리바바에서 업체들을 관리하거나 판매할 상품을 선택하는 데 있어서도 매우 편리하고 알리바바를 쉽게 이용할 수 있습니다. 알리바바에 의뢰한 사항은 오른쪽 위에 있는 [My Alibaba]를 클릭하면 다음 화면 형태로 표시됩니다.

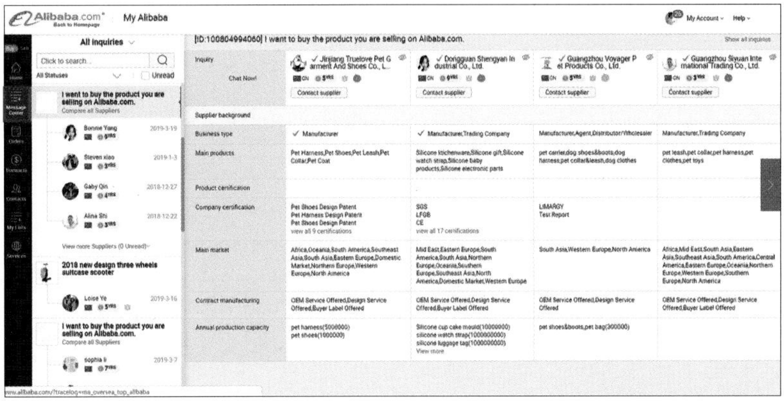

이때 왼쪽에 있는 [Message Center]를 클릭하면 의뢰한 업체들이 4개의 결괏값을 기준으로 한 번에 나타납니다. 만약 선택한 업체가 4곳 이상일 경우, [View more suppliers]를 클릭하거나 화면의 ⌄를 클릭하면 추가로 선택한 업체들의 정보를 볼 수 있고 업체 이름을 클릭하면 세부적인 메시지 내용을 확인할 수 있습니다.

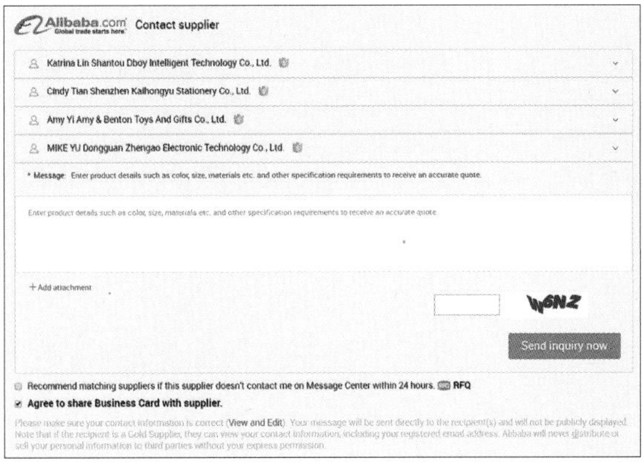

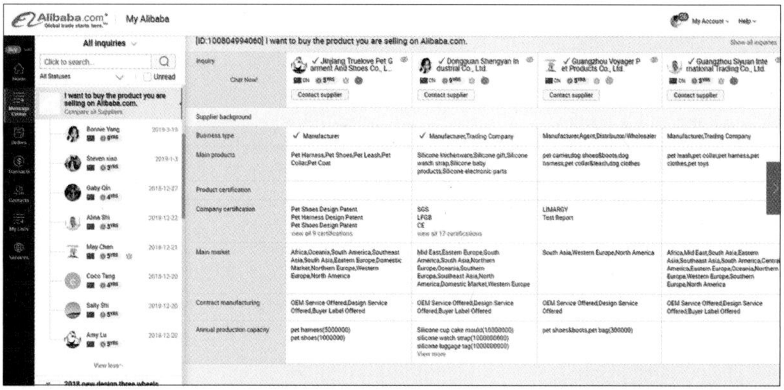

알리바바에서 업체 담당자와 메시지를 주고받다 보면 위챗(Wechat)이나 스카이프(Skype) 또는 개인 이메일을 통한 연락을 요청하는 경우가 있는데, 이는 자신의 상황에 맞게 대응하길 바랍니다.

필자는 대개 알리바바 화면이나 위챗을 통해 업체와 연락하고 있습니다. 그 이유는 다양한 방식으로 업체와 메시지를 주고받다 보면 관리하기 어렵고 의사소통도 어려운 경우가 발생하기 때문입니다.

알리바바 샘플 주문하고 결제하기

주문하기

알리바바에서 상품을 공급할 공급업체를 선택해 연락을 취한 후에는 반드시 샘플을 요청해 직접 샘플을 확인해 보길 바랍니다. 필자는 기본적으로 메시지를 주고받은 여러 공급업체로부터 샘플을 받은 후 반드시 상품별로 비교하거나 체험한 후 불편한 점이나 개선해야 할 점을 체크합니다.

결제하기

알리바바에서 샘플을 결제해야 할 경우, 알리바바 결제 링크를 통해 해외 결제가 가능한 신용카드(체크카드)로 결제하길 추천합니다. 알리바바 담당자에게 알리바바에서 결제하려고 한다고 설명하면 알리바바 결제 링크를 전달해 줍니다. 이 링크 주소를 새 창에 붙여 넣기한 후 카드 결제를 통해 결제하면 결제가 안전하게 이뤄집니다. 만약, 문제가 발생할 경우에는 알리바바에 문의해 해결할 수도 있기 때문에 필자는 거의 알리바바에서 결제합니다. 물론 상품 결제도 이 방식으로 결제합니다.

알리바바 상품이나 샘플에 대한 카드 결제 순서

1. 담당자와 미리 협의한 상품의 가격을 확인한 후 [Send initial payment]를 클릭합니다.

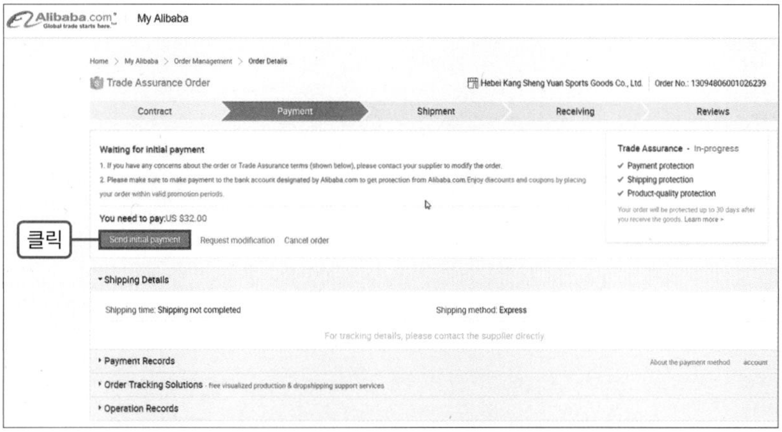

2. 결제 방식을 선택합니다. 필자는 보통 해외 결제가 가능한 신용카드(체크카드)를 선택합니다. 오른쪽에 있는 알리바바 결제 수수료를 포함한 총 결제 금액을 확인한 후 결제 박스의 [Pay Now]를 클릭합니다. 이 서비스를 처음 이용할 경우에는 [+ Add a new card to pay in USD($)]를 클릭해 카드 정보를 입력합니다.

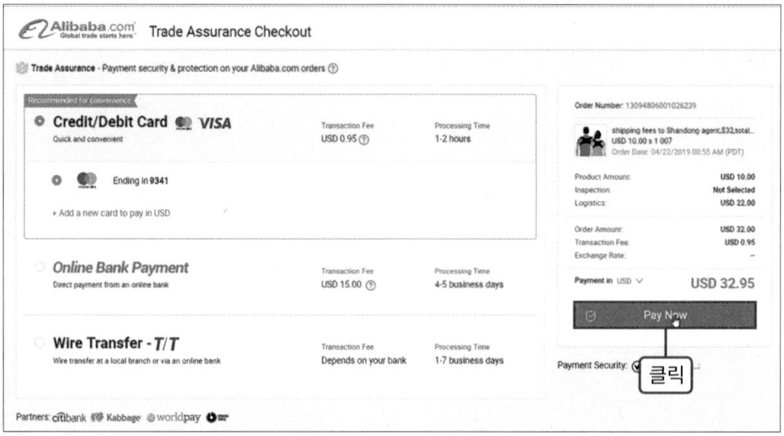

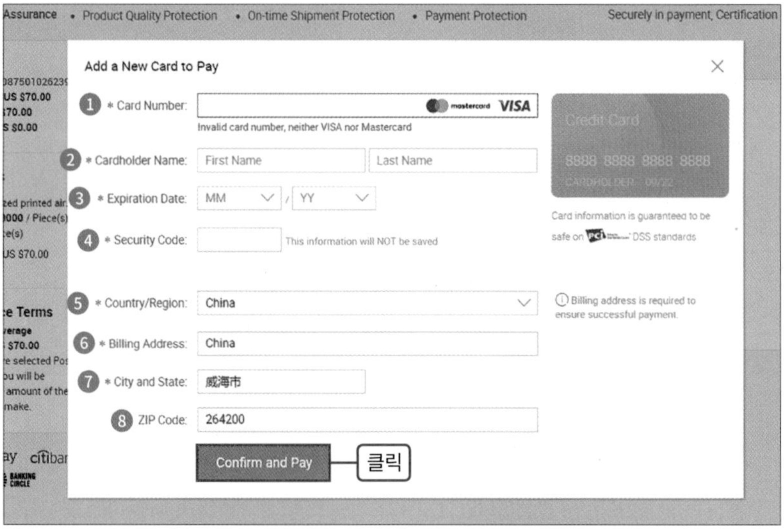

❶ **Card Number**: 해외 결제가 가능한 본인 소유의 카드 번호를 입력합니다.
❷ **Cardholder Name**: 카드 앞면에 적혀 있는 영문 이름과 성을 입력합니다.
❸ **Expiration Date**: 카드 유효 기간을 월, 연 순으로 드래그해 선택합니다.
❹ **Security Code**: 대개 카드 뒷면의 서명란에 적혀 있는 CVC code 번호 3자리를 입력합니다.

❺ **Country/Region**: South Korea를 선택합니다.
❻ **Billing Address**: 카드 청구지 주소를 적는 것으로 카드 발급 시 등록한 주소를 적으시기 바랍니다.
❼ **City and State**: 도시 정보를 입력합니다.
❽ **Zip Code**: 우편번호를 입력합니다.

3. 결제가 성공적으로 완료됐다는 화면을 확인할 수 있습니다.

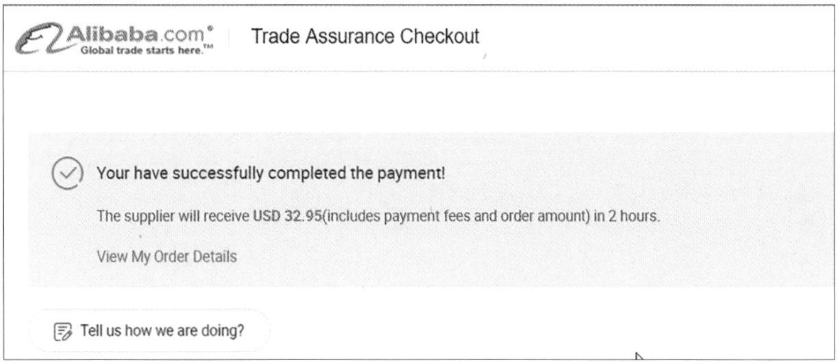

4. 결제된 부분을 확인하고 싶을 경우, 'My Alibaba' 화면의 왼쪽에 있는 [Orders]를 클릭합니다.

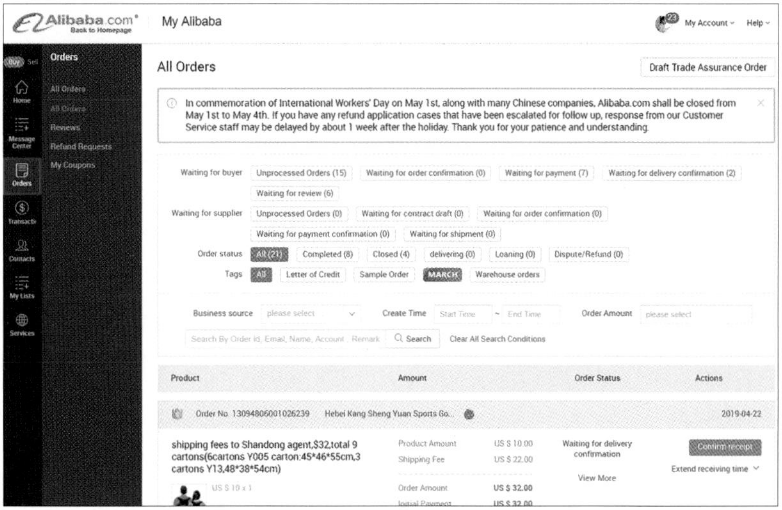

상품 업그레이드 또는 차별화하기

아마존에서 판매할 상품을 업그레이드하거나 다른 상품과 차별화하기 좋은 방법은 바로 아마존을 이용하는 것입니다. 이게 무슨 이야기냐고 하겠지만, 적을 알고 나를 알아야 전쟁에서 승리할 가능성이 높은 것처럼 아마존에서 판매하는 경쟁 상품을 분석해 나의 상품의 단점을 최소화하고 장점을 극대화해야 나의 상품이 잘 팔릴 수 있는 것입니다. 경쟁 상품을 가장 쉽게 분석할 수 있는 방법은 바로 Q&A와 리뷰 점검입니다.

Q&A를 통해 상품 개선하기

고객들은 대개 상품에 대해 궁금한 사항이나 문의를 하고자 할 때 Q&A를 이용합니다. 아마존 상품 판매 페이지의 아래쪽으로 스크롤을 내리면 중간에 다음과 같은 'Customer Question & answers'를 확인할 수 있습니다.

상품에 대한 세 번째 예시를 클릭하면 'How long does the battery last'라는 질문을 볼 수 있고 [see more answers]를 클릭하면 3가지의 답변을 볼 수 있습니다. 이 경우에는 상품의 배터리 지속 시간을 더 늘리거나 보조 배터리를 제공하는 식으로 상품을 개선할 수 있습니다.

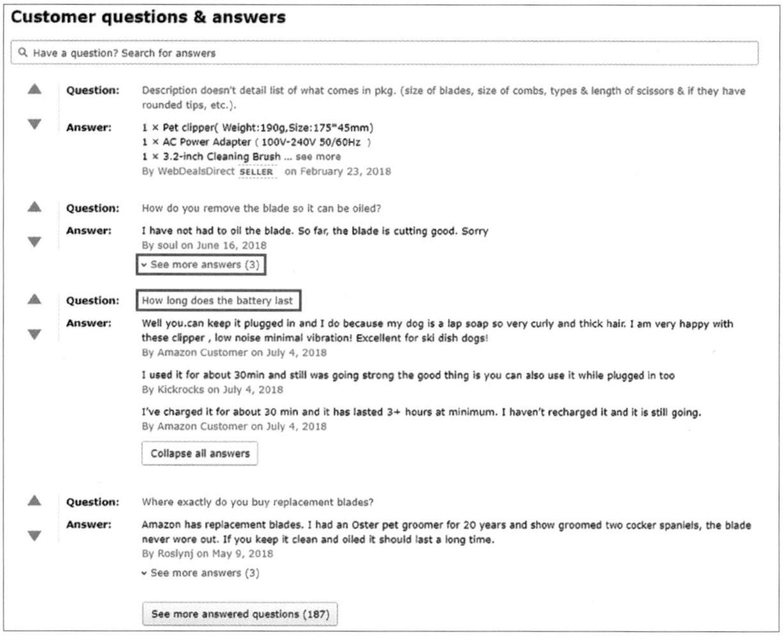

상품 고객 후기를 보고 상품 개선하기

Q&A 바로 아래쪽에 있는 'Review' 화면에서 아무 리뷰나 클릭하면 리뷰만 필터링할 수 있는 화면이 나타납니다. 이때 [Filter By] 항목의 세 번째에 해당하는 별점 분류에서 [All Critical(모든 부정적인 리뷰)] 항목을 클릭해 별점이 낮은 것들만 확인한 후 이 상품이 갖고 있던 문제나 소비자 불만 등에 대한 사항을 점검해 나의 상품을 런칭하기 전에 공급사와의 협의를 통해 관련 문제를 최소화하거나 개선할 수 있도록 상품을 업그레이드하기 바랍니다.

간단한 예로 상품의 접착 방식이 접는 것이라면 벨크로(일명 찍찍이), 버튼형 단추(암수 접합형), 지퍼 추가, 고정 끈 추가 등을 통해 상품을 개선할 수 있습니다.

구성품이 들어가는 상품일 경우에는 구성품을 다양하게 추가하거나, 매뉴얼을 추가하거나, 구성품을 다양하게 활용할 수 있는 방법 등을 알려 주는 것만으로도 다른 상품과 차별화할 수 있습니다.

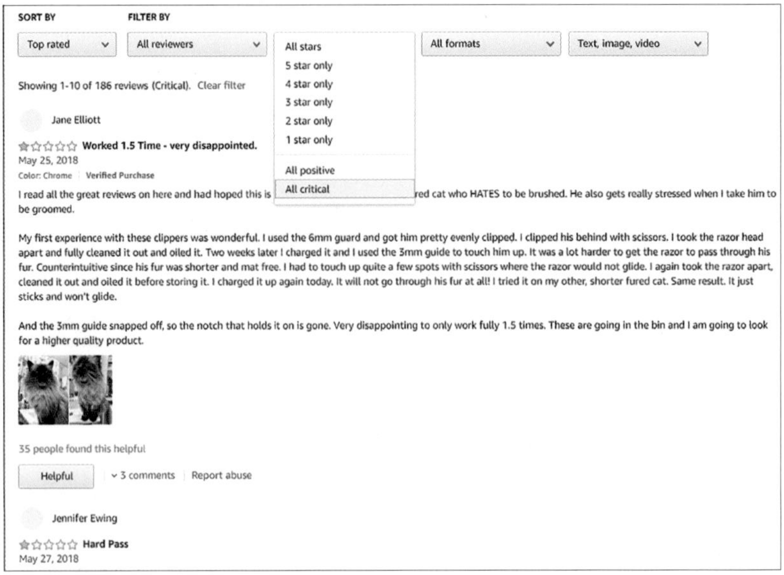

PLUS

알리바바 상품 개선 또는 내 브랜드 입히기

상품을 선정한 후 공급업체에 추가로 상품 개선이 가능한지, 업그레이드를 통해 상품의 차별화가 가능한지, 구체적인 단가와 패키징, 배송, 검수, 아마존 바코드 부착 등에 대한 세부 사항 등을 문의합니다. 또 내 브랜드를 입힐 수 있는 방법에 대해 서로 협의합니다. 대부분의 알리바바 업체는 나만의 브랜드나 로고 적용을 하는 데 문제가 없었습니다.

여기서 '내 브랜드'는 기존 알리바바에서 공급하는 상품에 나의 브랜드나 로고를 인쇄, 박음질, 프린팅 등을 통해 나만의 상품으로 만드는 과정을 말합니다. 아마존에서 브랜드를 등록하는 것과는 차이가 있습니다. 물론, 아마존에 브랜드를 등록하기 전에 나만의 상품으로 판매할 때는 같은 브랜드만 아니라면 아무런 문제가 발생하지 않습니다. 따라서 상표권이나 브랜드를 강화하길 원하는 사람은 판매가 어느 정도 이뤄지고 난 후에 아마존에 신청하기 바랍니다. 아마존 코리아 또는 Kotra에 미리 문의하면 지원금을 받을 수 있습니다.

성공적인 아마존셀러가 되려면 무엇보다도 수익률이 중요합니다. 수익률을 높이기 위해서는 아마존에서 부과하는 각종 수수료를 알아야 하고 소싱하는 상품의 금액과 더불어 아마존 FBA 창고까지의 운송비 등에 대해 알아야 합니다.
다섯째마당에서는 아마존에서 부과하는 각종 수수료와 함께 소싱업체(보통 중국)에서 아마존 FBA 창고까지 보내는 데 필요한 운송료에 대해 알아보겠습니다.

다섯째 마당

성공한 아마존셀러가 되려면 수익률과 효율을 잡아라

아마존셀러
무작정 따라하기

001

아마존 비즈니스 수익 계산하기

이번에는 아마존에서 상품을 판매하고 수익을 계산하기 위해 드는 비용을 알아보겠습니다. 아마존 FBA 시스템을 이용해 상품을 판매하면 아마존에 내야 할 수수료가 발생합니다.

아마존의 수수료와 수익 계산하기

아마존에서 상품을 판매할 때 수익에 영향을 미칠 수 있는 대표적인 3가지는 아마존 창고까지 운송하는 비용을 포함한 상품 비용, 아마존 판매 수수료 및 FBA 수수료, 광고 비용입니다. 다음의 예시로 좀 더 자세히 알아보겠습니다.

예

아마존에서의 상품 판매 가격: 39.99달러

- 판매 수수료: 6달러(15%)
- FBA 수수료: 9.94달러
- 아마존 창고까지의 운송비: -1.50달러
- 상품 원가: 10.35달러
- 판매 순수익 = 39.99달러 – (6달러 + 9.94달러 + 1.5달러 + 10.35달러) = 12.20달러(30.51%)

Amazon Referral Fee

상품 1개를 판매할 때마다 아마존에 내야 할 고정비로, 대부분의 카테고리에서 15% 정도로 책정돼 있고 어떤 카테고리에서는 좀 더 낮습니다. 아마존은 적용 가능한 상품 판매 수수료 비율(Referral fee percentage, %)과 아이템당 최소 상품 판매 수수료(Applicable Minimum referral fee, 달러) 중 높은 금액을 차감합니다. 여기서 상품 판매 수수료 비율(%)은 흔히 프로페셔널 아마존셀러에게 적용되는 수수료 비율(%), 적용 가능한 최소 상품 판매 수수료(달러)는 개인(Individual) 아마존셀러에게 적용되는 수수료를 말합니다. 좀 더 자세한 사항은 '상품 판매 수수료 공지'를 참조하기 바랍니다.

FBA 수수료

FBA 수수료는 아마존 창고 보관비, 집하비, 포장비와 선적비, 고객에게 배송하는 배송비 등을 말하고 상품의 사이즈나 무게에 따라 바뀔 수 있습니다. 좀 더 자세한 사항은 구글 검색 창 또는 아마존셀러 센트럴 검색 창에서 'Selling on Amazon Fee Schedule'을 입력하면 관련 자료를 볼 수 있습니다.

Categories	Amazon deducts the greater of the applicable referral fee percentage or applicable per-item minimum referral fee. See "Referral fees" notes above.	
	Referral fee percentages	**Applicable minimum referral fee** (applied on a per-item basis unless otherwise noted)
Amazon Device Accessories	45%	$0.30
Baby Products (excluding Baby Apparel)	• 8% for products with a total sales price of $10.00 or less, and • 15% for products with a total sales price greater than $10.00	$0.30
Books	15%	--
Camera and Photo[1]	8%	$0.30
Cell Phone Devices*	8%	$0.30
Consumer Electronics	8%	$0.30
Electronics Accessories	• 15% for the portion of the total sales price up to $100.00, and • 8% for any portion of the total sales price greater than $100.00	$0.30
Furniture & Decor	• 15% for the portion of the total sales price up to $200.00, and • 10% for any portion of the total sales price greater than $200.00 Note: Mattresses will be charged 15% regardless of price point.	$0.30
Home & Garden (including Pet Supplies)	15%	$0.30
Kitchen	15%	$0.30
Major Appliances	• 15% for the portion of the total sales price up to $300.00, and • 8% for any portion of the total sales price greater than $300.00	$0.30
Music	15%	--
Musical Instruments	15%	$0.30
Office Products	15%	$0.30
Outdoors	15%	$0.30
Personal Computers	6%	$0.30
Software & Computer/Video Games	15%	--
Sports (excluding Sports Collectibles)	15%	$0.30
Tools & Home Improvement	15%, except 12% for base equipment power tools	$0.30
Toys & Games[2]	15%	$0.30
Unlocked Cell Phones	8%	$0.30
Video & DVD	15%	--
Video Game Consoles	8%	$0.30
Everything Else[3]	15%	$0.30
Categories Requiring Approval	Referral fee percentages	$0.30

Categories	Amazon deducts the greater of the applicable referral fee percentage or applicable per-item minimum referral fee. See "Referral fees" notes above.	
	Referral fee percentages	**Applicable minimum referral fee** (applied on a per-item basis unless otherwise noted)
3D Printed Products	12%	$0.30
Automotive & Powersports	12%, except 10% for tires and wheel products	$0.30
Beauty	• 8% for products with a total sales price of $10.00 or less, and • 15% for items with a total sales price greater than $10.00	$0.30
Clothing & Accessories	17%	$0.30
Collectible Books	15%	--
Collectible Coins	See Category Requirements for referral fees.	$0.30
Entertainment Collectibles	See Category Requirements for referral fees.	--
Fine Art	See Category Requirements for referral fees.	--
Gift Cards	20%	--
Grocery & Gourmet Food	• 8% for products with a total sales price of $15.00 or less, and • 15% for products with a total sales price greater than $15.00	--
Grocery & Gourmet Food	• 8% for products with a total sales price of $15.00 or less, and • 15% for products with a total sales price greater than $15.00	--
Health & Personal Care (excluding Personal Care Appliances)	• 8% for products with a total sales price of $10.00 or less, and • 15% for items with a total sales price greater than $10.00	$0.30
Industrial & Scientific (including Food Service and Janitorial & Sanitation)	12%	$0.30
Jewelry	• 20% for the portion of the total sales price up to $250.00, and • 5% for any portion of the total sales price greater than $250.00	$0.30
Luggage & Travel Accessories	15%	$0.30
Shoes, Handbags & Sunglasses	• 15% for products with a total sales price of up to $75.00 • 18% for products with a total sales price above $75.00	$0.30
Sports Collectibles	See Category Requirements for referral fees.	--

PLUS

유사 상품의 수익을 유추해 보자

구글 검색 창 또는 아마존셀러 센트럴 검색 창에서 'FBA Revenue calculator'를 입력하면 나와 유사한 상품의 수익을 유추해 볼 수 있습니다. 다음 예시를 이용해 설명하겠습니다.

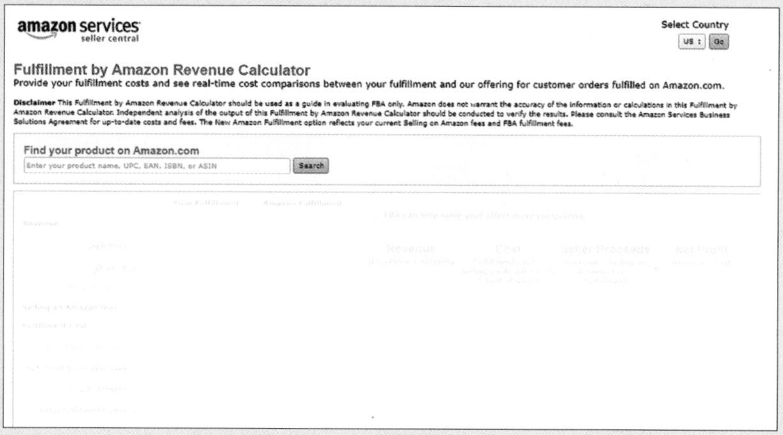

'Find your product on Amazon.com' 검색 창에 상품 이름, UPC, EAN, ASIN 중 하나를 입력한 후 [Search]를 클릭합니다. 다음 예시는 'Laptop stand'로 'ASIN'을 입력한 후 검색해 보겠습니다.

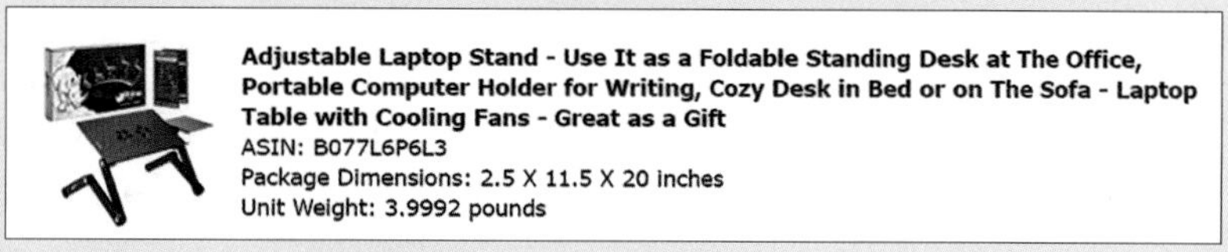
Adjustable Laptop Stand - Use It as a Foldable Standing Desk at The Office, Portable Computer Holder for Writing, Cozy Desk in Bed or on The Sofa - Laptop Table with Cooling Fans - Great as a Gift
ASIN: B077L6P6L3
Package Dimensions: 2.5 X 11.5 X 20 inches
Unit Weight: 3.9992 pounds

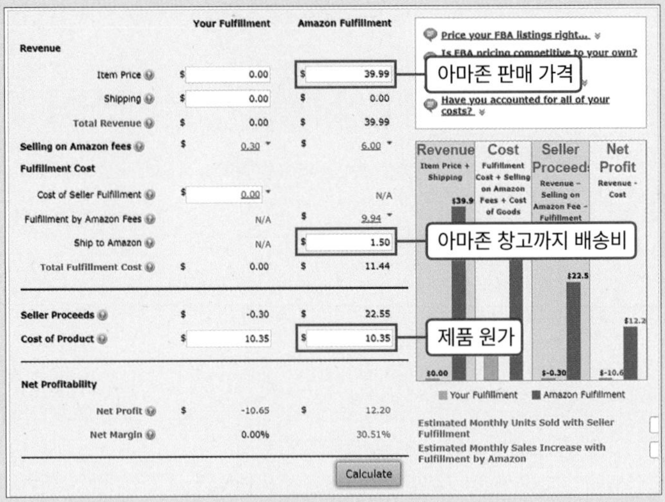

아마존 분석 툴 중에서 Helium10을 이용하면 아마존 판매 수익을 좀 더 편리하게 계산할 수 있습니다. 상품 페이지 화면에서 확장 프로그램에 저장된 Helium10을 클릭하면 다음과 같은 화면을 볼 수 있습니다. [%Profitability Calulator]를 클릭하면 아마존 판매 수익을 계산할 수 있습니다.

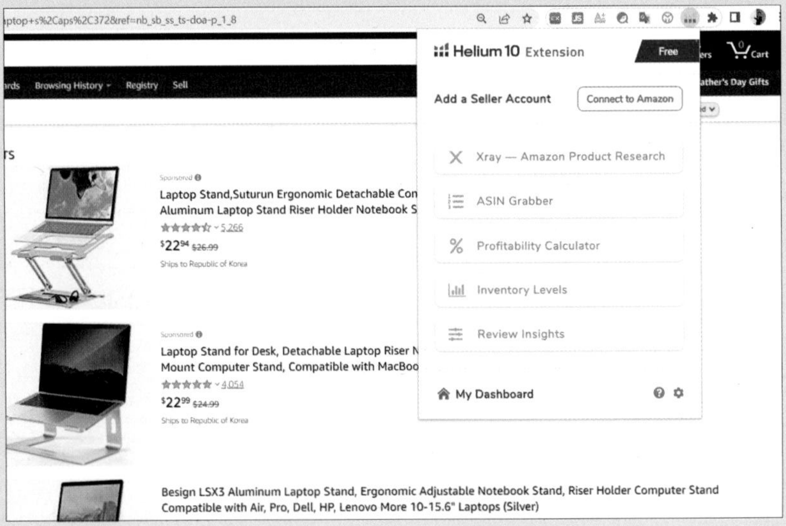

판매 가격과 상품 원가만 넣어도 이 상품에 대한 수익을 계산해 주는 것을 알 수 있습니다. 상품의 입고 수량과 운송 방법에 따라 실제 값과 다소 차이가 있을 수 있습니다. 앞서 언급한 Helium10에서는 24시간부터 7일, 30일, 90일, 1년, 전체 기간에 따른 BSR 랭킹과 지난 판매 가격 등에 대한 정보도 확인할 수 있습니다.

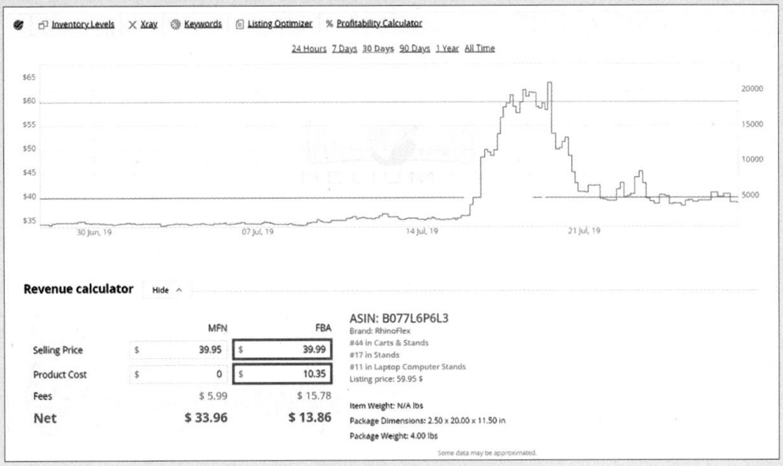

아마존셀러 무작정 따라하기

002

공급업체와 협의 시 상품의 실제 비용과 운송 비용 알아보기

상품의 실제 비용은 상품이 아마존에 도착한 후 고객에게 배송될 준비가 될 때까지 발생하는 총비용으로, 어떤 항목이 포함되는지 알아보겠습니다.

1. **MOQ에 따른 상품 원가**: 알리바바에 입력돼 있는 상품 이름과 차이가 있을 수 있으므로 반드시 업체의 담당자에게 문의해 상품 원가를 알아야 정확한 비용을 산출할 수 있습니다. 이 사람은 공급업체로부터 정보를 받을 수밖에 없으며 인보이스를 통해 문서화해야 합니다.
2. **포장 방식, 로고나 브랜드 이름 삽입 방법, 색깔, 기타 삽입물**: 상품 자체 원가와 더불어 내가 선정한 상품의 포장 방식, 예를 들어 폴리백, 지퍼백, 상자, 천 가방 형식 등에 따라 비용이 발생할 수 있고 로고나 브랜드 추가 방식, 색깔 변경, 디자인 변경, 기타 삽입물의 유무에 따라서도 비용이 발생할 수 있습니다.
3. **상품 수입 비용**: 상품을 국내로 들여오는 경우, 수입하는 비용을 말합니다.
4. **아마존 창고까지의 운송비**: 공급업체 또는 한국에서 아마존 창고로 운송하는 비용을 말합니다.

운송비를 계산할 때 알아야 할 3가지 무역 용어

창고까지의 운송비를 계산하려면 최소한 다음 3가지 무역 용어를 알 필요가 있습니다.

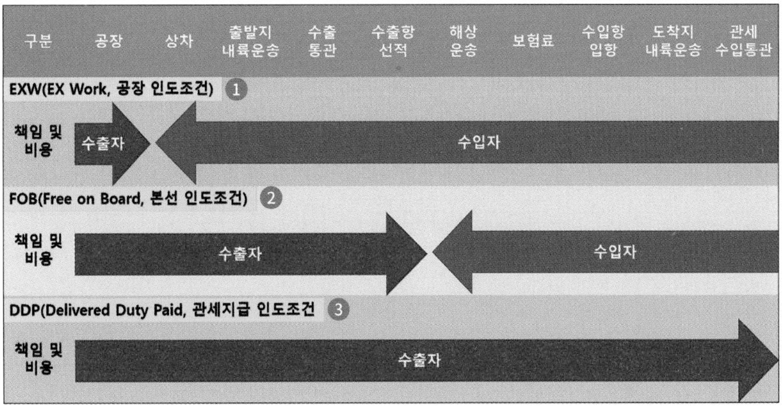

❶ **EXW(Ex-work, 공장 인도 조건)**: 상품을 공장이나 창고에서 출고하는 조건으로, 수출자(제조업체)가 수출용 차량에 적재하지 않아도 되고 수출 통관이 필요하더라도 이행할 의무가 없으며 그에 따른 책임도 없습니다. 수입자(바이어)는 상품을 인수하는 즉시 리스크(Risk), 물류비, 보험 등과 같은 모든 책임을 집니다.

❷ **FOB(Free on Board, 본선 인도 조건)**: 수출자가 지정한 선적항에 상품을 보내는 조건으로, 수출자(제조업체)는 상품을 선적하기 전까지만 책임을 지고 이후에 발생하는 리스크(Risk), 물류비, 보험 등은 수입자(바이어)가 책임집니다.

❸ **DDP(Duty Free Paid, 관세 지급 인도 조건)**: 상품 포장부터 운송, 관세 지급, 수출 통관 모두 수출자(제조업체)가 해결해 주고 수입자(바이어)가 원하는 장소에 상품을 안전하게 내려 주는 조건입니다. 즉, 바이어가 상품을 중국에서 미국 아마존 창고까지 배송하는 데 일절 책임을 지지 않는 토탈 서비스라고 보면 됩니다.

위 용어를 좀 더 쉽게 설명해 보겠습니다. 여러분이 만약 치킨을 시켰을 때 직접 치킨집에서 찾아가는 것은 EXW, 중간 장소에서 만나 치킨을 받으면 FOB, 집안까지 배달을 완료해 주면 DDP라고 생각하면 됩니다.

아마존 상품 배송비 계산하기(FOB 조건)

아마존 FBA 창고로 상품을 배송한 비용을 알고 싶은 경우, 구글 검색 화면에서 'Freightos'를 입력하면 다음과 같은 화면을 볼 수 있습니다.

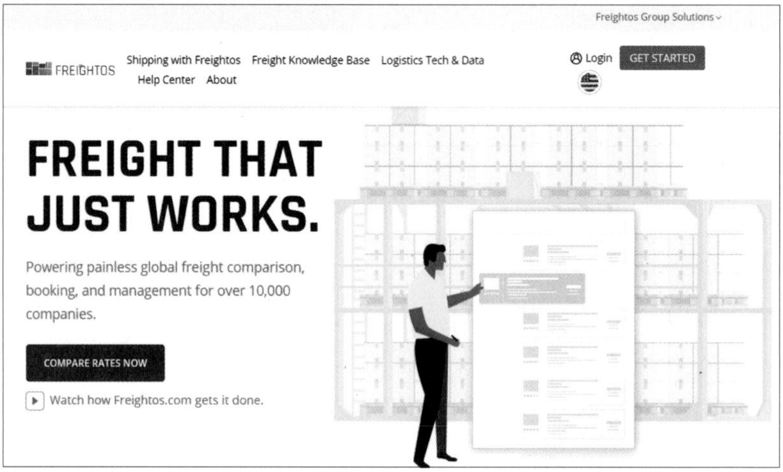

화면에서 [COMPARES RATES NOW]를 클릭하면 나타나는 다음 화면에서 일반적인 PALLETS / BOXES / CRATES(팔렛트, 종이 박스, 나무 박스(CRATES), CONTAINERS 중 해당하는 것을 선택합니다. 여기서는 일반적인 PALLETS / BOXES / CRATES를 선택하겠습니다.

1단계: What are you shipping?

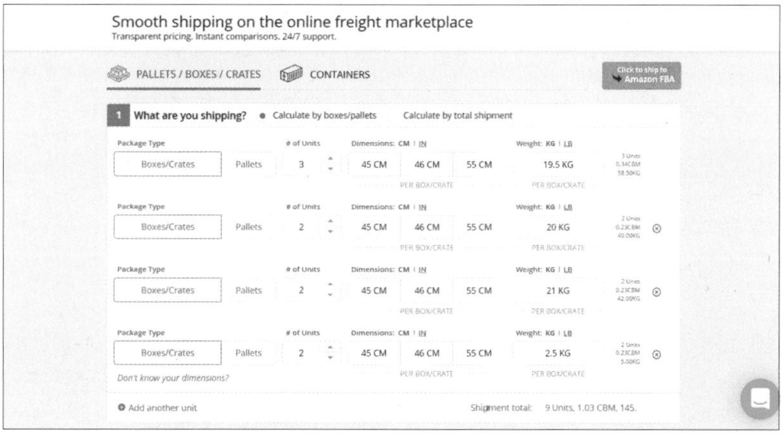

아마존 FBA 창고까지 배송할 상품에 대한 정보를 기입하는 항목입니다. [Calculate by boxes/pallets]를 클릭합니다. [Package Type] - [Boxes/Crates]를 클릭한 후 'of Units'에서 보내는 상자의 개수를 설정합니다. 이때 같은 규격의 상자는 [Package Type], 여러 가지 규격의 상자를 보내는 경우에는 아래쪽에 있는 [Add another unit]를 클릭해 추가할 상자의 정보를 입력하면 됩니다.

[Dimensions] 항목에서 CM(Centimeter)과 IN(Inch) 중 원하는 수치 기준을 선택한 후 박스 규격에 대해 가로(L: Length), 세로(W: Width), 높이(H: Height) 순으로 입력합니다. 'Weight: KG(Kilogram)/LB(파운드)'의 경우 개별 박스의 무게를 입력합니다. 길이, 무게 등의 수치가 헷갈리는 경우, 네이버 검색 창에서 단위 변환을 검색하면 다음과 같은 화면을 통해 수치를 쉽게 계산할 수 있습니다.

아마존 창고에 보낼 상자에 대한 정보를 입력한 후 [NEXT STEP]을 클릭하면 다음과 같은 화면을 볼 수 있습니다. 이는 택배 회사나 배송 회사에서 아마존으로 보내기 위해 상자를 수령할 곳의 정보를 입력하는 단계입니다. 이를 통해 아마존까지의 운송료를 추산할 수 있습니다.

2단계: Pickup goods from

상품을 보내는 위치에 대한 정보를 기입하는 항목입니다.

❶ **Origin location type**: 상자가 있는 위치 정보를 넣는 것으로, 대부분의 공장이나 창고가 이에 해당합니다.
❷ **Origin country / Region**: 보낸 곳의 국가 정보를 선택합니다.
❸ **City / Zip Code**: 보내는 곳의 정확한 도시 또는 우편번호 정보를 입력합니다.
❹ **Goods ready(Estimated)**: 아마존으로 보내는 상자가 준비되는 예상 일자를 선택할 수 있습니다.
❺ **Deliver goods to**: 아마존 FBA 창고로 보내는 경우, 상품 배송 절차를 완료한 이후에 정해지는 아마존 FBA 창고에 대한 정보를 입력합니다.

3단계: Customs & additional services

세관 정보 및 추가 중개 서비스 등에 대해 묻는 항목입니다. 상품을 해외에서 미국 아마존 FBA 창고로 입고하려면 반드시 세관을 통과해야 하는데, 이때 세관을 통과하기 위한 비용이 발생합니다. 다음은 세관 중개 서비스를 추가하는지 여부를 묻는 것으로 대부분 [Yes, I need customs clearance for 1 commodities]를 선택하면 됩니다.

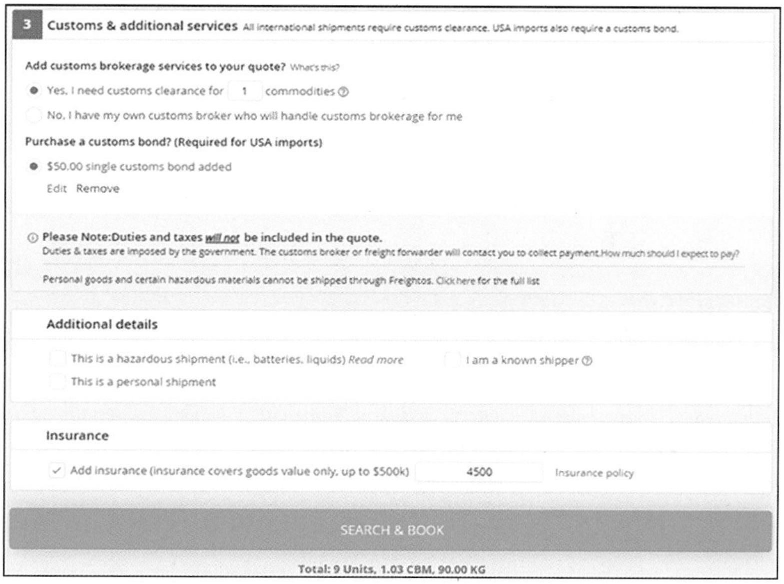

[Purchase a customs bond?(Required for USA imports)] 항목은 관세 채권 구매 여부를 묻는 것으로, [Yes]를 선택하면 1회용 또는 다회용 관세 채권에 대한 비용을 계산할 수 있습니다. 대부분 1회용(SINGLE)을 선택하고 [Shipment value]에서 배송하는 전체 상품에 대한 금액을 대략적으로 입력하면 관세 채권 비용을 알 수 있습니다.

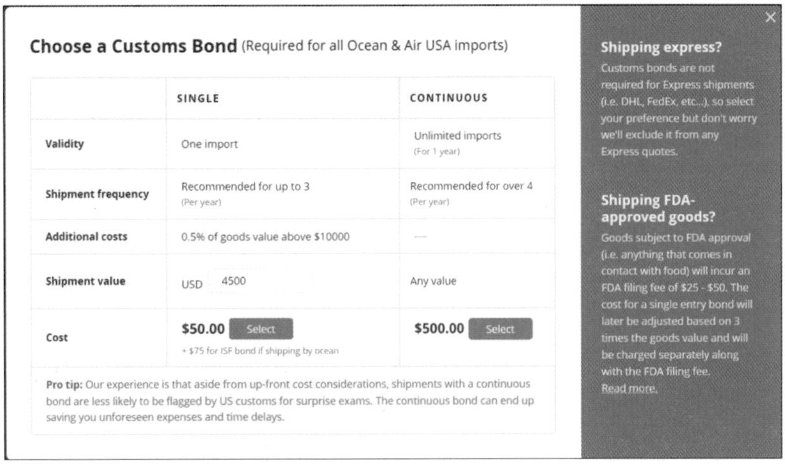

[Additional details] 항목에 추가 정보를 입력한 후 [SEARCH & BOOK]을 클릭하면 다음과 같은 화면을 볼 수 있습니다. 이전에 입력한 정보를 기준으로 산출한 운송료뿐 아니라 가장 추천할 만하거나 가장 저렴한 비용, 가장 빠르게 운송할 때의 비용 등에 대한 운송 정보도 파악할 수 있습니다.

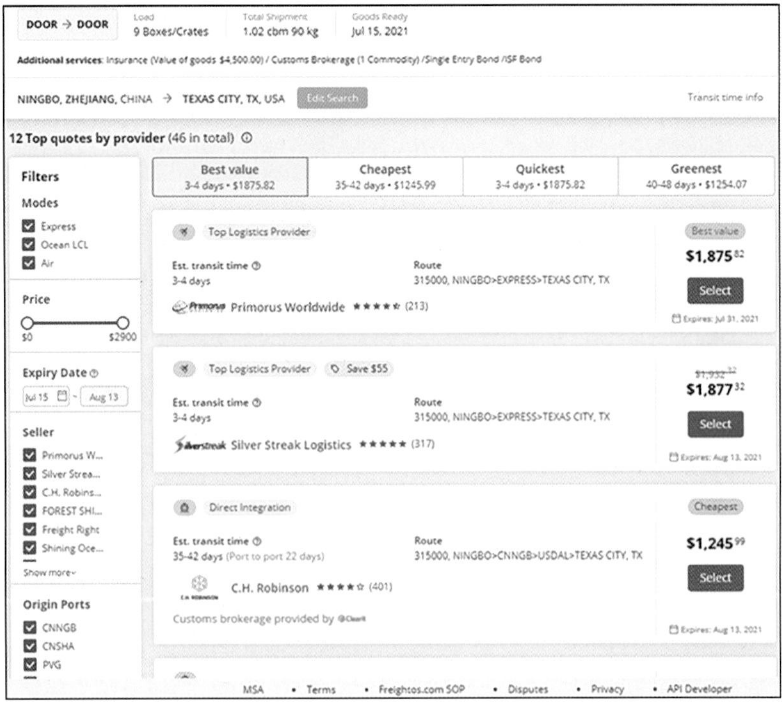

필자는 국내 검수 업체를 통해 중국 내 물류 배송을 진행하고 있으며 대체로 이 사이트(Freightos)다 저렴한 비용으로 운송료가 책정되곤 합니다. 필자의 검수업체를 이용하고자 할 경우 카페(아마존셀러에듀: https://cafe.naver.com/ghkdcjsrlf1234)를 통해 문의해 주시기 바랍니다.

잠깐만요

상품의 실제 비용이 중요한 이유

실제 상품 비용을 아는 것은 아마존 비즈니스 성공을 위해 매우 중요하고 원가 산정을 위한 기초라고 할 수 있습니다. 왜냐하면 각 상품의 실제 비용을 알기 전에는 예상 수익을 모르기 때문입니다. 또한 실제 비용을 알기 전에 상품을 주문하면 돈과 시간을 낭비할 수 있습니다. 많이 팔아도 수익이 없다면 그 상품을 판매하기까지 들인 시간과 노력, 비용을 그 어디에서도 보상받지 못합니다.

- **FBA 라벨 부착 서비스**: 상품 1개당 0.2달러로, 제조업체에 문의할 경우 무료로 해 주는 곳이 많습니다.
- **검수 비용**: 검수업체를 이용할 경우, 대개 상품 매입가의 약 10~15% 내외의 비용을 받습니다.

무작정 따라하기

6가지 필수 아마존 분석 툴

아마존마켓이 워낙 성장세가 높기 때문에 많은 고객의 유입과 함께 고객에게 상품을 판매할 아마존셀러 역시 늘어나고 있습니다. 따라서 아마존셀러에게 도움이 되는 유료 툴뿐 아니라 무료로 이용할 수 있는 툴 역시 다양하게 개발돼 있습니다. 아마존에서 유용하게 사용할 수 있는 아마존 분석 무료 툴에 대해 알아보겠습니다.

① 구글 검색 창에서 '크롬 익스텐션'을 검색해 다음과 같이 크롬 웹 스토어에 접속합니다.

② 검색 창에서 'amazon'을 검색하면 나타나는 프로그램을 확인한 후 필요한 툴을 설치합니다.

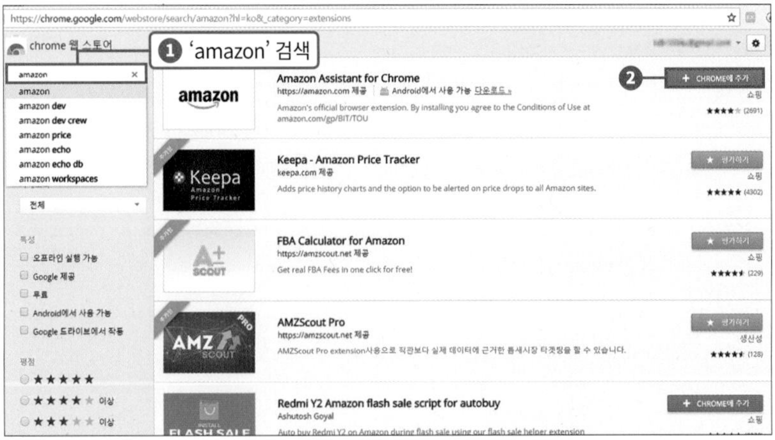

Amazon Keyword research tool by seller

상품별로 아마존에서 사용되는 키워드를 보여 줍니다.

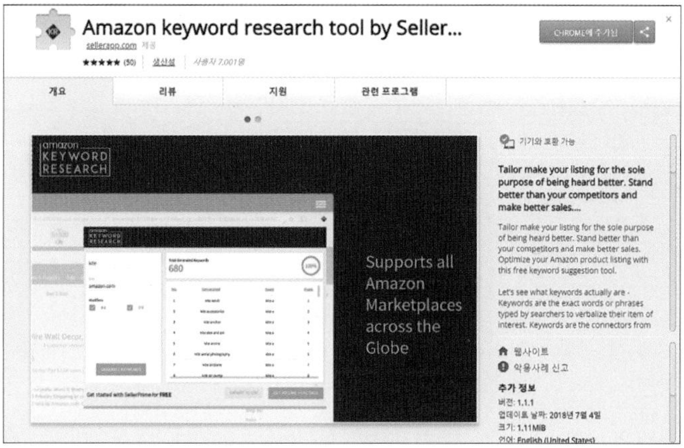

Keepa

일종의 아마존 상품 트래커로, 해당 상품의 가격 변동 그래프를 한 번에 확인할 수 있습니다. 또한 아마존 상품 페이지 내에서 상품의 BSR 및 판매 가격 변동 내역 등을 확인할 수 있고 이를 통해 판매할 상품을 선정할 경우, 경쟁 상품을 분석하는 데 도움이 됩니다.

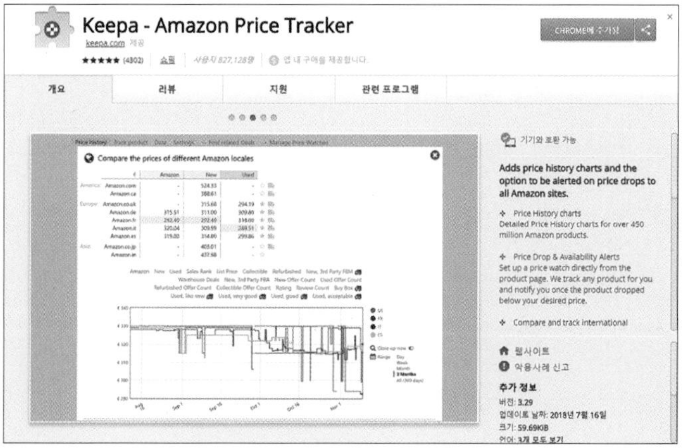

FBA Calculator for Amazon

아마존 상품의 FBA 수익 계산기로, 'AMZ Scout'라는 프로그램과 연동돼 아마존에서 판매하고자 하는 유사 상품의 가격에 따른 수익 등을 계산할 수 있습니다.

Helium 10

Helium 10은 기본적으로 유료 버전을 표방하고 무료 버전을 일정한 범위 내에서 공개하고 있습니다. 좀 더 세부적이고 자세한 정보를 원할 경우에는 유료 버전을 구입해 사용해 보기 바랍니다. 이 Helium 10 분석 툴은 지금껏 현존하는 분석 툴의 기능을 모두 담고 있다고 해도 과언이 아닙니다.

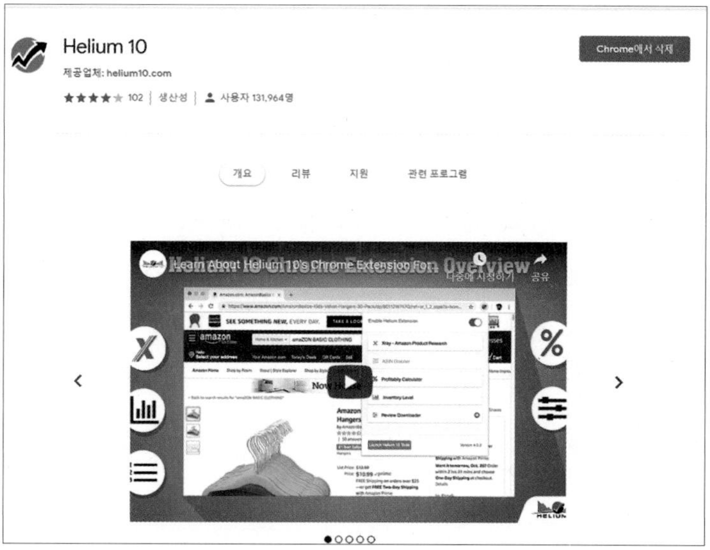

Source now

알리바바에서 개발한 아마존 분석 프로그램 중 하나로, 이 툴을 설치한 후 아마존 상품 위에 있는 [source now]를 클릭하면 바로 유사한 상품을 검색해 줍니다. 따라서 알리바바에 다시 들어가 상품을 알아보는 데 드는 시간을 아낄 수 있습니다. 다만, 이미지 검색의 경우 실제로 찾고자 하는 상품의 이미지와 완벽하게 일치하지 않는 경우도 있습니다. 이때는 상품의 메인 키워드를 이용해 직접 검색해야 합니다.

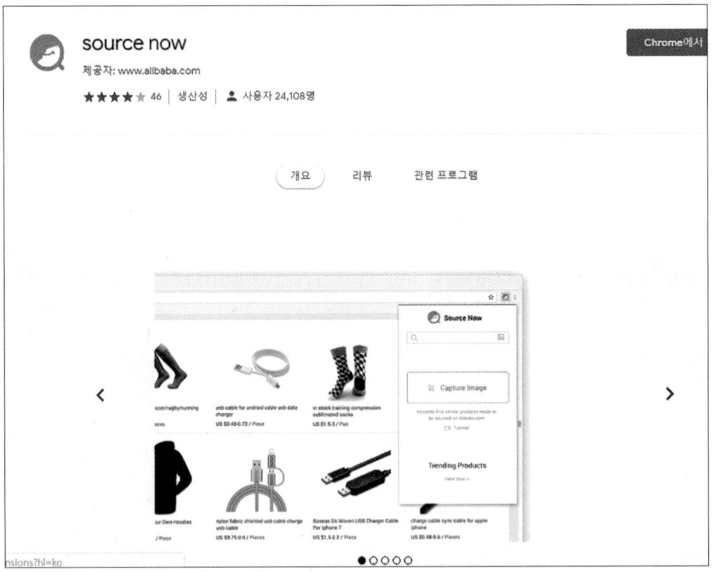

AMZ SCOUT

일명 '아마존 FBA 계산기' 프로그램 중 하나로, 아마존셀러가 경쟁 상품으로 선정한 상품에 대한 전반적인 비용을 알 수 있습니다. 직접 입력하는 공간과 함께 'Product Weight'처럼 이미 입력돼 있는 곳을 볼 수 있는데, 이를 통해 현재 이 상품의 무게나 사이즈, 수수료에 대한 정보를 파악할 수 있고 아마존셀러가 설정값을 직접 입력해 아마존에서 이 상품을 판매할 경우에 예상되는 수익을 미리 알 수 있습니다.

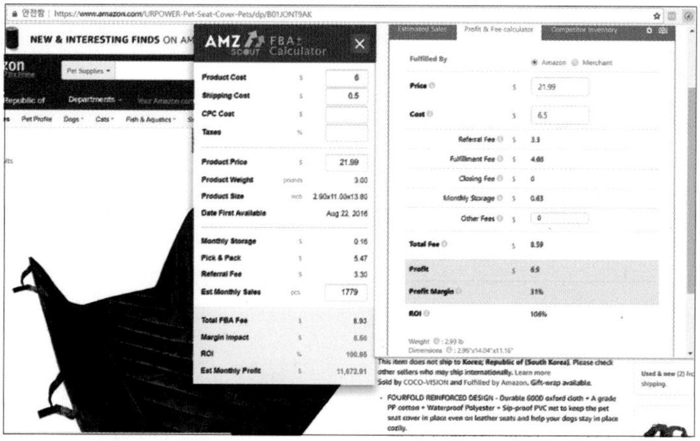

설치한 툴은 켜거나 끌 수 있어요!

Chrome web store 관리는 개인 구글 검색 창의 오른쪽에 있는 [Chrome 맞춤 설정 및 제어]를 클릭한 후 [도구 더보기] – [확장 프로그램]을 클릭하면 설치한 프로그램 목록을 확인할 수 있습니다. 또한 해당 프로그램의 다이얼을 클릭하면 기능을 켜거나 끌 수 있습니다.

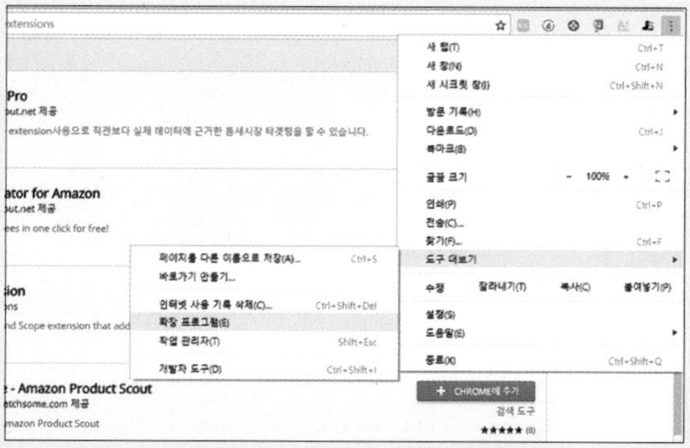

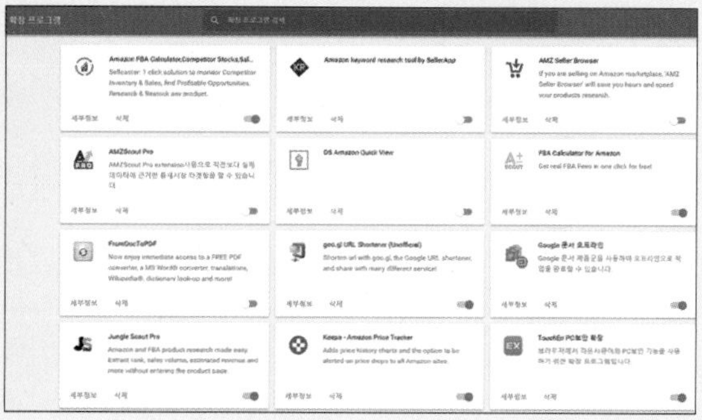

처음 아마존에서 상품을 판매하기 위해 상품을 리스팅하면 처음부터 고객에게 바로 노출되지 않을 것입니다. 고객에게 노출 되기 위해서는 낮은 가격이나 높은 판매량(BSR 랭킹), 높은 고객 만족도(리뷰)가 요구됩니다. 그리고 이를 극복하는 방법은 바로 광고를 통해 판매하는 것입니다.
여섯째마당에서는 아마존 내에서 가장 큰 영향을 미치는 아마존 광고와 효과적인 광고를 위한 페이스북 광고에 대해 알아보겠습니다.

여섯째
마당

판매하는 물건에 광고 붙이기

아마존셀러 무작정 따라하기

001

아마존 광고를 활용해 매출 증대하기

아마존에서 상품을 구매하는 고객들은 보통 해당 키워드를 아마존 검색 창에 입력하면 나타나는 상품의 이미지와 상품 타이틀을 보고 상품을 선택합니다. 그리고 당연히 가장 먼저 눈에 띄는 상품에 눈이 가게 마련입니다. 실제로 아마존에서 상품 이름을 입력한 후 나타나는 화면에서 첫 페이지에 나타나는 상품들을 구매할 확률이 거의 70%에 이른다고 합니다.

따라서 상품이 첫 페이지나 최소한 두 번째 페이지에 노출이 되는 것이 상품 판매, 매출, 수익 등에 직결된다고 볼 수 있습니다. 하지만 처음으로 상품을 런칭하고 판매하는 아마존셀러의 상품을 아마존이 알아서 노출시켜 주지는 않습니다. 아마도 상품을 아마존에 발송하고 입고돼 재고로 잡혀 판매할 수 있는 상태가 되더라도 상품은 가장 끝 페이지에 위치할 것입니다.

페이지 상위 노출을 위한 아마존 광고 – Amazon Sponsored Ads

어떻게 하면 첫 번째 페이지나 두 번째 페이지에 상품이 노출될 수 있도록 할 수 있을까요? 가장 효과적인 방법은 바로 'Amazon Sponsored

Ads'라고 불리는 아마존 광고를 이용하는 것입니다. 광고를 하려면 기본적으로 'Professional Seller'나 바이박스를 차지한 아마존셀러여야 합니다.

아마존 광고는 크게 일반 프로페셔널 아마존셀러가 할 수 있는 'Amazon Sponsored Products Ads'와 아마존에 브랜드를 등록한 아마존셀러가 할 수 있는 'Amazon Sponsored Brands Ads(Headline Search Ads)'로 나뉩니다. 두 광고의 차이점을 다음 예시를 통해 자세히 알아봅시다.

다음 화면의 위쪽에 보이는 4가지 상품은 모두 1명의 아마존셀러가 판매하고 있고 'Extreme comfort'라는 브랜드를 등록한 아마존셀러가 판매하고 있으며, 아마존 상품 페이지의 가장 위쪽에 위치하고 있다는 것을 알 수 있습니다. 바로 이 부분이 브랜드를 등록한 아마존셀러가 할 수 있는 '아마존 헤드라인 광고(Sponsored Brands / Headline ads)'입니다. 그리고 그 아래에 'Sponsored'라고 적혀 있는 3가지 상품은 일반 아마존 광고인 'Sponsored ads'를 통해 상품 페이지 가장 첫 번째 줄 가장 앞쪽에 위치하게 됩니다. 광고를 하는 다른 상품 역시 아마존 상품 페이지의 다른 위치에서 광고를 통해 노출되고 광고비의 설정 및 광고 방법에 따라 노출되는 위치도 달라집니다.

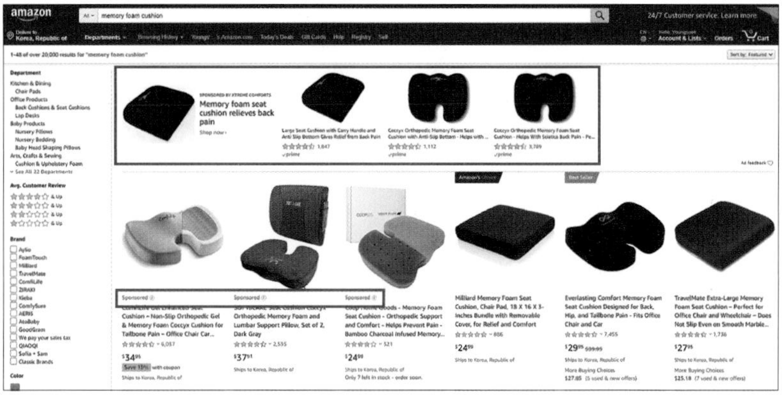

다음은 아마존 상품 페이지 속에서 광고를 통해 노출되는 상품들입니다.

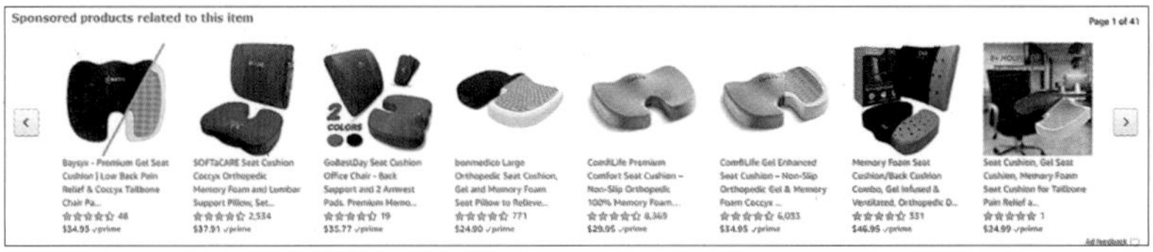

이 상품 역시 아마존 상품 페이지 안에서 상품의 불릿 포인트 옆에서 노출되는 것을 볼 수 있습니다. 이처럼 다른 상품 페이지 안에서도 별도의 광고를 통해 상품이 노출될 수 있고 이를 통해 고객이 다른 상품을 클릭해도 나의 상품이 같은 페이지 안에서 광고를 통해 노출된다면 오히려 나의 상품이 판매될 수 있습니다.

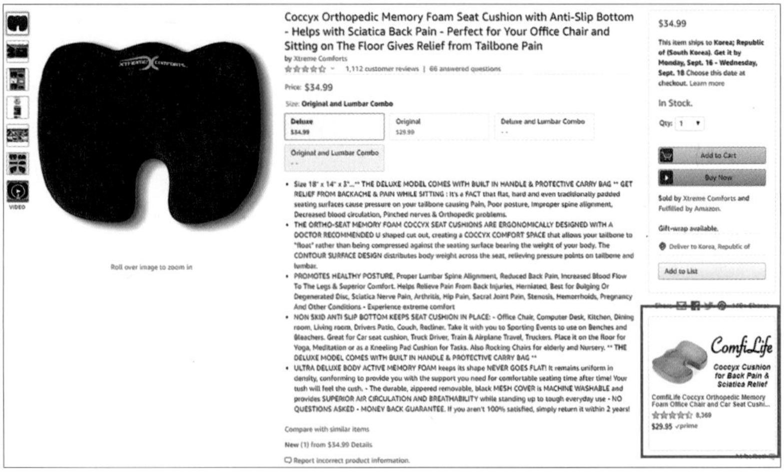

광고 최적화로 최대의 수익 창출하기

아마존 광고의 가장 큰 목적은 아마존 상품 페이지의 노출을 통한 매출 증대에 있습니다. 또한 지속적인 노출을 통해 매출을 유지하고 BSR을 상승시켜 광고 없이도 판매가 일어날 수 있는 'Organic Sales' 상태를 만들려고 하는 것입니다. 또한 아마존에서 광고를 하면 광고에 대한 모든 정보를 확인할 수 있고 타깃팅된 방문자도 얻을 수 있습니다.

1. 아마존셀러 센트럴에서 [Advertising]-[Campaign Manager]를 클릭합니다.

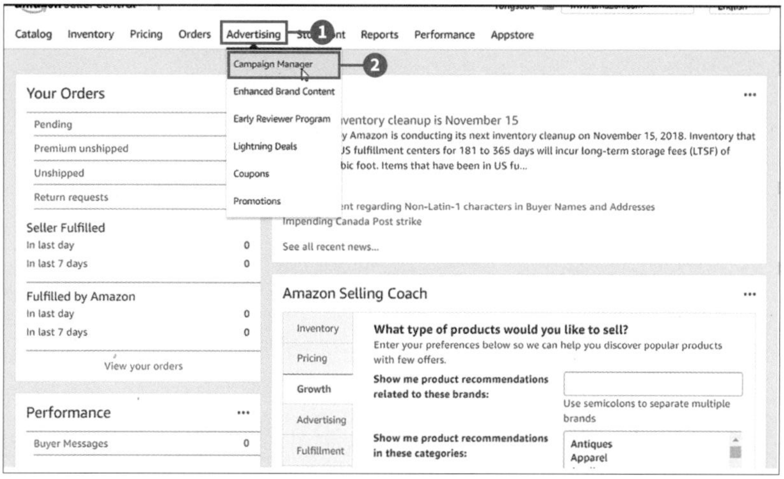

2. 아마존에서 처음 광고를 시작하면 광고비를 50달러까지 지원해 줍니다. [Create a Campaign]을 클릭합니다.

3. 아마존 광고의 2가지 유형이 나타납니다. 브랜드를 등록하지 않았다면 왼쪽에 있는 [Sponsored Products]를 클릭합니다.

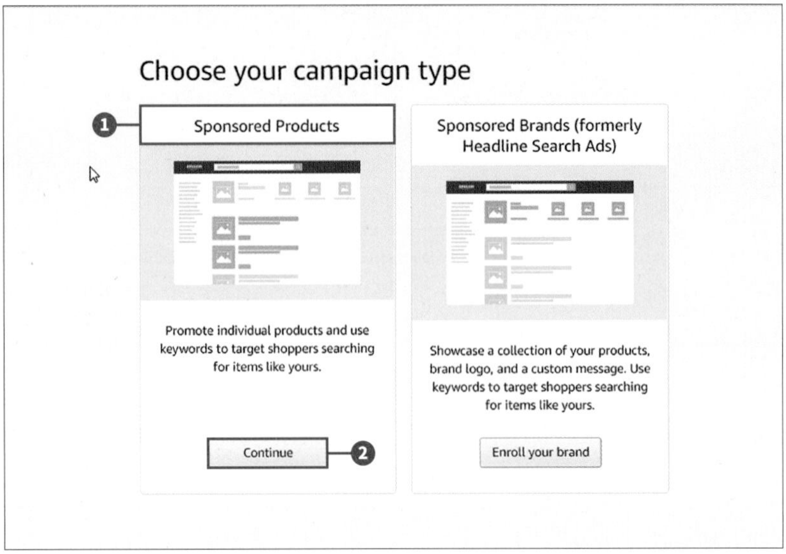

아마존 광고 자동 타깃팅으로 세팅하기

아마존 시스템에 따른 자동 타깃팅 광고에 대해 알아보겠습니다.

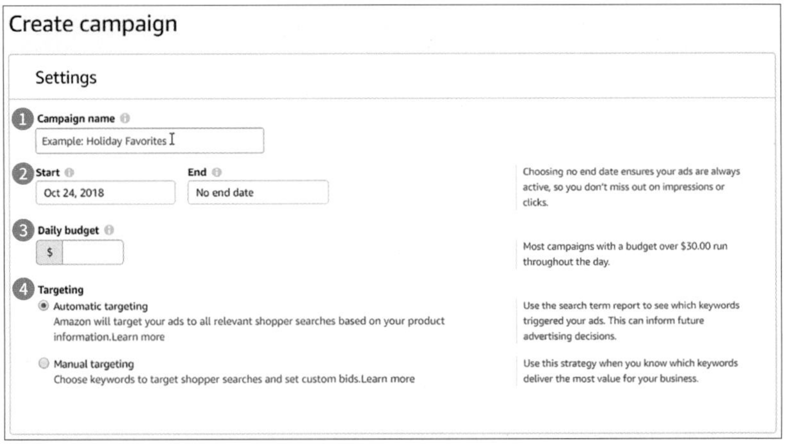

❶ **Campaign name**: 아마존 광고에 대해 자유롭게 입력합니다. 필자는 보통 상품과 관련된 문구를 사용합니다.

❷ **Start & End**: 광고 시작할 날짜와 끝나는 날짜를 설정할 수 있습니다. 광고 시작 날짜는 지정하되, 끝나는 날짜는 따로 지정하지 않는 것을 추천합니다. 왜냐하면 광고 설정에서 손쉽게 광고를 정지하거나 끝낼 수 있기 때문입니다.
❸ **Daily budget**: 광고를 하기 위한 하루 예산을 설정합니다. 하루 예산이 모두 쓰인 경우, 더 이상 광고가 노출되지 않습니다. 무리한 광고비 설정보다 적정한 예산을 설정하기 바랍니다.
❹ **Targeting**: 아마존이 자동으로 키워드를 설정해 광고할 것인지, 아마존셀러가 직접 키워드를 지정해 광고할 것인지를 선택합니다. 자동과 수동은 모두 장단점이 있기 때문에 1가지 방식의 광고만 집행하기보다 자동 방식과 수동 방식을 번갈아 집행하는 것이 좋습니다.

광고할 상품 선택

광고하고자 하는 상품을 [Add]를 클릭해 선택하면 오른쪽에 선택된 상품이 나타납니다.

리스팅한 상품이 많을 때는 위쪽에 있는 검색 창에 상품 이름, ASIN, SKU 등을 검색할 수 있고 현재 보이는 화면에 나타나는 상품 모두 광고하고자 할 때는 [Add all on this page]를 클릭해 화면에 보이는 모든 상품을 선택할 수도 있습니다.

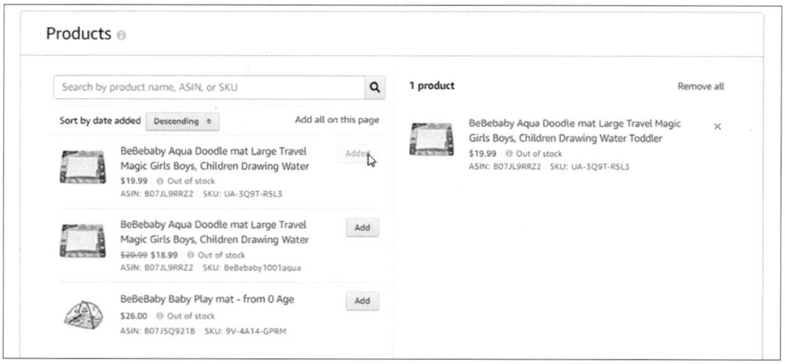

광고 기본 입찰가 정하기

고객이 아마존셀러가 광고하는 상품을 클릭할 때마다 광고비가 지출되는 기본 금액을 설정할 수 있습니다. 기준이 되는 금액이나 키워드별로 다른 금액을 설정할 수 있습니다.

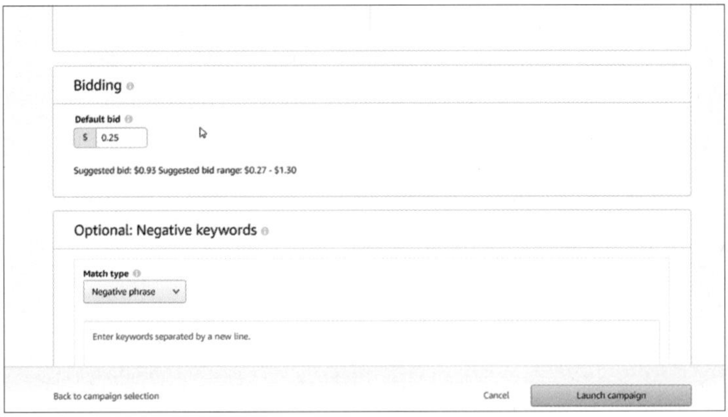

제외할 키워드 설정하기

광고하는 키워드 중 제외할 키워드를 추가하는 것으로, 보통 일정 기간 동안 광고를 집행한 후 구매 전환율을 분석함으로써 광고 효율이 떨어지는 키워드를 추가해 좀 더 효율적으로 광고를 하기 위한 단계입니다. 따라서 광고를 시작하는 단계에서 하는 것이 아니라 최소한 2주에서 한 달 정도 광고를 진행한 후 'Negative Keyword'를 추가하는 것이 좋습니다. 광고를 최소 2주 이상 진행한 후에 추가하는 이유는 아마존의 광고 분석 결과는 최소 2주 이상 소요되기 때문입니다. [Launch campaign]을 클릭하면 광고가 성공적으로 설정돼 1시간 이내에 진행됩니다.

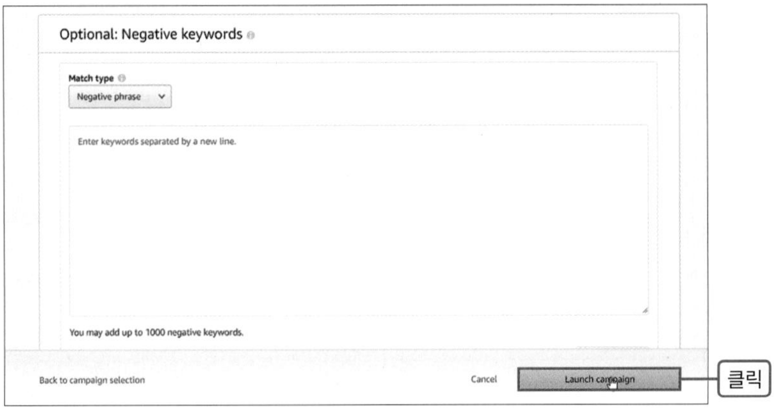

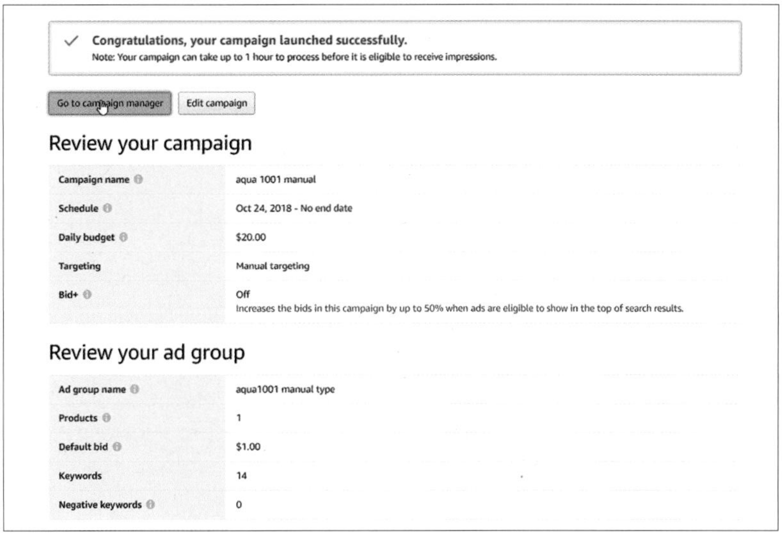

아마존 광고 수동 타깃팅으로 세팅하기

아마존셀러가 직접 광고에 대한 설정을 할 수 있는 수동 광고 방식에 대해 알아보겠습니다.

1. 자동 타깃팅에서처럼 Campaign name, 광고 시작일, 하루 예산 등을 정한 후 [Manual Targeting]을 선택합니다.

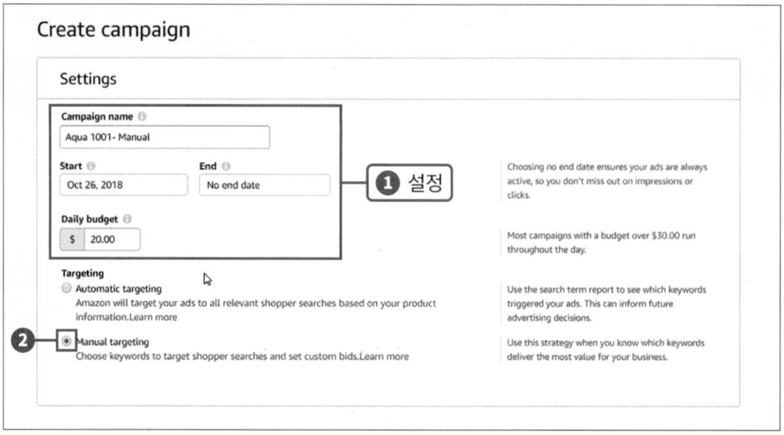

2. [Ad group name] 항목에 입력한 후 자동 광고에서처럼 광고하고자 하는 상품을 선택합니다.

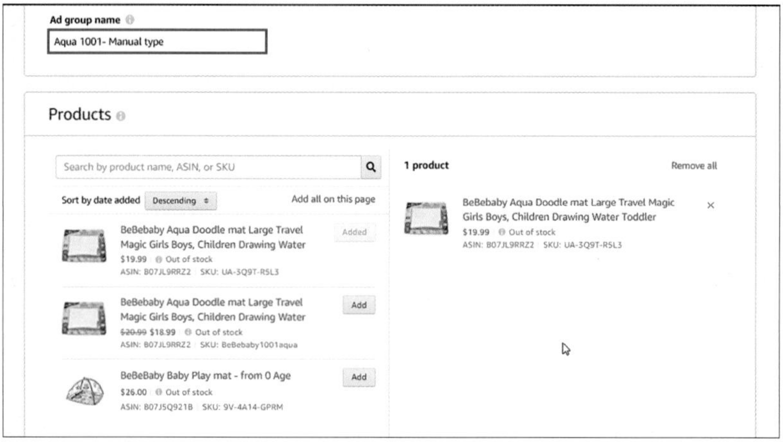

3. 클릭당 입찰 가격을 설정합니다. 보통 자동 방식보다 다소 높은 금액으로 설정합니다. 자동 방식은 광고 키워드 match 유형이 'Broad' 방식이므로 매우 다양한 키워드에 적용돼 광고비가 빠르게 소진될 수 있는데 반해, 수동 방식은 Broad, Phrase, Exact별로 설정할 수 있기 때문에 자동보다 효율적인 광고가 가능합니다. 수동 광고 방식은 [Suggested] 항목을 통해 광고에 사용할 추천 또는 제안 키워드를 Broad 방식으로

선택할 수 있고 [Enter Keywords] 항목을 선택하면 아마존셀러가 직접 광고 매칭 유형을 선택할 수 있습니다.

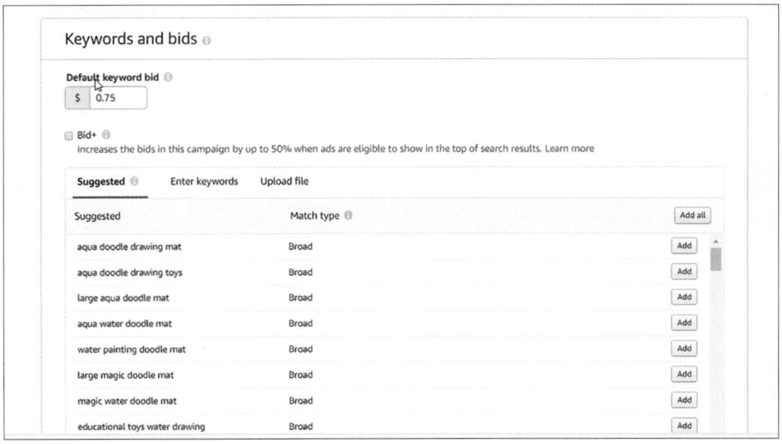

Match Type 설명

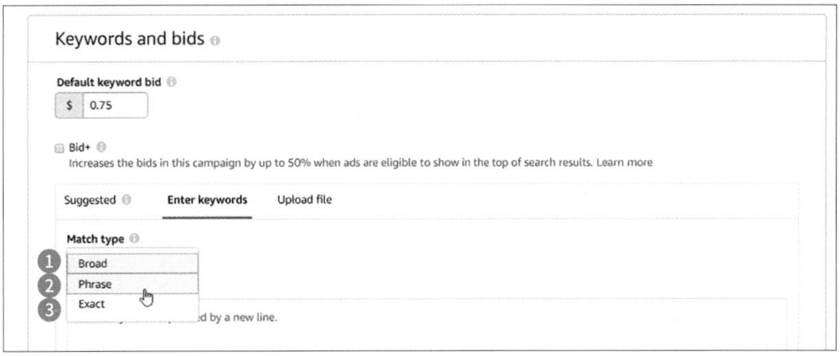

❶ **Broad**: 고객이 검색한 키워드와 관련된 키워드를 매칭하는 광고 방식으로, 광범위하게 적용됩니다.
❷ **Phrase**: 고객이 검색한 키워드 문구 또는 관련된 단어와 매칭되는 광고 방식입니다.
❸ **Exact**: 고객이 검색한 키워드 단어 또는 문구와 정확이 일치하는 경우에만 노출되는 광고 방식입니다.

필자는 'Enter Keyword'를 선택한 후 [Match type] 항목의 'Phrase'를 선택하고 [Suggested] 항목에서 추천하는 키워드를 입력하거나 직접 키워드를 찾아 입력하는 방식으로 진행합니다. 여기서는 [Suggested] 항목에서 추천하는 키워드를 'Phrase' 방식으로 진행하는 예시를 사용하겠습니다.

다음 화면처럼 키워드를 추가한 후 [Add Keywords]를 클릭합니다.

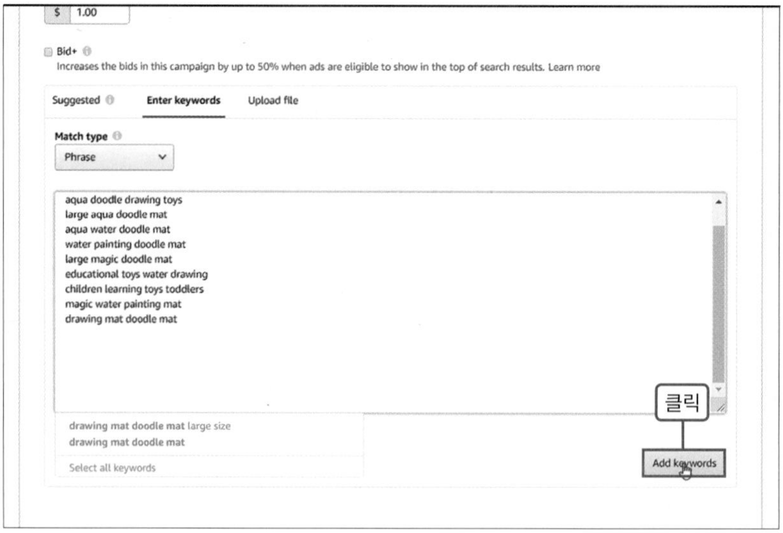

총 14개의 키워드가 Phrase type으로 추가됐고 제안하는 광고 입찰가를 볼 수 있으며 직접 키워드별 입찰가를 변경할 수 있습니다. 추천하는 입찰 제안가가 다른 이유는 키워드별 인기도와 광고 전환율에 따라 추천 광고비가 다르기 때문입니다. 실제로 다음 상품의 경우, 많은 고객이 'aqua doodle'로 검색하는데, 추천 입찰가는 매우 낮습니다. 그런데 'children learning toys toddlers'는 추천 입찰가가 매우 높은 것을 확인할 수 있습니다. 'aqua doodle'은 워낙 많은 상품이 노출될 것이고 그 많은 상품 중 나의 상품이 선택될 확률이 낮기 때문에 추천 제안가가 매우 낮습니다. 이에 반해 'children learning toys toddlers'를 검색하는 고객에게 노출된 상품은 'aqua doodle'로 검색한 결과보다 적은 상품이 광고를 통해 노출되고 노출되는 상품이 적으면 나의 상품이 선택될 확률이 높기 때문에 추천 광고비가 더 높다고 보면 됩니다. 즉, 고객이 검색을 통해 나의 상품을 구매하는 비율인 구매 전환율이 더 높기 때문입니다.
키워드별 입찰 단가를 설정한 후 [Launch campaign]을 클릭하면 자동

광고 방식과 같이 광고에 대한 설정을 확인할 수 있고 광고가 1시간 이내에 성공적으로 진행된다는 화면을 확인할 수 있습니다.

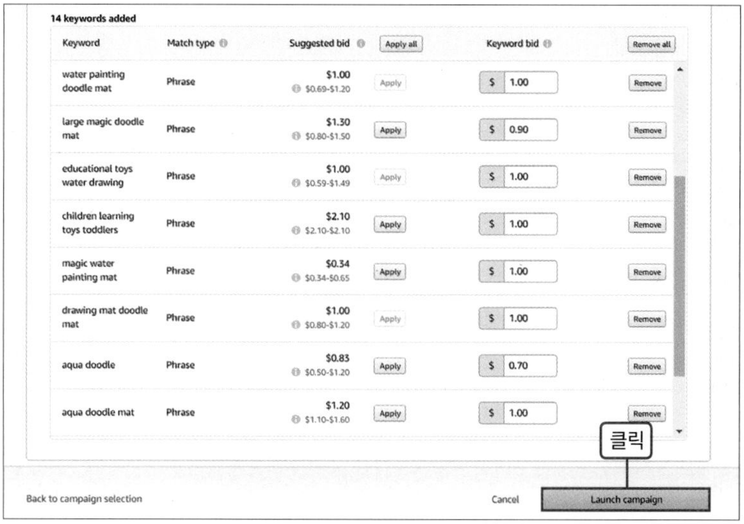

[Go to campaign manager]를 클릭하면 설정한 광고 내용을 확인할 수 있습니다.

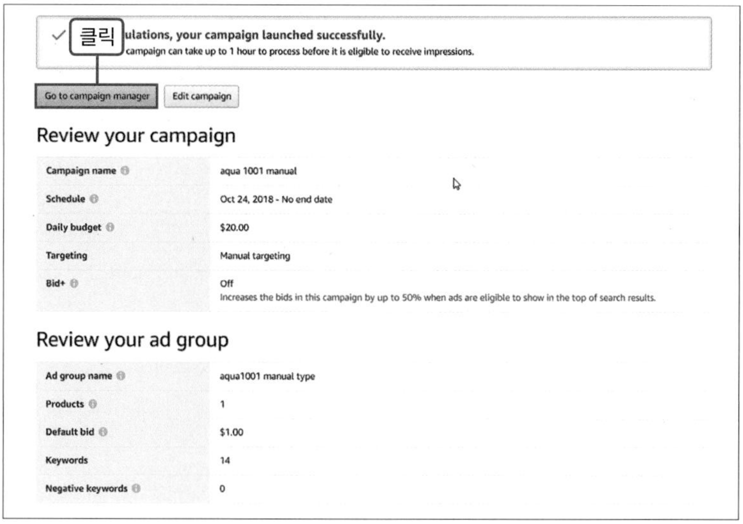

예를 들어 다음 [Campaign]에서 [aqua 101 manual]을 클릭해 수동 광

고 방식의 키워드별 광고를 열어 보겠습니다. 왼쪽에 있는 'Active'에 파랗게 표기된 것을 클릭하면 회색으로 바뀌어 광고를 언제든지 중지할 수 있습니다.

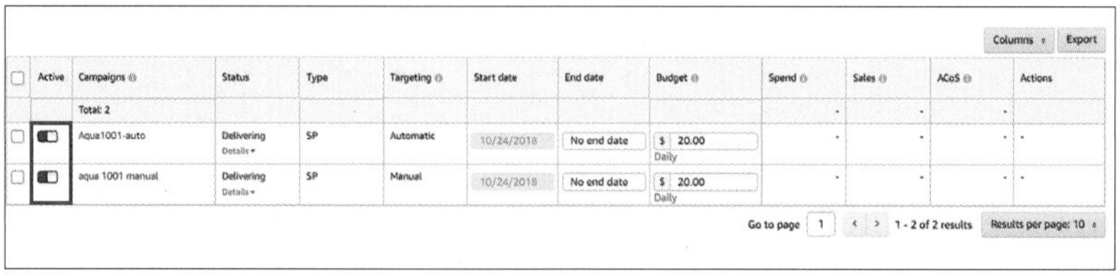

Columns Export

	Active	Campaigns	Status	Type	Targeting	Start date	End date	Budget	Spend	Sales	ACoS	Actions
		Total: 2							-	-	-	
		Aqua1001-auto	Delivering Details	SP	Automatic	10/24/2018	No end date	$ 20.00 Daily	-	-	-	-
		aqua 1001 manual	Delivering Details	SP	Manual	10/24/2018	No end date	$ 20.00 Daily	-	-	-	-

Go to page 1 1 - 2 of 2 results Results per page: 10

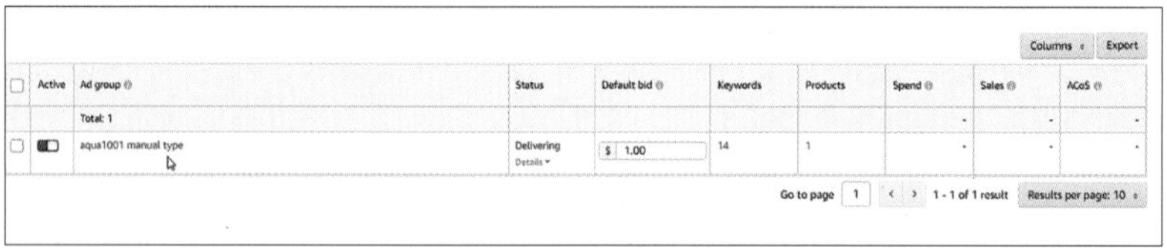

Columns Export

	Active	Ad group	Status	Default bid	Keywords	Products	Spend	Sales	ACoS
		Total: 1					-	-	-
		aqua1001 manual type	Delivering Details	$ 1.00	14	1	-	-	-

Go to page 1 1 - 1 of 1 result Results per page: 10

다음처럼 키워드별 입찰 단가를 언제든지 변경할 수 있고 키워드별로 활성/비활성을 선택할 수 있습니다.

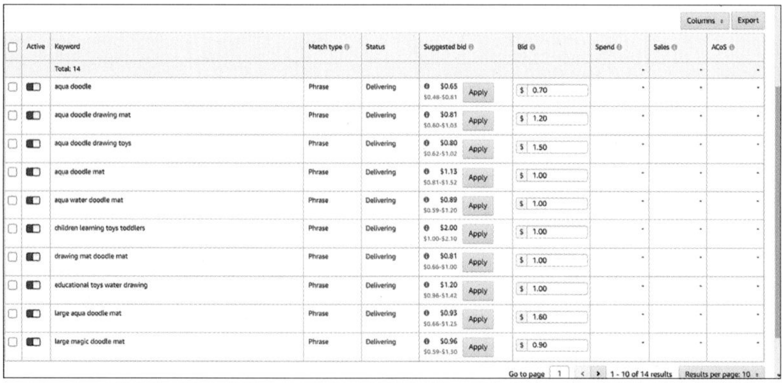

Columns Export

	Active	Keyword	Match type	Status	Suggested bid	Bid	Spend	Sales	ACoS
		Total: 14					-	-	-
		aqua doodle	Phrase	Delivering	$0.65 $0.48-$0.81 Apply	$ 0.70	-	-	-
		aqua doodle drawing mat	Phrase	Delivering	$0.81 $0.80-$1.03 Apply	$ 1.20	-	-	-
		aqua doodle drawing toys	Phrase	Delivering	$0.80 $0.62-$1.02 Apply	$ 1.50	-	-	-
		aqua doodle mat	Phrase	Delivering	$1.13 $0.81-$1.52 Apply	$ 1.00	-	-	-
		aqua water doodle mat	Phrase	Delivering	$0.89 $0.59-$1.20 Apply	$ 1.00	-	-	-
		children learning toys toddlers	Phrase	Delivering	$2.00 $1.00-$2.10 Apply	$ 1.00	-	-	-
		drawing mat doodle mat	Phrase	Delivering	$0.81 $0.66-$1.00 Apply	$ 1.00	-	-	-
		educational toys water drawing	Phrase	Delivering	$1.20 $0.96-$1.42 Apply	$ 1.00	-	-	-
		large aqua doodle mat	Phrase	Delivering	$0.93 $0.66-$1.25 Apply	$ 1.60	-	-	-
		large magic doodle mat	Phrase	Delivering	$0.96 $0.59-$1.30 Apply	$ 0.90	-	-	-

Go to page 1 1 - 10 of 14 results Results per page: 10

아마존 광고 결과 분석하기

아마존셀러 센트럴 화면에서 [Reports]-[Advertising Reports]를 클릭합니다.

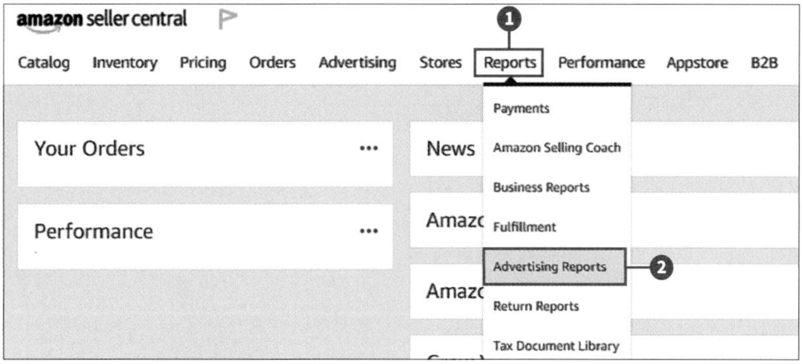

[Advertising reports] 항목이 자동으로 나타납니다.

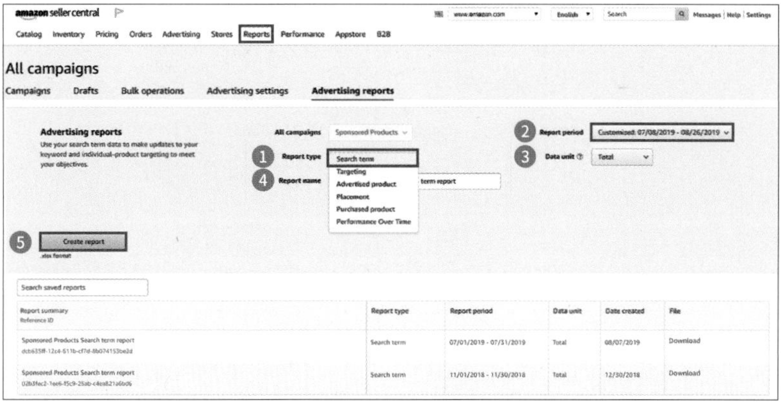

❶ **Report type**: Search term, Targeting, Advertising product, Placement, Purchased product, Performance over time 등 리포트를 종류별로 확인할 수 있습니다. 원하는 항목을 선택합니다.
❷ **Report period**: Today, Yesterday, Week to date, Last week, Month to date, Last month, Customized 등과 같은 항목 중 원하는 기간을 설정합니다. 필자는 Customized를 선택해 기간을 설정한 후 보고서를 확인합니다.
❸ **Data Unit**: Total, Daily 중에서 선택합니다.
❹ **Report name**: 광고 리포트의 이름을 임의로 설정할 수 있습니다.
❺ **Create report**: 액셀 형식의 보고서를 생성할 수 있습니다.

[Campaigns]를 클릭하면 광고 보고서를 수치적으로 확인할 수 있습니다.

[+ Add metric]을 클릭하면 Spend, Sales, ACos, Impressions, Clicks, Cost-per-click, Clickthrough rate(CTR), Orders 등과 같은 항목을 추가

할 수 있습니다. 아마존 광고 결과 그래프는 2가지 항목만 보여 줍니다.

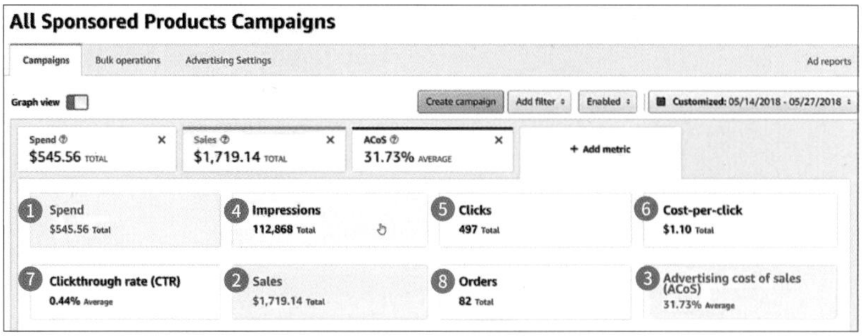

❶ **Spend**: 광고 기간 동안의 광고비 지출 내역을 보여 줍니다.
❷ **Sales**: 광고 기간 동안 판매된 금액을 보여 줍니다.
❸ **ACoS(Advertising Cost of Sales)**: 광고 기간 동안 매출액 대비 지출한 광고비를 보여 줍니다.
❹ **Impressions**: 광고 기간 동안 노출된 횟수를 보여 줍니다.
❺ **Clicks**: 광고 기간 동안 고객이 나의 상품을 클릭한 횟수입니다.
❻ **Cost-per-click**: 광고 기간 동안 고객이 나의 상품을 클릭해 지출된 평균 비용을 의미합니다.
❼ **Click through rate(CTR)**: 광고 기간 동안 고객이 나의 상품을 클릭해 실제 구매한 평균 비율입니다.
❽ **Orders**: 광고 기간 동안 고객이 나의 상품을 주문한 개수입니다.

[+ Add metric]을 클릭해 Spend, Sales, ACoS를 선택한 후 이 중 [Sales]와 [ACoS] 항목을 나타낸 그래프입니다. 광고 초반에는 ACoS가 Sales보다 높지만, 광고가 진행되는 동안 실제 판매가 올라가는 것을 확인할 수 있습니다.

다음 그림에 'Sponsored'라는 문구가 붙어 있는 것은 모두 아마존 광고를 통해 노출된 상품입니다. 상황에 따라 'Coupon'을 함께 활용해 상품 판매 및 노출을 더욱 극대화하는 전략을 취할 수 있습니다.

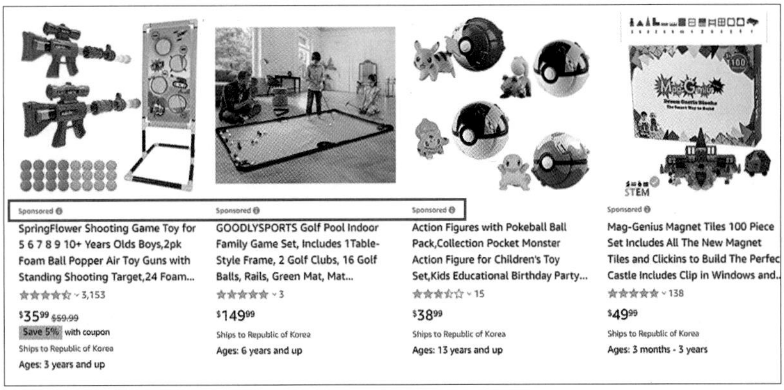

잠깐만요

ACoS

ACoS(Advertising Cost of Sales)는 '매출액 대비 지출한 광고비'를 의미합니다. 높은 ACoS는 매출액 대비 높은 광고비, 낮은 ACoS는 매출액 대비 낮은 광고비를 의미합니다. 가장 이상적인 광고 방법은 ACoS는 낮고 매출액은 높게 하는 것입니다.

ACoS = (총 광고 지출비 / 총 매출액) * 100
광고비: 100달러
매출액: 400달러인 경우, ACoS = 100/400*100 = 25%
목표 ACoS = 10 ~ 25%

PLUS

광고는 언제 실행해야 할까?

아마존 상품 런칭 단계

아마존에서 상품을 처음 런칭할 때의 목표는 아마존 상품 페이지에 나의 상품을 최대한 많이 노출시켜 고객들이 나의 상품을 선택하고 구매하는 것입니다. 또한 나의 상품을 구매하는 고객의 리뷰 수를 최대한 늘리는 것입니다. 광고를 하는 초기 단계에서는 어느 정도 손해가 날 수밖에 없습니다.

본격적인 판매 단계

상품이 런칭 단계를 지나 본격적인 판매에 들어가면 매출과 수익을 모두 올리기 위해 광고를 최적화해야 합니다. 아마존 광고를 처음 시작할 때부터 완벽하게 전략을 짜서 진행하면 좋겠지만, 상품과 카테고리, 광고 방식과 광고 키워드 선정에 따라 광고 효과가 달라지기 때문에 최소 2주 이상 광고를 진행한 후 새로운 광고 전략을 짜는 것이 좋습니다.

상품 추가 입고 단계

광고를 통해 상품이 판매되면서 자연스럽게 재고 관리에 힘을 써야 합니다. 판매되는 상황을 주시하면서 재고가 떨어지지 않도록 광고 입찰 단가를 낮추거나 광고를 비활성화해 재고가 보충될 때까지 재고를 확보하는 것이 좋습니다. 만약, 재고가 보충되기 전에 재고가 바닥 나 버리면 재빨리 'Close listing'을 선택해 BSR 순위가 너무 밀리지 않도록 하는 것이 좋습니다. 그렇지 않으면 재고가 보충돼 다시 판매를 할 때 순위가 너무 밀려 노출에 영향을 미칠 수 있기 때문입니다.

광고 최적화

광고 효과를 극대화하기 위해서는 보통 2주마다 계속 PPC 캠페인을 최적화함으로써 가급적 광고 효과가 좋은 키워드를 활용해 광고 효과를 극대화하는 것이 중요합니다. 광고에 사용한 키워드 보고서를 활용해 각 개별 키워드의 광고 효과를 잘 파악한 후 성능이 떨어지는 키워드를 삭제하고 낙찰된 키워드에 대한 입찰을 늘리기 바랍니다.

아마존셀러 무작정 따라하기

002

페이스북 광고로 상품 판매 늘리기

페이스북 광고의 4가지 장점

아마존 광고와 더불어 가장 강력한 광고 효과를 발휘하는 것은 바로 '페이스북(Facebook)을 활용한 광고'입니다. 페이스북 광고의 4가지 장점은 다음과 같습니다.

첫째, 구체적으로 타깃을 설정해 광고 효과를 극대화할 수 있습니다. 이 상품과 관련된 검색을 한 미국에 있는 사람들 그리고 상품을 사용할 연령과 성별 등을 정확히 타깃팅해 나의 상품을 노출시키고 구매를 자연스럽게 유도할 수 있습니다.

둘째, 다양한 채널을 통한 광고 집행이 가능합니다. 페이스북에서 광고를 하는 경우, 인스타그램(Instagram)과 페이스북 메신저 등을 통해서도 추가 광고가 가능합니다.

셋째, 광고를 매우 쉽게 만들 수 있습니다. 광고라면 대개 포토샵이나 전문 디자이너가 만들어야 하는 것이라고 생각하기 쉬운데, 페이스북 광고는 포토샵이나 디자인 전공자가 아니어도 매우 쉽게 광고를 만들거나 홍보할 수 있습니다. 물론 광고와 관련된 지식이나 기술이 있다면 플러스 요인이 될 수는 있지만, 굳이 전문적이지 않아도 초보자도 쉽게 할 수 있습니다. 더욱이 요즘은 스마트폰의 성능이 아주 좋기 때문에 실생활에서 활용하는 모습을 통해 광고를 하기도 합니다.

넷째, 기간이나 예산을 설정해 탄력적인 광고 집행이 가능합니다. 한 번 설정한 광고를 계속 하는 것이 아니라 상황에 따라 시간대별로 예산을 설정할 수 있고, 광고 기간을 자유롭게 설정하며, 리포트를 통해 광고의 효율성이 높은 경우를 들 수 있는데, 이는 다음 광고 집행 시 광고의 효과를 더욱 극대화하는 데 도움이 됩니다.

페이스북 광고 따라하기

1. 크롬에서 'Facebook.com/business'를 검색해 오른쪽에 있는 [광고 만들기]를 클릭합니다.

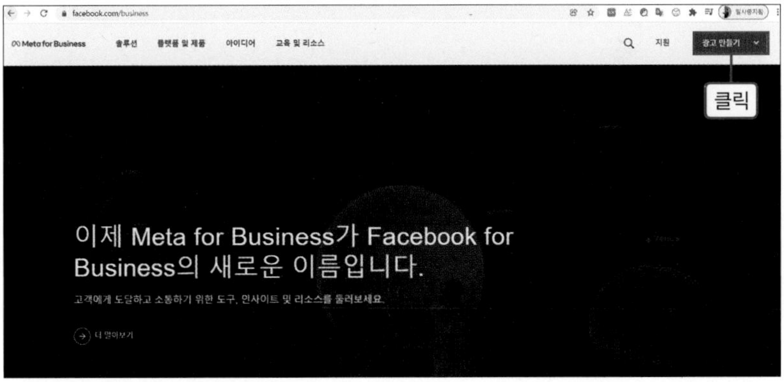

2. 페이스북 가입자의 경우, 가입 시에 설정한 이메일 또는 휴대폰과 비밀번호를 입력하면 바로 로그인됩니다. 계정이 없으면 [가입하기]를 클릭하세요.

3. 페이스북 계정이 없는 사람은 본인의 개인 정보를 넣고 진행하면 쉽게 가입할 수 있습니다.

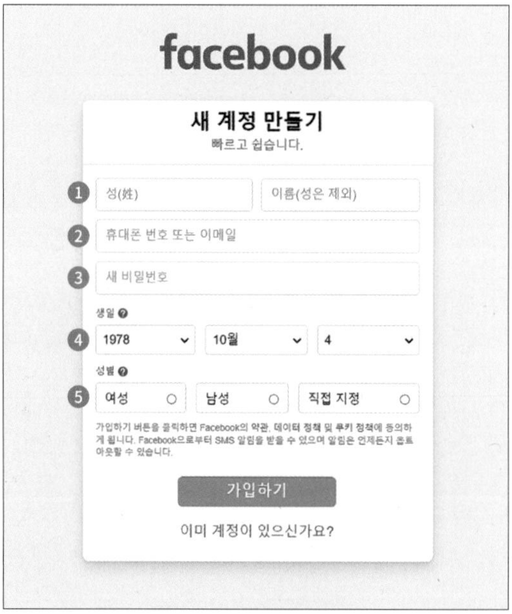

❶ **성, 이름**: 본인의 성과 이름 순으로 넣으세요. 한글도 가능합니다.
❷ **휴대폰 번호 또는 이메일**: 표기된 대로 휴대폰 번호 또는 이메일을 입력합니다. 정확히 입력해야 나중에 인증에 활용할 수 있습니다.
❸ **비밀번호**: 사용하고자 하는 비밀번호를 입력합니다.
❹ **생일**: 본인의 생년월일을 선택합니다.
❺ **성별**: 본인의 성별에 체크 표시를 합니다.

4. 페이스북 정책에 동의하는 것을 기본으로 하기 때문에 정책에 동의한 후 [가입하기]를 클릭합니다.

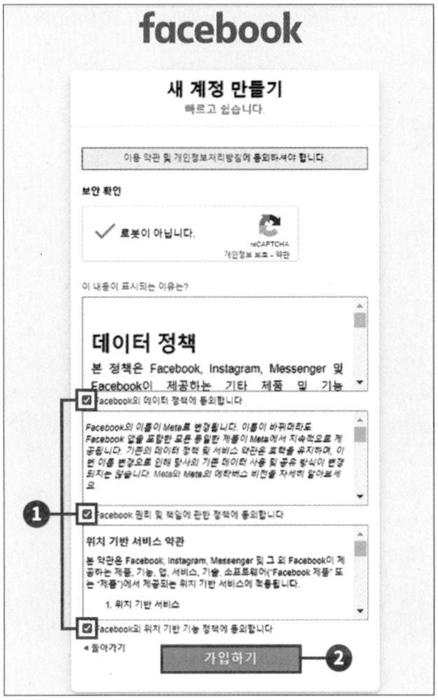

5. 이메일을 이용해 가입한 경우, 본인이 입력한 이메일을 통해 코드 넘버를 확인할 수 있습니다. 네모 박스 안에 이메일을 통해 부여된 코드 넘버를 입력합니다.

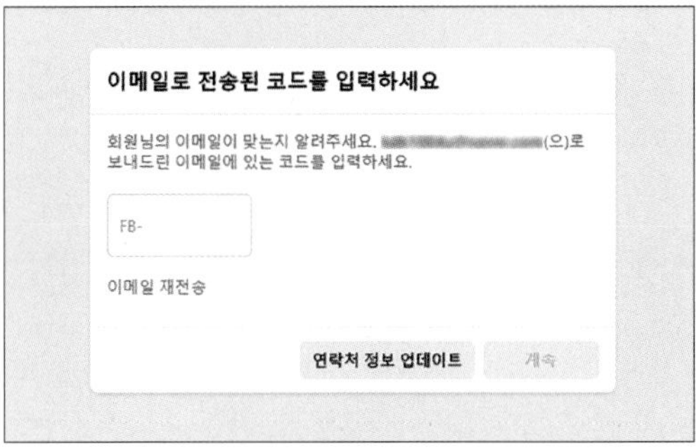

6. [계정 확인]을 클릭해 인증을 마무리합니다.

7. 설정을 통해 다양한 정보를 확인하고 수정할 수 있습니다. 여기서는 광고를 실행하기 위한 필수적인 부분을 중심으로 설명하겠습니다. 광고를 하려면 오른쪽 위에 있는 ⠿을 클릭한 후 [메뉴]-[만들기]-[페이지]를 클릭합니다.

[페이지] 아래에 있는 [광고]를 클릭해도 무방하지만, 이 경우 다음과 같은 화면을 확인할 수 있습니다. 즉, 여러분이 페이스북 광고를 하기 위한 광고 전용 페이지를 만든다고 생각하면 됩니다. [시작하기]를 클릭합니다.

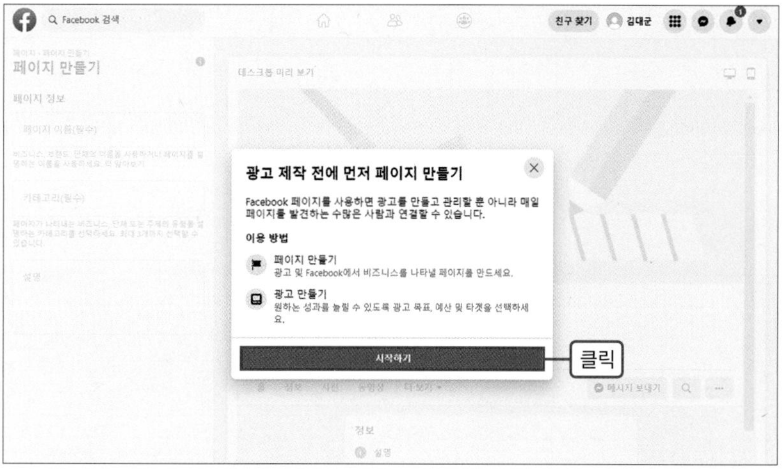

8. 페이지 만들기 화면의 왼쪽에서 페이지 정보란을 확인할 수 있습니다.

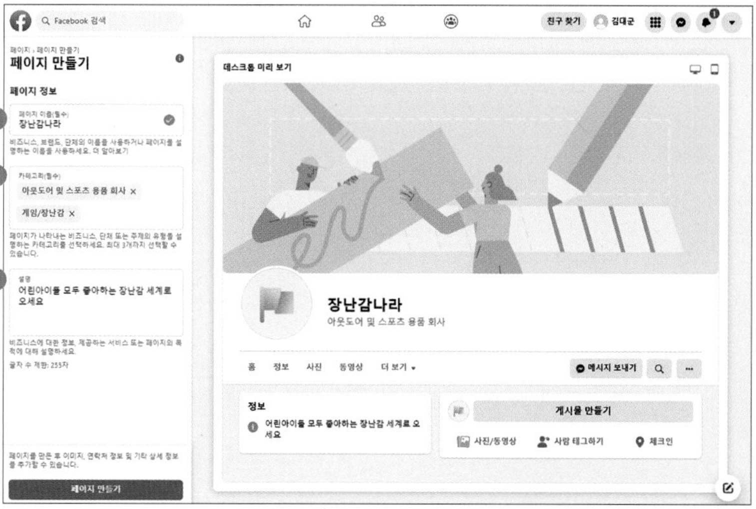

❶ **페이지 이름**: 브랜드 이름이나 광고를 집행할 때 사용할 대표적인 이름이라고 볼 수 있습니다.
❷ **카테고리**: 판매할 상품과 관련된 카테고리를 3개까지 설정할 수 있습니다.
❸ **설명**: 페이스북 광고에 사용할 간단한 문구 등을 입력할 수 있고 언제든지 수정할 수 있습니다.

9. [페이지 만들기]를 클릭하면 다음과 같이 광고를 위한 기본적인 페이지가 만들어지는 것을 확인할 수 있습니다. [광고 만들기]를 클릭합니다.

10. 기본적으로 [자동화된 광고 시작하기]를 클릭해 설정합니다. 나머지는 광고 이후에 하는 기능으로, 여기서는 [자동화된 광고 시작하기]를 중심으로 설명합니다.

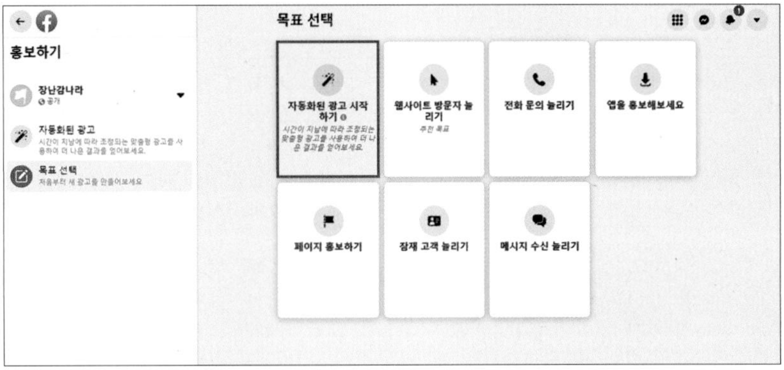

11. 광고에 따른 각종 문제를 방지하기 위한 차별 금지 정책이 나타납니다. [동의]를 클릭해야만 광고를 계속 진행할 수 있습니다.

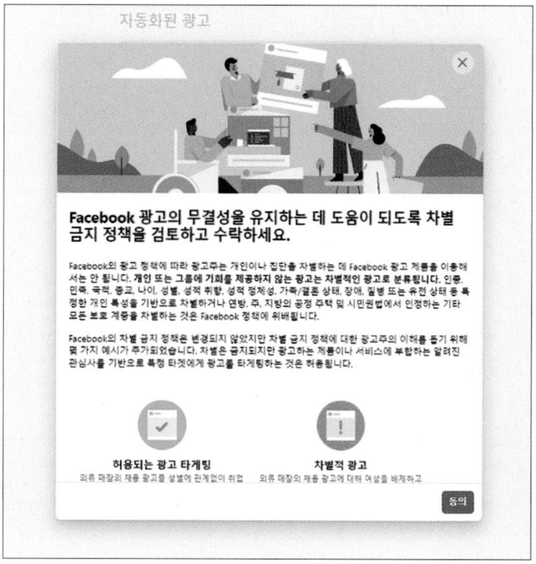

12. [시작하기]를 클릭합니다.

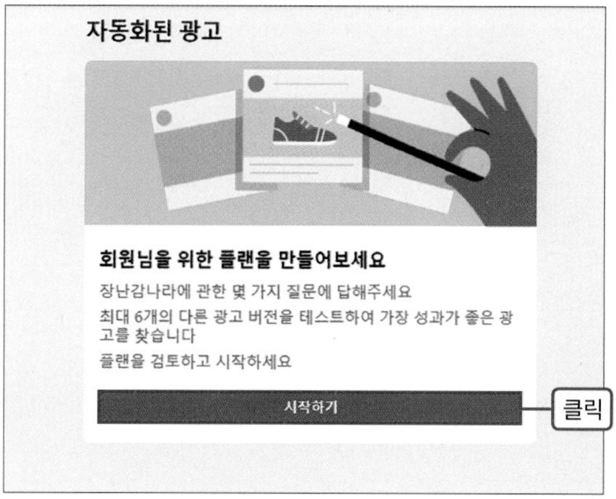

13. 자동화 광고를 위한 여러 가지 질문 사항이 나타납니다. 오프라인 매장으로의 유입을 원하면 [예], 온라인을 통한 판매만 진행하면 [아니요]를 선택합니다.

14. 웹 사이트(홈페이지)가 있다면 [예], 없다면 [아니요]를 선택합니다.

15. 광고를 하면서 소통 여부에 따라 [예], [아니요]를 선택합니다. 아마존을 통해 판매하기 때문에 해당 국가의 언어를 통한 소통이 기본이므로 참조하기 바랍니다.

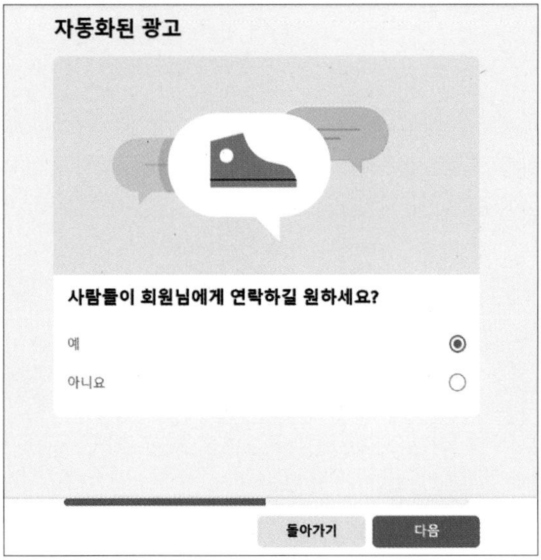

16. 페이스북의 경우, 인스타그램 또는 메신저를 통한 연락이 가능하다는 것을 염두에 두고 해당 항목을 선택합니다.

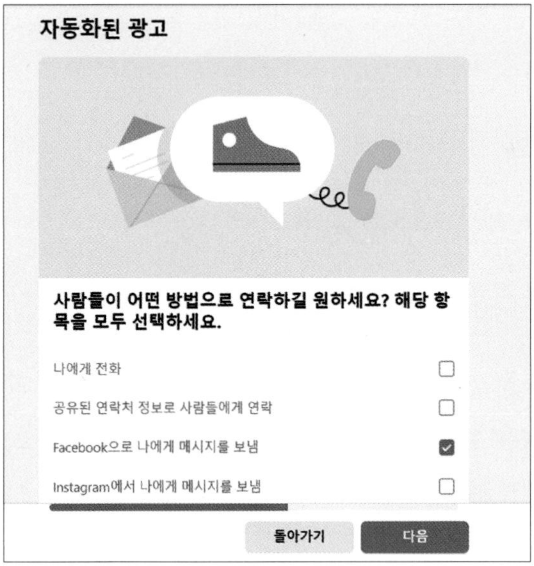

17. 광고를 진행할 국가를 선택하는 것으로, 아마존 미국인 경우 위치는 '미국'을 선택합니다.

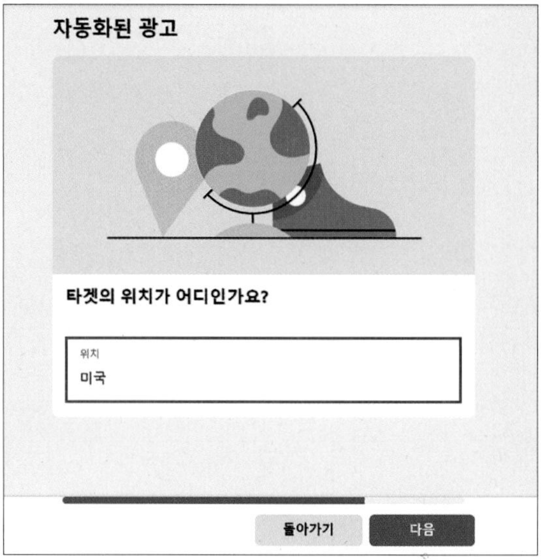

18. 광고를 집중 타깃팅하기 위해 나의 상품과 연관된 문구나 주제를 최대 10개까지 설정할 수 있습니다.

19. 광고를 추가하려는 경우, [추가]를 클릭해 6개까지 추가할 수 있습니다. 일단 1개 페이지부터 만들어야 하므로 [다음]을 클릭합니다.

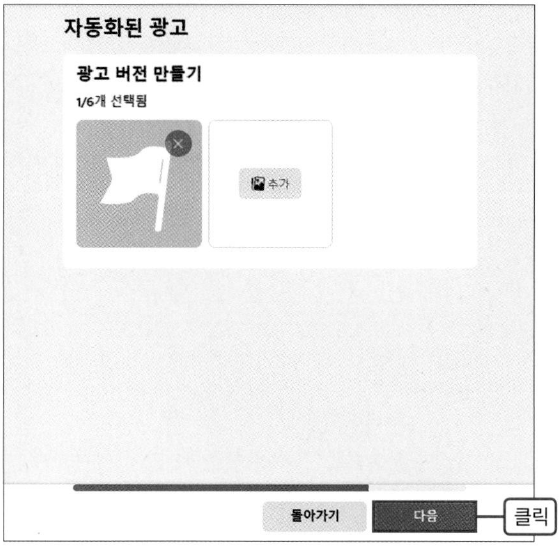

20. 이미지나 동영상을 바로 업로드할 수 있고 페이스북과 인스타그램에 각각 다른 이미지나 동영상으로 등록할 수 있습니다. 이 단계에서 이미지나 동영상을 바로 등록하지 않고도 다음 화면에서 추가하거나 편집할 수 있습니다. 이미지 사이즈는 1,200×628(페이스북에 적합한 사이즈)을 준비합니다. 화려하지 않아도 되고 이미지에 텍스트를 추가해도 됩니다. 이미지에는 아마존 구매자들에게 익숙한 'Prime' 문구를 넣는 것이 좋습니다.

21. 높은 별점이 부여된 화면이 있다면 꼭 추가해 상품에 대한 이미지와 신뢰도를 통해 구매 욕구를 높이는 것이 좋습니다. 광고를 진행할 때는 다양한 이미지나 동영상을 테스트해 보기 바라며 일상생활에서 사용하는 이미지나 동영상은 고객이 상품을 선택하는 데 매우 효과적인 방법이 될 수 있습니다.

1. **광고 버전 1개**: 지금까지 진행한 1개의 광고에 대한 간략한 내용을 확인할 수 있습니다. 연필 아이콘을 클릭하면 다음과 같은 화면을 통해 이전에 설정한 제목, 설명, 이미지, 동영상 등을 언제든지 편집할 수 있습니다.
2. **일일 예산**: 광고를 집행할 때 하루 예산을 설정할 수 있습니다. 리포트를 통해 시간대별로 효과적인 광고 예산을 설정합니다.
3. **기간**: 광고를 진행할 기간을 설정할 수 있습니다. 한 번에 긴 기간을 설정하기보다 약 10일 정도 광고를 진행해 보고 광고 리포트를 검토해 다시 진행하는 것을 추천합니다.
4. **특별 광고 카테고리**: 판매하는 상품과 관련된 카테고리를 설정할 수 있습니다.
5. **타깃**: 연령, 성별, 지역(위치)을 세부적으로 설정해 타깃팅합니다.
6. **노출 위치**: 페이스북 외에도 인스타그램과 페이스북 메신저를 통한 광고가 가능합니다.

페이스북 광고 예시

두 상품 모두 아마존에서 판매하는 상품으로, 브랜드 이름의 아래쪽에 있는 'Sponsored'라는 문구를 통해 현재 광고가 진행 중이라는 것을 확인할 수 있습니다. 광고를 본 사용자들은 [더 알아보기] 또는 [Shop Now]를 클릭하면 바로 아마존 판매 화면으로 넘어갑니다. 우리가 설정한 타깃팅을 통해 광고를 본 사람들이 광고를 클릭해 상품을 구매할 확률을 높이는 것이 바로 페이스북 광고를 하는 이유입니다.

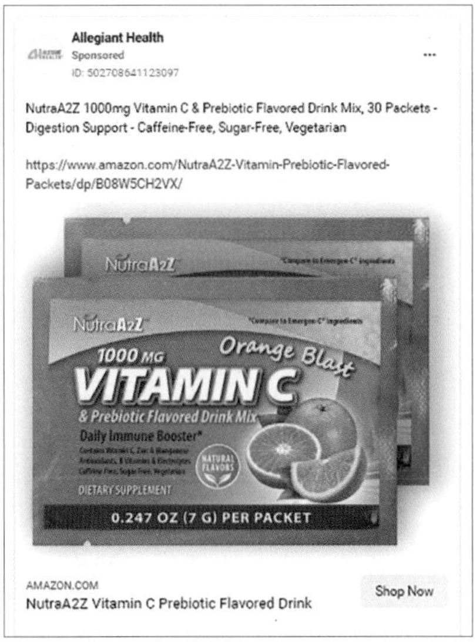

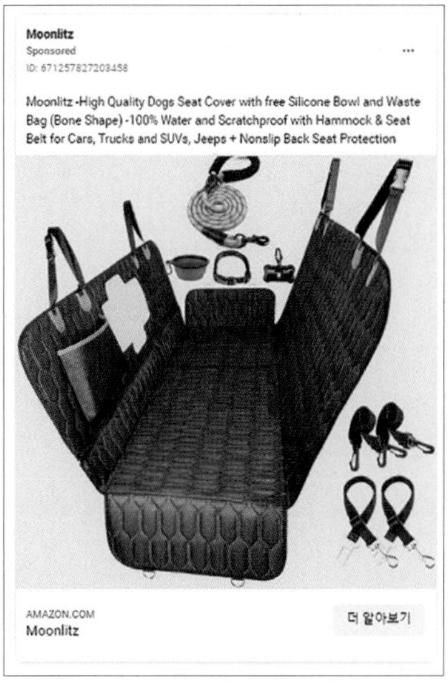

페이스북 광고 꾸준히 업데이트하기

페이스북 광고를 진행하면 반드시 매일 확인하기 바라며 필요한 경우 업데이트해 광고 효과를 높여야 합니다. 페이스북 광고를 진행할 때는 다음과 같은 경우가 발생할 수 있습니다.

광고 노출이 적은 경우

- 텍스트가 많은 경우: 스마트폰을 사용하는 세대들은 직관적으로 선택하는 경우가 많기 때문에 텍스트에 집중하기보다 이미지나 동영상 중심으로 꾸미는 것이 좋습니다.
- 타깃팅이 미흡한 경우: 나의 상품을 구매할 고객을 집중 타깃팅해 광고를 진행해야 효과를 높일 수 있습니다.

노출은 많지만 광고 클릭이 적은 경우

- 이미지나 동영상이 관심을 끌지 못하는 경우에는 전문가의 도움을 통해 해결하는 것을 추천합니다.
- 쿠폰을 추가하거나 광고 카피를 수정합니다.

광고 클릭은 많지만 구매 전환율이 낮은 경우

- 아마존 페이지를 최적화합니다.
- 타 상품과 비교해 너무 높은 가격인지 검토합니다.
- 눈길을 사로잡는 문구와 보다 나은 이미지나 동영상을 준비합니다.

광고는 최소화하면서 노출을 많이 하려면?

광고를 하지 않고도 초반부터 상위 노출을 하기 위한 방법은 예를 들어 미국 내 지인을 통해 구매를 요청하고 좋은 리뷰 내용과 사진, 동영상에 대한 작성을 요청하는 것입니다. 이렇게 하면 광고비를 최소화하면서도 초반부터 많은 고객에게 노출될 가능성이 높다고 볼 수 있습니다.

필자의 경우에는 수강생들이 처음부터 많은 광고비의 지출에 대해 부담을 느끼고, 미국에 지인이 없는 수강생들이 많다 보니 광고는 최소화하면서도 초반부터 판매량과 함께 조금이라도 더 수월하게 상위 노출이 될 수 있도록 미국 내 리뷰 조직을 운영해 도움을 주고 있습니다.

에필로그

이 책에는 필자가 그 동안 아마존셀러가 되어 겪은 수많은 시행착오를 바탕으로 실제로 아마존에서 판매를 하고 싶어하시는 분들께 도움이 되도록 수많은 노하우와 핵심 기법 등을 그대로 녹여 냈습니다. 많은 아마존 초보 셀러들이 어렵게만 느끼고 좌절하고 포기하는 것을 보면서 저 역시 그들처럼 힘들고 어려운 시기가 있었기 때문에 여러분들이 아마존 셀러가 되어 실수 없이, 실패 없이 성공할 수 있도록 최대한 자세하게 설명했습니다. 이제 앞서 소개한 과정을 따라 내 브랜드 상품이 될 만한 상품을 찾아 아마존에 직접 나의 상품을 판매해 보시기 바랍니다.

아마존 비즈니스를 통해 필자의 인생이 바뀌었습니다. 이 책을 통해 여러분의 인생도 바뀌기를 바랍니다. 고작 3개월 정도 하루 2시간 남짓한 시간의 투자만으로도 경제적인 여유와 함께 가족과 행복한 시간을 누리실 수 있습니다.

이제는 정말 도전해 볼 때입니다. 여러분의 성공적인 아마존셀러 인생을 응원하며….

저자 강의 소개

현재 저자는 아마존셀러를 희망하는 분들을 위해 온라인 과정과 오프라인 과정으로 실전 교육을 진행하고 있습니다. 오프라인 과정의 경우, 소수 정예의 인원과 함께 아마존셀러 가입부터 상품 등록과 관련된 최적화 리스팅 방법, FBA 과정 실습, 수강생들이 직접 경쟁력 있는 핵심 아이템을 직접 함께 찾아보고 상품화하기 위한 개선 작업 등에 도움을 주고 있으며, 수강생들이 전문가처럼 직접 공급업체에 연락해 샘플을 받아 보고 평가할 수 있도록 하거나, 중국 검수업체를 통한 검수 서비스를 통해 샘플을 일괄 수취해 배송료를 아낄 수 있도록 하고 중국에 직접 가지 않고서도 아마존 FBA 창고에 안전하게 입고할 수 있도록 하고 있습니다.

미국 아마존의 경우에는 별도의 리뷰 조직을 통해 상품의 랭킹을 올림으로써 많은 판매가 이뤄질 수 있도록 하고 있으며 이 밖의 해외 온라인 마켓에 진출하는 데도 도움을 주고 있습니다.

네이버 카페: https://cafe.naver.com/ghkdcjsrlf1234
네이버 블로그: https://blog.naver.com/kdk1004u

부록

부록 1 알리바바 공급업체 의뢰 메시지

New message

Dear '**담당 직원 이름 및 제조사**':

My name is '**본인 이름**' and I am the owner(manager) of '**회사 이름**'. We are currently looking to expand our product line and are interested in one of the items that you manufacture, the '**상품 이름 또는 링크**'

Could you please provide me with the following additional information?

Is it possible to provide custom packaging?

What color/logo options do you offer?

What is the standard production time for each order?

What is the price per unit(including packaging) at the following MOQs:

< 500 pcs:

501 to 1000 pcs:

101 to 5000 pcs:

> 501 :

Also, for estimating our shipping costs, can you please tell me the following:

How many items usually come in a case?

What are the dimensions of each case in cubic meters and kilograms?

I appreciate your time and look forward to hearing from you soon so that we can move forward with our next order.

Best Regards,

이름, 직위

회사 이름

부록 2 알리바바 공급업체 샘플 주문 메시지

New message

Dear '**담당 직원 이름 및 제조사**':

Thank you for the information you provided regarding '**상품 이름**'.
We are interested in ordering this product after reviewing a product sample.

Could you please let me know how much would it cost to have a sample sent to my company at the following address?

'**회사 이름 및 주소**'

Also, please let me know what types of payments you accept for samples(such as PayPal if possible) and if you would be willing to credit us for the sample charge once we place a full product Inventory order.

Thank you and I look forward to hearing back from you.

Best Regards,
이름, 직위
회사 이름

부록 3 샘플 배송 조회 메시지(필요 시)

New message

Dear '**담당 직원 이름 및 제조사**':

I just wanted to check with you to confirm that the sample of '**상품 이름**' did ship out.

Can you please send me the tracking information so we can make sure it gets to our office? We are very excited to receive it and try it out prior to placing our order.

Thank you and I look forward to hearing back from you.

Best Regards,
이름, 직위
회사 이름

부록 4 상품 패키징 메시지

New message

Dear '**담당 직원 이름 및 제조사**':

We have reviewed the '**상품 이름**' sample and are very interested in pursuing this as one of our next products. In order to do so, we will need to know what type of packaging options you offer.

Are you able to provide packaging for this product and, if so, what options do we have? Preferably, we would like to have a template of the packaging design so we can send this to our designer.

We would also like to include an instruction manual and small insert along with the product, so please let us know if you are able to have those printed and any additional costs for them as well.

Thank you again and I look forward to hearing back from you.

Best Regards,
이름, **직위**
회사 이름

부록 5 알리바바 공급업체 가격 협상 메시지

New message

Dear '**담당 직원 이름 및 제조사**':

We are ready to place our order for '**상품 이름**' and are getting quotes from a few suppliers.

We really like your product and the packaging options you offered us, so can you please give us your absolute best price for a quantity of(**수량 개수**) including the packaging, instructions, and inserts?
'**해당 경우에만**'

While we are planning on ordering larger quantities in the future, we first need to make sure that the product sells well.

Once we have heard back from you and the other suppliers, we will get back with you as soon as possible.

Regards,
이름, 직위
회사 이름

부록 6 주문 전 운송 예상 비용 메시지

New message

Dear '**담당 직원 이름 및 제조사**':

Thank you for the quote and we would like to proceed with the order. If you can provide me with a PI, then we will be ready to place the order shortly.

Also, if you are able to, could you please provide me with a separate quote to have '**100개 또는 원하는 수량만큼**' shipped to us by air? We are not sure if we will have some of them sent this way or not, but we may decide to do that if it is not too expensive. This way we could start selling the product sooner.

Thank you very much and I look forward to hearing back from you.

Best Regards,
이름, **직위**
회사 이름

부록 7 알리바바 공급업체 재고 주문 메시지

New message

Dear '**담당 직원 이름 및 제조사**':

We are ready to place our order for the '**상품 이름**'. Please create and send us a PI(Product Information) for the following:

'주문하고 싶은 상품 이름, 수량 그리고 예를 들어 로고 포함 여부, 패키징 제공 여부, 삽입물 또는 사용 설명서 인쇄 등, 이외의 구체적인 정보'

Once we receive and review the PI, we will wire the 30% deposit.

We will be finishing up our packaging design over the next week and will have that sent to you as soon as it is ready.

If you could please confirm the latest date that you need our packaging design and an estimated shipping date for our order, we would appreciate it.

We plan on shipping these products by 'air or sea(**항공 또는 해상**)' and our freight forwarder will be in contact with you to arrange shipment.

Thank you very much and we are excited to be working with you!

Best Regards,
이름, 직위
회사 이름

부록 8 아마존 용어 설명

영문 용어	용어 설명
Amazon Marketplace	아마존셀러들이 본인의 상품을 판매하는 공간. 국가별로 구분돼 있으며, 2018년 12월 기준 전 세계에 총 13개의 아마존 마켓플레이스가 존재함
ASIN (Amazon Standard Item Number)	10자리로 구성된 아마존 자체 상품 식별 번호. 상품 리프팅 시 셀러 고유의 상품 식별 번호인 SKU를 입력해 제출하면 개별 SKU마다 ASIN이 새로 부여되거나 기존에 존재하는 ASIN이 매칭됨
EAN(European Article Number)	미국 외의 국가에서 사용되는 표준 상품 식별 번호. EAN은 12 또는 13자리로 구성됨
UPC(Univeral Prodcut Code)	북미에서 도서 이외의 모든 상품군에서 30년 이상 사용된 주요 상품 식별 번호(바코드). 통상적으로 12자리이지만, 정기 간행물의 경우 8자리로 구성됨
ISBN	국제 표준 도서 번호로 10자리로 구성되며 발행된 개별 책마다 부여됨
SKU (Stock Keeping Unit)	상품 관리, 재고 관리를 위한 최소 분류 단위로, 셀러가 본인의 재고 관리를 위해 자체적으로 부여한 고유 번호. 만약 기존에 아마존에서 판매되고 있는 상품을 셀러가 판매하려 할 경우 아마존은 셀러가 상품 리스팅 시 입력한 이 SKU 번호를 이용해 적절한 상품 상세 페이지와 해당 SKU를 연동함
Product Detail Page	상품 상세 페이지. 아마존 상품 상세 페이지는 해당 상품을 판매하는 모든 셀러가 입력, 제출한 정보를 종합해 가장 최상의 결과물을 표시하는 방식. 따라서 셀러가 입력한 모든 정보가 아마존 상세 페이지에 반영된다는 보장은 없음. 단, 판매와 관련된 셀러 고유의 정보인 가격, 재고 보유 여부, 배송비는 셀러가 입력한 정보가 상세 페이지에 셀러 정보와 함께 표시됨
Inventory	재고, 개별 셀러가 판매하는 모든 상품들 또는 특정 상품(SKU)의 총 보유 수량
Offer	오퍼. 이미 아마존에서 다른 셀러들이 판매하고 있는 상품을 본인도 판매하고자 할 경우, 새로운 상세 페이지를 생성하는 것이 아니라 해당 상품에 대한 개별 오퍼를 리스팅해야 함. 이때 오퍼에는 판매 가격, 수량 및 상품 상태(새 상품, 중고 또는 리퍼비시 상품) 정보가 반드시 입력돼야 함
Offer Listing Page(OLP)	오퍼 리스팅 페이지. 하나의 상품을 판매하는 모든 셀러의 오퍼를 보여 주는 페이지. 상품 상세 페이지 또는 검색 결과에서 확인 가능함
Buy Box	바이박스. [Add to Cart] 버튼을 클릭해 상품 구매를 시작할 수 있도록 해 주는 상품 상세 페이지 내외 기능. 아마존 웹 사이트가 기타 쇼핑몰과 차별화되는 점 중 하나는 바로 동일한 상품을 여러 명의 셀러가 동시에 판매할 수 있다는 점이며, 만약 바이박스 획득 자격을 가진 한 명 이상의 셀러가 동시에 같은 상품을 판매할 경우 이 셀러들은 바이박스를 획득하기 위해 경쟁을 해야 할 수도 있음. 고객에게 최상의 쇼핑 경험을 제공하기 위해 아마존은 셀러가 바이박스 획득 자격을 갖기 위한 최소한의 퍼포먼스 기준을 충족할 것을 요구함. 대부분의 경우 바이박스 획득은 매출 증가로 이어짐
Buy Box Percentage	바이박스 획득 비율. 셀러 본인이 바이박스를 획득하고 있는 시점의 조회 수를 상품 상세 페이지의 전체 조회 수로 나눈 값. 바이박스 획득 비율은 다음과 같은 경우 때문에 보통 100% 이하의 값을 가짐 1. 상품이 품절 상태일 때 2. 바이박스를 다른 셀러가 획득하고 있는 상태일 때 3. 셀러 본인이 바이박스 획득 자격을 갖고 있지 않은 경우 예를 들어 상품의 상태가 '중고'일 경우, 바이박스를 획득할 수 없으며 이때에는 [Other buyting options] 페이지에 오퍼가 표시됨

영문 용어	용어 설명
Page Views	페이지 뷰. 특정 기간 동안의 오퍼 조회 수. 한 명의 방문자가 특정 기간 동안 여러 번 오퍼를 조회할 수 있으므로 페이지 뷰는 세션 수보다 큼. Child ASIN 페이지 뷰는 부모 ASIN 페이지 뷰에 포함되지 않음. 검색이 아닌 카테고리 열람을 통해 방문한 경우는 페이지 뷰에 포함되지 않음
Sessions	세션. 24시간 동안 셀러의 상품 상세 페이지에 방문한 방문자 수. 한 명의 방문자가 한 번에 여러 번 해당 페이지를 조회할 수 있기 때문에 페이지 뷰는 항상 세션보다 큰 값을 가짐. 검색이 아닌 카테고리 열람을 통해 방문한 경우는 세션 수에 포함되지 않음
Unit Session Percentage	지정된 기간 동안 판매된 전체 상품 유닛 숫자를 전체 세션 숫자로 나눈 값(구매 전환율)
Variation	베리에이션. 동일한 상품이 하나 또는 그 이상의 요소(예를 들어 사이즈 또는 색상)에 따라 다양한 하위 옵션을 가질 경우 이를 Parent(상위 상품)와 Child(하위 상품)로 연결해 주는 것
Variation Theme	베리에이션 테마. Parent와 Child 상품이 어떤 관계인지 설명해 주는 테마. 예를 들어 색상, 사이즈, 색상/사이즈 등이 베리에이션 테마가 될 수 있음
Seller Performance	셀러 퍼포먼스. 아마존에 대한 고객의 신뢰를 지키기 위해 아마존은 셀러에게 기준치 이상의 고객 서비스를 제공하도록 요구함. 셀러가 제공하는 고객 서비스 수준을 의미하는 셀러 퍼포먼스는 주문 결함 비율, 사전 주문 취소 비율, 배송 지연 비율을 통해 측정됨
Account Health	어카운트 헬스. 셀러 퍼포먼스 및 정책 위반 여부 등을 종합해 현셀러의 어카운트(계정)의 전반적인 상태를 보여 주는 지표. 셀러로서 고객 만족을 위해 아마존에서 얼마나 잘 판매 및 활동을 하고 있는지를 보여 줌
Amazon Fulfillment Center	아마존 주문 처리 센터. 아마존 고객의 주문 및 재고 처리를 제시간 내에 안전하게 할 수 있도록 설계된 아마존의 최첨단 물류 센터. 상품 선별, 포장 및 배송의 모든 과정이 고도로 자동화돼 처리되며 상품 재고들은 철저한 보안하에 보관됨
A to-z Guarantee Claim	A-to-z 보증 클레임. 고객이 셀러로부터 구매한 상품을 아예 받지 못했거나 주문한 상품과 완전히 다른 상품을 받았을 경우 고객을 보호하기 위해 설계된 보증 정책. 고객이 아마존을 지속적으로 신뢰하고 이용할 수 있도록 해 줌
Amazon Brand Registry	아마존 브랜드 레지스트리(아마존 브랜드 등록), 본인이 직접 상품을 제조하거나 본인 소유의 브랜드 상품을 판매하는 셀러를 위해 설계된 프로그램. 브랜드 레지스트리를 이용해 브랜드 오너(소유자)라는 것을 등록하고 나면 아마존 내에 본인 소유의 브랜드 상품의 리스팅 및 관리를 위한 더 많은 권한을 얻게 됨. 또한 UPC나 EAN과 같은 표준 바코드 없이도 Unique Identifier(고유 식별 번호)를 이용해 상품을 등록할 수 있음. 단, 아마존 브랜드 레지스트리에 브랜드 오너로 등록하는 것이 해당 브랜드 상품을 본인만 독점적으로 판매할 수 있다는 것을 보장하는 것은 아님
Unique Identifier (for Amazon Brand Registry)	브랜드 레지스트리 등록 과정에서 필수로 지정해야 하는 상품 고유 식별 번호. UPC 또는 EAN이 없는 브랜드 상품을 리스팅하려 할 경우 브랜드 레지스트리 등록 시 지정한 상품 고유 식별 번호를 상품 리스팅 시 입력해야 함. 상품 고유 식별 번호로는 통상적으로 Manufacturer Part Number(제조사 파트 번호), Model Number(모델 번호), Catalog Number(카탈로그 번호), Style Number(스타일 번호) 등이 사용됨. 상품 고유 식별 번호는 상품 패키지 또는 셀러의 웹 사이트, 카탈로그에서 쉽게 찾을 수 있어야 함. UPC 또는 EAN이 있는 상품일 경우 UPC 또는 EAN을 고유 식별 번호로 지정해도 됨

부록 9 미국의 주요 쇼핑 시즌 및 인기 상품들

휴일	설명	고객이 주로 구매하는 상품
1/1 신정 **2019년: 1/1**	신정(새해 첫날)을 축하하고 환영하는 날입니다. 일반적으로 새해 첫날에는 생활 습관을 건강하게 개선하기 위한 신년 결심을 하고 가족 및 친지의 복과 행운을 기원합니다.	새해 결심과 관련된 상품(예 개인의 건강, 운동, 책, 전자 담배, 건강 식품/유기농 식품, 운동 장비/의류, 운동화, 운동용 전자 제품, 다이어트 상품, 카드)
2/16 구정(음력 설날) **2019년: 2/5**	많은 사람이 지역 사회(특히 중국인 거주 지역)에서 구정 행사를 열어 퍼레이드, 전통 의상 착용, 불꽃놀이, 음식 잔치 등을 벌입니다. 구정에는 가족과 친지 간에 선물과 세뱃돈을 교환하는 풍습이 있습니다.	중국/아시아 전통 의상, 빨간색/금색 상자, 조화, 전통 장식
2/14 발렌타이 데이 **2019년: 2/14**	연인 간의 사랑과 친구들의 우정을 축하하는 날입니다. 연인 간의 사랑 고백을 위한 다채로운 상품, 선물, 카드, 초콜릿 등이 많이 판매됩니다.	고백 카드, 초콜릿, 카드, 성인 용품, 꽃, 하트 모양 쿠키, 양초
3/17 성 패트릭 기념일 **2019년: 3/17**	아일랜드식 축하 파티가 열리고 음료수, 식품 등이 제공됩니다. 많은 사람이 녹색 옷을 입고 녹색 음식을 먹습니다.	아릴랜드식/녹색 상품(T셔츠, 모자, 파티 용품, 아일랜드 상징물, 액세서리)
4/1 부활절 **2019년: 4/21**	성금요일(Good Friday), 부활절 일요일 및 월요일은 미국 내에서만 수백만 명이 축하 행사에 참여하는 종교 기념일로, 봄의 시작을 알리는 날이기도 합니다.	플라스틱 달걀, 토끼 테마 상품, 장난감, 작은 선물, 장식품, 기독교 관련 상품, 파스텔톤 파티 선물, 카드 등의 부활절 관련 상품
5/31 어머니날 **2019년: 5/12**	많은 사람이 어머니 또는 어머니처럼 생각하는 분에게 카드를 보내거나 선물을 합니다. 일반적인 선물 품목으로는 꽃, 초콜릿, 귀금속, 간식 등이 있습니다.	화장품, 꽃, 귀금속, 의류, 핸드백, 책, 감사 카드, 초콜릿, 미용 용품, 가정 용품 등의 여성 맞춤형 상품
6/17 아버지날 **2019년: 6/16**	아버지에게 감사의 마음을 전하는 날입니다.	넥타이, 책, 양말, 향수 또는 남성용 스킨, 면도기, 공구 세트, 스포츠 및 아웃도어 장비 등의 남성 맞춤형 상품
7/4 미국 독립 기념일 **2019년: 7/4**	미국이 독립을 선언한 날을 기념하는 국경일입니다. 소풍 및 바베큐 파티, 야외 게임, 물놀이 행사 등이 열립니다.	바비큐/주방 용품, 피크닉 용품 세트, 수영 용품, 야외 게임/아웃도어 다이닝 세트 등의 야외용 상품, 성조기, 풍선, 폭죽 등의 축제 용품
7월(날짜는 해당 일 직전에 발표됨) **프라임 데이** **2019년: 7/X**	프라임 회원을 위한 아마존 세일 행사인 프라임 데이에는 매우 다양한 품목의 상품이 대폭 할인된 가격으로 아마존에서 판매됩니다.	모든 카테고리(주로 고가 품목에 대해 할인 혜택이 제공됨). 주문/판매량이 많은 품목. 가격 할인/프로모션 활용이 매우 중요한 기간입니다.
8/8 개학 시즌 **2019년: 8/8**	다양한 연령대의 수백만 명의 학생이 전국에서 개학을 맞이합니다.	문구류, 필기 용품, 컴퓨터 소프트웨어, 책, 공책, 메모지, 볼펜, 연필, 자, 책가방 등의 학생용 상품, 전자 제품, 의류
10/31 할로윈 **2019년: 10/31**	할로윈은 여러 국가에서 기념합니다. 할로윈에는 아이들에게 사탕 주기, 코스튬 파티, 호박 조각하기, 유령의 집 놀러가기, 무서운 이야기하기, 공포 영화 보기 등의 활동을 합니다.	다양한 종류의 코스튬, 화장품류, 분장용 악세서리(가면 및 가발), 음료수, 공포 영화, 할로윈 테마 장난감(예 가짜 피, 무서운 콘택트 렌즈 등)

휴일	설명	고객이 주로 구매하는 상품
11/22 추수감사절 **2019년: 11/28**	추수감사절은 북미 전역에서 기념하는 국경일입니다. 추수감사절은 원래 수확을 기념하기 위해 시작됐지만, 현재는 전국에 흩어져 살고 있는 가족들이 모여 함께 식사(대개 칠면조가 포함됨)를 하는 경우가 많습니다.	오리털 패딩, 장갑, 목도리, 털모자, 스키 장비, 스키복, 주방 용품, 칠면조 조리용 팬, 냄비, 앞치마
11/23 블랙프라이데이 **2019년: 11/29**	추수감사절 다음 날인 블랙프라이데이는 1952년부터 크리스마스 쇼핑 시즌의 시작일로 간주돼 왔습니다. 그에 따라 많은 쇼핑센터가 개점 시간을 앞당기고 할인 행사를 진행합니다. 고객들은 대폭 할인 혜택을 기대합니다.	모든 카테고리(주로 고가 품목에 대해 할인 혜택이 제공됨). 주문/판매량이 많은 품목. 가격 할인/프로모션 활용이 매우 중요한 기간입니다.
11/26 사이버먼데이 **2019년: 12/2**	미국 추수감사절 및 블랙프라이데이 다음 주의 월요일입니다. 사이버먼데이에는 온라인 쇼핑을 중심으로 혜택이 제공됩니다. 온라인 쇼핑몰들에서 대폭 할인 행사와 할인가를 제공합니다. 사이버먼데이는 비교적 최근에 많은 국가에서 진행하기 시작한 휴일입니다.	모든 카테고리(주로 전자 제품에 대해 할인 혜택이 제공됨). 주문/판매량이 많은 품목. 가격 할인/ 프로모션 활용이 매우 중요한 기간입니다.
12/25 크리스마스 시즌 **2019년: 12/25**	크리스마스는 원래 기독교의 기념일이었지만 현재는 종교에 관계없이 전 세계인들이 축하하는 휴일입니다. 크리스마스에는 선물을 교환하고 함께 식사를 하거나, 크리스마스 트리 장식을 하거나, 집안을 장식하거나, 가족 및 친지를 방문합니다.	모든 선물 관련 카테고리, 크리스마스 상품/장식품, 카드, 양초, 달력, 조명
12/31 섣달 그믐 **2019년: 12/31**	섣달 그믐은 친목을 다지기에 좋은 휴일입니다. 많은 사람이 집에서 파티를 하거나 모임에 참석해 다가오는 새해를 기념합니다.	파티 액세서리/장식품, 폭죽, 음료수, 카드, 달력

찾아보기

ㅈ

ㅋ

ㅌ~ㅎ